Couverture inférieure manquante

Original en couleur
NF Z 43-120-8

Causeurs (la Couverture)

24678

EN VOITURIN

CALMANN LÉVY, ÉDITEUR

DU MÊME AUTEUR

Format grand in-18

LA BAVOLETTE	1 vol.
LE BRACELET	1 —
LA CHÈVRE JAUNE	1 —
PUYLAURENS	1 —
UN MAITRE INCONNU	1 —
SAMUEL	1 —
LA TABLE DE NUIT	1 —

Saint-Amand. — Imp. et stéréot. de Destenay

EN VOITURIN

VOYAGE

EN ITALIE ET EN SICILE

PAR

PAUL DE MUSSET

PARIS
CALMANN LÉVY, ÉDITEUR
ANCIENNE MAISON MICHEL LÉVY FRÈRES
3, RUE AUBER, 3

1885

Droits de reproduction et de traduction réservés

EN VOITURIN

I

GÊNES

Avez-vous de l'ennui ou du chagrin, disait le célèbre Rossini, montez dans une chaise de poste, et regardez le postillon trotter, avec sa queue poudrée qui ballotte d'une épaule à l'autre sur son collet rouge. Il n'y a ni ennui ni chagrin qui résiste à cela.

Tout en badinant, Rossini avait raison : voyager est le vrai spécifique de tous les maux de l'esprit et du cœur. Le moment du départ vous offre aussi une occasion de mesurer le juste poids des petites amitiés et sympathies du monde. C'est une épreuve qui vous donnera des déchets inattendus. Peut-être ne verrez-vous pas de regrets où vous pensiez en trouver : mais on vous en témoignera peut-être là où vous n'en espériez pas. Quelque belle dame qui vous honore du titre d'ami vous demandera un soir, d'un air parfaitement distrait et indifférent :

— Monsieur, ne deviez-vous pas voyager ? Il me semblait que vous aviez le projet d'aller fort loin et d'y demeurer très longtemps.

— Madame, répondrez-vous avec dépit, je venais vous faire ma dernière visite. Je vais être absent six mois, un an, le plus que je pourrai.

— Ah ! partez-vous bientôt ?

— Dans huit jours, demain peut-être.

Vous voudriez prendre votre chapeau et partir à l'instant même.

— Eh bien, Monsieur, adieu, amusez-vous.

Et on ne détournera pas seulement ses yeux du métier à tapisserie ou de la bourse en filet. En revanche, telle autre personne qui ne vous a jamais parlé de son amitié pour vous, recevra la nouvelle tout différemment.

— Quoi ! vous dira-t-on, vous allez nous quitter pour si longtemps ! Plus de soirées au coin du feu, plus de causeries ; vous nous abandonnez ?

Comme il faut exécuter ce qu'on a résolu, vous partirez en brusquant ou en évitant les adieux.

N'ayant point de voiture à moi, je montai, un soir du mois de décembre 1842, dans la malle-poste ; j'étais fort palpitant, car l'instant du départ est toujours plein d'agitation. Les malles nouvelles sont douces, roulantes et confortables ; mais elles vont à grandes guides. Point de porteur, point de queue poudrée ballottant d'une épaule à l'autre. On ne voit du postillon que ses sabots qui pendent au bas du siége. Enfin, ce n'est plus un postillon, mais un cocher. On y gagne la force d'un demi-cheval, et vous n'avez rien à répondre à cela. Saluons les améliorations de M. Conte, tout en accordant un regret aux coutumes anciennes. Les sabots du cocher représentent le progrès, la queue poudrée est l'emblème du pittoresque, et quand le progrès entre d'un côté, le pittoresque s'en va de l'autre.

Afin de voir si, comme on le dit, tout chemin mène à Rome, je passai par Nancy, les Vosges, Plombières et Besançon. De cette dernière ville je partis pour Châlons-sur-

Saône au milieu d'une troupe d'acteurs, et j'eus l'honneur de croiser mes jambes avec M. David, premier sujet du Théâtre-Français, comme disait l'affiche de Besançon. O monsieur David ! vous ne saviez pas quels doux souvenirs cette rencontre réveillait dans mon esprit. Vous ne songiez plus au beau temps où vous étiez Britannicus et le Cid à l'Odéon. Ce fut pour vous voir que je portai ma première pièce de trente sous au bureau d'un théâtre, en sortant du collège. Il est bien tard, hélas ! pour vous payer mon tribut d'éloges ; mais la perruque de Rodrigue, votre habit d'Almaviva, votre manteau à l'espagnole et votre petite épée sont encore présents à ma mémoire. Je vous entends encore reprocher d'une voix douce au vieux Joanny, votre père, de vouloir vous arracher à mademoiselle Brocard, votre Chimène. N'en doutez pas, monsieur David, malgré le goût du jour, l'ancien Cid de l'Odéon, avec sa toque bleu de ciel et son récitatif, était plus dans l'esprit de Corneille que les Cid nouveaux avec leurs costumes historiques, leurs énormes rapières, leurs casques lourds, et ce naturel shakspearien qui jure et se débat au milieu d'une poésie nombrée, harmonieuse et emphatique. N'en doutez pas : le père de la tragédie vous aurait donné la préférence. Le déshabillé du voyage n'a point terni le héros tragique dans mon imagination, et quand Rodrigue reprocha justement à l'aubergiste de Dôle la détestable qualité de son vin, il me sembla encore voir le Cid dîner à table d'hôte.

A Châlons, je quittai la troupe d'acteurs, et je descendis la Saône avec six de ces personnages importants qui gouvernent le monde aujourd'hui : c'étaient des jurés qui avaient découvert des circonstances atténuantes en faveur d'un fratricide. On m'avait beaucoup vanté les nouveaux bateaux du Rhône. Trois compagnies en concurrence annonçaient une vitesse sans égale, d'où il fallait conclure que chacune d'elles marchait plus vite que les deux autres. Ce problème intéressant a été oublié dans tous les traités d'arithmétique. J'avais déjà fait deux fois le trajet de Lyon à Arles, et je m'attendais à un progrès remarquable. En 1834, le bateau n'avait pu atteindre Avignon et s'était arrêté au village de Roquemaure. En 1836, nous n'avions pu dépasser le pont Saint-Esprit, qui est de quarante milles en deçà d'Avignon. L'année dernière, le bateau relâcha à Valence en Dauphiné ; tel fut le progrès obtenu. Je n'oserais y retourner une quatrième fois, de peur de rester sur le quai de Lyon. On arriva bien à Arles, mais après deux jours de voyage, au lieu d'un, comme le promettait le programme. J'avais pour compagnons plusieurs personnes indifférentes aux beautés du pays : un Anglais d'une santé déplorable, et dont la vie était entièrement *restricte* par les douleurs *rhumatiques*, ainsi qu'il le disait lui-même ; un homme évidemment malheureux dont le cœur portait quelque blessure profonde ; ensuite venaient deux joueurs d'échecs absorbés par une succession interminable de parties. On peut ajouter à ce quatuor le chauffeur, qui ressemblait assez, dans l'abîme de sa fournaise, à l'Anglais enveloppé du flegme britannique et à l'homme malheureux plongé dans l'enfer portatif de ses tristes pensées. Au milieu des sites de la Provence, quand les brouillards du nord se détachèrent au loin comme un rideau, et que le soleil éclaira le feuillage argenté des oliviers, l'Anglais s'endormit, l'homme malheureux tint ses regards fixés sur le plancher du bateau, le chauffeur essuya son front d'une main noircie par le charbon, et les joueurs d'échecs entamèrent leur trente-sixième gambit. Nous pouvions aller ainsi à Madagascar, eux sans s'apercevoir du changement de climat, et moi sans avoir envie de rompre le silence.

J'étais pressé d'atteindre Marseille. Une mauvaise diligence qui venait de Nîmes me prit à Arles le soir. Elle m'aurait conduit en dix heures, sans un tour pendable du conducteur, et qui vaut tout ce que les voiturins italiens peuvent imaginer. Au milieu de la nuit, par un temps froid, cet homme dételа ses chevaux, laissa voiture et voyageurs sur la route, et s'en alla dormir jusqu'au point du jour. A Marseille, j'eus le plaisir d'entendre chanter madame Pouilley, l'ancienne Agathe du *Robin des Bois*. Les souvenirs de l'Odéon me poursuivaient. Enfin, le 7 janvier 1843, je traversai dans une petite barque cet écheveau embrouillé de mâts et de cordages qui représente l'immense commerce maritime de Marseille, et je montai sur *le Pharamond*, qui partait pour Gênes. *Le Pharamond* est un beau et excellent navire avec une machine de la force de cent cinquante chevaux. A Gênes, les affiches lui en donnaient cent soixante-dix. L'exagération du Midi augmentant à chaque station, la machine augmentait de puissance. Sous le trente-neuvième degré, elle prenait cinquante chevaux de supplément, car je retrouvai *le Pharamond* à Naples avec une vitesse de deux cents chevaux. La compagnie était obligée de se mettre à la hauteur des gens du pays en fait d'exactitude et de véracité.

La traversée de Marseille à Gênes, en vue des îles d'Hyères et de la Corniche, m'eût paru délicieuse sans un monsieur beau parleur et plein de prétentions qui avait résolu de me persécuter de ses discours. Cet inconnu avait la jambe ornée d'un pantalon collant, les reins cambrés, les épaules garnies d'un petit collet semblable à une aile de papillon, la bague au doigt, le pied en dehors. Il marchait avec aplomb de manière à faire tremblotter le mollet. Il semblait que la Méditerranée fût son bien et qu'il eût inventé les Alpes. Il chantait des refrains de vaudeville en les embellissant par des fioritures italiennes, et parlait à perte de vue sur la musique et la peinture, en cherchant d'un regard avide l'approbation des assistants. Je n'ai pas les nerfs très irritables, et je suis volontiers complaisant en voyage ; mais cet être-là me mit au désespoir lorsqu'il me saisit par la manche pour me débiter une aune de platitudes. Tout à coup je le vis pâlir, balbutier, s'interrompre au milieu d'une phrase et courir vers le dortoir. Au bout d'une demi-heure, j'aperçus le malheureux au bas de l'escalier. Il était tombé avant d'arriver à son lit, et restait là, les pieds plus haut que la tête, gémissant comme un enfant, à cent lieues de toutes ses prétentions, de ses refrains de vaudeville et de ses discussions sur les arts. Il touchait au période de l'effroyable extase où l'on désire la mort qui ne veut pas venir. Le mal de mer avait fait de lui un homme parfaitement simple et naturel, et comme ce monsieur gagnait beaucoup à être connu sous cet aspect, je crus devoir bénir ce mal terrible dont je ne ressentais point les effets pendant cette première traversée.

Dans nos jardins publics, j'ai toujours aimé les allées détournées, où l'on rencontre seulement quelque philosophe le livre à la main, quelque étudiant laborieux ou quelque acteur apprenant son rôle. C'est là qu'on goûte véritablement l'ombre et le frais, et que l'esprit se repose dans une demi-solitude comme font les yeux dans le demi-jour. J'ai toujours aimé ces vieux marronniers du Luxembourg où je passais en allant au collège Henri IV, et sous lesquels Diderot raconte qu'il venait souvent rêver pendant sa première jeunesse, lorsqu'il avait le cœur tendre, la tête chaude et des reprises de fil blanc à ses bas de laine noire. Gênes me paraît être, par sa situation au fond du golfe, comme ces allées solitaires de nos promenades publiques. Les voyageurs pressés d'arriver à Florence ou à Rome la laissent de côté. Ceux qui suivent la voie de terre ne la rencontrent pas sur leur route, et ceux qui prennent les bateaux à vapeur ont à peine douze heures de répit pour regarder à la hâte et disparaître. Gênes est pourtant une ville intéressante dont les beautés sont éparpillées et demanderaient un long séjour.

L'aspect des rues offre une transition brusque et agréable aux yeux du voyageur qui vient du nord. Tout y est pour lui nouveau et original. Sauf un très petit nombre de maisons bâties dans le goût moderne, on ne voit que des palais magnifiques, les uns transformés en auberges, en établissements publics, les autres loués par fragments à plusieurs familles ou habités en entier par quelque grand seigneur. Des caisses d'orangers sont sur les terrasses. Les portes restent ouvertes. Les carrosses font des stations sous les vestibules de plain-pied avec la rue. A chaque pas le coup d'œil change. Ce sont des détours, des marches à monter, de petites places où l'on trouve un portail d'église, des rues étroites comme des corridors, et qui tournent et s'embrouillent si bien qu'il est impossible de s'y orienter. Au milieu de ce labyrinthe règne un mouvement considérable. Le Génois est actif, mais non pas turbulent comme le Napolitain. Il s'agite pour quelque chose. Dans les alentours du port, la moitié de la population semble passer sa vie à traverser la ville en courant, avec une barrique sur la tête, et l'autre moitié se range pour faire place aux olives. Souvent, à l'endroit où le sentier est le plus escarpé, vous avez devant et derrière vous de ces hommes qui courent à perdre haleine avec leurs tonneaux ; vous croyez leur échapper en tournant par un autre sentier, lorsqu'un convoi de mulets débouche tout à coup ; vous n'avez plus alors qu'à vous jeter dans un soupirail.

Dans le beau quartier vous êtes plus à l'aise, et les gens pressés vous laissent un peu de place. Des fragments de trottoirs vous offrent un refuge contre les carrosses accumulés dans la grand'rue où la circulation leur est possible. De là vous voyez les chaises à porteurs que l'on mène au trot gymnastique, et précédées le soir d'un falot de papier peint. Le jour vous rencontrez de jeunes abbés qui se promènent en compagnie des dames, des pâtissiers ambulants qui tiennent, appuyée sur la hanche, une planche ronde où est une énorme tarte, des marins de toutes les nations, des paysans ou des voiturins piémontais, lombards ou toscans, vêtus de différents costumes. Ce qui vous charme surtout, c'est le voile blanc dont les femmes se coiffent, et qui donne à tous les visages un air doux et décent. Celles qui portent le chapeau ne se doutent pas du tort qu'elles font au caractère de leur beauté. Il faut souhaiter aux bourgeoises de n'avoir jamais assez d'argent pour acheter ces échafaudages de carton qui changeraient à l'instant leur ressemblance avec les madones en silhouette du *Journal des modes*.

J'ai horreur du cicerone, de ce chapelet qu'il récite depuis dix ans, de sa tactique qui consiste à vous mener au galop pour vous fatiguer tout de suite, demander son argent et courir après un autre *Anglais*. Je déteste aussi les conseils de ces guides en Italie qui vous tracent un itinéraire, vous prescrivent d'être à Naples tel jour, à Rome tel autre jour, vous indiquent le moment où il convient d'ouvrir vos yeux, pour éprouver les mêmes sensations et faire de point en point le même voyage que tout le monde. Cela est bon pour les gens qui ont besoin d'être avertis que telle chose doit leur plaire ; le guide leur est absolument nécessaire ; c'est le fond du voyage ; mais ils comprendront un jour qu'il reviendrait au même d'en faire la lecture dans leur fauteuil, au lieu de dépenser leur temps et leur argent pour venir braquer leurs yeux sur des objets qui ne leur disent rien, et prendre le thé si loin de chez eux. Pour moi, je ne puis souffrir les programmes réglés d'avance. Je préfère consacrer un mois à ce qu'on pourrait voir en huit jours, et jouir ensuite des rencontres fortuites, même au risque d'oublier quelque morceau capital. Celui qui voyage sans suivre les conseils de personne, sentira en Italie un certain parfum d'aventures qui donnera du prix aux moindres incidents, et d'ailleurs il rencontrera réellement beaucoup de belles choses dont les guides et les ciceroni n'ont point connaissance. Une fois que les domestiques de place vous auront promené dans les palais Brignole, Serra, Palavicini et Durazzo, dont on a fait cent descriptions, ils ne sauront plus vous conduire qu'aux églises, où vous pourriez aller sans eux, ou bien à l'institut des sourds-muets, qui est une mystification complète ; tandis qu'en cherchant au hasard et en frappant à des portes nouvelles, vous verrez des portraits historiques et des tableaux de grands maîtres que tout le monde ne connaît pas.

Outre les galeries de peinture, qui sont très riches, quelques-unes des palais de Gênes ont encore leurs anciens meubles et ornements du temps des patriciens de la république. Madame de Staël a dit qu'ils semblaient prêts à loger un congrès de rois, et en effet, pour y recevoir toutes les têtes couronnées de la terre, il suffirait de huit jours consacrés à un nettoiement complet. Cette cérémonie serait de rigueur. Tous portent les noms célèbres de l'ancien sénat : ce sont les palais Spinola, Doria, Palavicini, Fiesque, Grimaldi, etc., dont les pages de l'histoire d'Italie sont toutes pleines. Il y a jusqu'à six palais Spinola voisins les uns des autres. Les héritiers de ces noms superbes vivent encore, retirés dans un coin de leur habitation, et laissant leurs vastes galeries aux fantômes de leurs aïeux. Ces rébarbatifs vieillards, peints par Titien ou Van Dyck, se regardent entre eux, étonnés de ne voir que des Anglais et des artistes, et s'imaginent sans doute que leurs petits-enfants ont conspiré contre la république.

L'étranger trouve partout une complaisance hospitalière. Quelque domestique endormi sur les banquettes de l'antichambre ouvrira pour vous les volets et les persiennes, et quand vous aurez parcouru tout le palais que vous croirez désert, vous entendrez par hasard, à travers une porte basse, les sons d'un piano.

— C'est, vous dira-t-on, Mademoiselle qui étudie une sonate.

— Et le maître du logis, direz-vous, il est sans doute à la campagne ?

— Non, signor ; il habite cette petite chambre qui est là au fond ; il ne sort que par l'escalier dérobé. Le signor marquis prend son café dans ce moment.

On reproche beaucoup aux grands seigneurs génois de vivre ainsi enfermés et d'amasser de la mélancolie et de l'argent ; mais il faut considérer que dans le temps où ils vivent, leurs beaux noms sont une charge accablante. Qu'ont-ils besoin d'un immense palais, que soixante laquais animeraient à peine, lorsqu'il ne s'agit pour eux que de prendre le café le matin et d'aller écouter Donizetti le soir ? Le sentiment de leur déchéance blesse leur orgueil, et ils boudent contre ce siècle décoloré. Ils n'ont pas comme chez nous la ressource de briguer la députation et de faire d'aussi méchants discours que des avocats. Je suppose qu'on leur rende demain leurs vieilles institutions et qu'on les appelle au sénat ; vous les verriez alors sortir de leurs réduits, ouvrir les galeries et passer devant les figures de leurs aïeux, suivis d'un cortège d'amis et de créatures, et peut-être trouverait-on encore parmi eux des André Doria et des Ambroise Spinola.

Le malheur de la noblesse génoise et de l'Italie entière tient à l'esprit exclusif que les républiques et les petits duchés d'autrefois ont laissé après eux. Le sentiment patriotique est renfermé dans les murs de la ville. Hors de là, on n'a que des antipathies ou de vieilles rancunes. On se glorifie encore de la destruction de Pise, de la guerre contre les Vénitiens, comme si c'était une affaire d'hier. Le Génois déteste particulièrement le Piémontais, dont il est détesté. Sienne et Florence ne se sont pas encore pardonné leurs anciennes querelles. Bologne et Ferrare ne s'aiment point. Rimini est jalouse des grandes villes. Le Napolitain abhorre le Sicilien et en est méprisé. Dans Rome même, ceux qui habitent un côté du Tibre méprisent les habitants de l'autre rive. La division matérielle est une juste conséquence de la division morale. Si demain la ville de Marseille voulait saccager celle de Lyon, si elle armait cent trente galères contre Bordeaux, comme Gênes contre Venise ; si le Havre voulait incendier Dunkerque, avant dix ans la France serait envahie et partagée par les autres puissances de l'Europe. Il serait curieux d'évoquer les ombres des anciens sénateurs, et de montrer à toutes ces fortes têtes les résultats de leur politique : « Vous étiez d'habiles gens, leur dirait-on ; vous avez soufflé dans le cœur de vos compatriotes la haine de l'Italie, et vous auriez voulu élever vos fortunes sur les débris de tous les États voisins. Un moment de décadence est arrivé, et la république n'est plus qu'un port marchand où l'on vend de l'huile et des fruits, qu'une ville éteinte où l'artiste vient étudier, ou qu'une réunion de maisons de santé pour les Anglais poitrinaires. Vous avez laissé à vos enfants des palais superbes où ils meurent d'ennui, beaucoup d'argent qu'ils cachent dans leurs coffres ; mais point d'alliés, point d'amis ni de patrie. »

II

LÉGENDES GÉNOISES

Après avoir fait dans les palais de Gênes la tournée obligée par où débutent les voyageurs, je me lançai tout seul et sonnai à plusieurs portes en demandant à voir la *gulleria dei quadri*, sans savoir s'il y avait des tableaux dans la maison. Partout on m'accueillit poliment. La marquise Doria, qui ne se contente pas d'être une belle et élégante dame et qui peint avec talent, me montra un petit nombre de tableaux choisis du premier ordre, entre autres un portrait par Léonard de Vinci qui vaut tout un musée. Malgré le mérite des autres ouvrages, celui-là écrasait tellement ses voisins, que la marquise a eu le bon goût de l'isoler dans un petit salon. Ce portrait est celui de la duchesse Sforza, femme de Ludovic le More, qui était une Grimaldi ; la dernière des Grimaldi, tante de la marquise Doria, laissa le portrait à sa nièce, car c'est une famille qui s'éteint. J'ai lu, je ne sais plus où, qu'en 1650 M. de Fontenay, ambassadeur de France à Rome, voyant passer des prélats vieux et voûtés du nom de Grimaldi, s'écria : « Regardez comme ils se courbent pour chercher les clefs de saint Pierre. » S'ils eussent moins désiré le chapeau et la tiare, leur nom ne mourrait pas aujourd'hui. Quant au portrait de la duchesse Sforza, il est plus frais et plus conservé que celui de la signora Joconde, dont les restaurateurs de notre musée ont osé *refaire* le haut du visage avec un vandalisme intrépide.

Chez le marquis Balbi on me montra un *Mariage de Jacob* qui est un des plus charmants ouvrages du Guerchin, plus un portrait curieux de Philippe II, dont la tête est de Ribeira, et le reste achevé plus tard par Van Dyck.

— Puisque vous êtes curieux, me disait un soir un jeune avocat, il vous faut tâcher de pénétrer dans le mystérieux palais D***. Je vous avertis que l'humeur farouche du propriétaire est héréditaire dans la famille, et que la légende raconte sur cette maison des histoires très singulières. Si vous ne craignez pas d'essuyer un refus, je vous donnerai une lettre avec laquelle vous pourrez tenter l'aventure, et vous présenter chez le marquis D***. Je ne pense pas que, dans ce siècle-ci, l'entreprise soit périlleuse.

— Quand elle le serait, répondis-je, une aventure est chose trop rare aujourd'hui pour qu'on hésite à la tenter. Faites-moi d'abord le récit de la légende des D***, et vous me donnerez ensuite votre lettre d'introduction.

— Vous savez, reprit l'avocat, qu'André Doria, ce grand restaurateur de l'aristocratie génoise, avait beaucoup étendu les privilèges de la noblesse. Ils s'augmentèrent encore après lui et amenèrent des abus qui lui auraient inspiré de tristes réflexions, s'il eût pu voir les résultats de sa politique. Les passions ne connaissaient plus de bornes. On employait des assassins à gage pour se défaire d'un ennemi ou d'un rival. On se massacrait dans les rues ; et comme tous les palais jouissaient du droit d'asile, on était à l'abri des poursuites judiciaires, en restant chez soi lorsqu'on avait commis un crime. Les domestiques eux-mêmes se mêlaient de détrousser les passants, et se retiraient ensuite dans le logis de leur maître. De peur qu'ils ne fussent serrés de trop près par les gardes, on établissait encore des auvents sur les portes, et ils s'y réfugiaient sans prendre la peine de se cacher dans l'intérieur. Un grand seigneur, à qui ses spadassins disaient un jour qu'ils n'avaient pas exécuté leur coup parce que l'homme qu'ils devaient tuer causait avec une autre personne, s'écria tout en colère : — Il fallait les frapper tous deux !

Vous verrez encore dans les escaliers des embrasures de fenêtres profondes et garnies de bancs de pierre où se tenaient sans cesse des gens armés. Sur un signe du maître, on assommait galamment le visiteur que M. le marquis venait de reconduire avec politesse jusqu'en haut des degrés. Nos graves patriciens jouaient aux barres comme des écoliers avec toutes les lois divines et humaines. Il y avait de quoi tirer des larmes des yeux desséchés du vieux Doria, et lui faire regretter que cet ambitieux de Fiesque et ce brouillon de Verrina n'eussent point réussi dans leur conspiration contre lui-même, tant la prospérité avait eu soin de justifier leur cause. Mais venons à votre palais D***. Du temps de la république, les chefs de cette famille étaient, de père en fils, des hommes terribles. Il ne faisait pas bon avoir des démêlés avec eux, être amoureux de leurs femmes, ou passer devant leur maison quand ils vous avaient regardé de travers. Un coup d'arquebuse était bientôt lâché à travers les grillages du rez-de-chaussée. Cependant ils eurent un procès, et leur partie adverse se mit en quête d'un huissier hardi pour porter l'assignation.

Il s'en trouva un, vieux routier de chicane et courageux, qui, par bravade ou autrement, consentit à faire cette commission périlleuse. L'huissier se confessa, régla ses affaires, et, fort de sa conscience et de son droit, il s'enfonça dans les rues détournées où est situé le palais D***. Le marquis déjeunait, entouré de ses serviteurs. On lui remet le papier qui porte les formules civiles de la loi, et dont il fait la lecture à haute voix sans témoigner ni surprise ni colère.

Le patron est sans doute en belle humeur aujourd'hui.

— Eh ! dit-il en souriant, où donc est le seigneur huissier ? Je ne veux pas qu'il reste dans l'antichambre. Faites-le entrer. Donnez-lui un siège. Asseyez-vous, mon cher, et déjeunez avec moi.

Le pauvre homme ne sait que penser de cet accueil ; une fois dans le guêpier, le mieux est de paraître tranquille et assuré. On lui donne un couvert ; il boit et mange. Le vin est bon, et comme le patron rit et plaisante, l'huissier finit par croire que les D*** sont les meilleures gens du monde, point fiers avec leurs inférieurs, et calômniés par le vil populaire. Il remarque bien que le marquis parle bas à son domestique ; mais apparemment c'est pour qu'on apporte du vin, et du meilleur. Au bout d'une heure, l'officier public songe à son étude et à ses devoirs ; il remercie son hôte, s'excuse comme il peut du rôle pénible que son état l'oblige à remplir auprès d'un seigneur aussi aimable, et il s'apprête à sortir.

— Attendez un moment, dit le marquis. Le four n'est pas chaud, et on n'ouvre pas ma porte tandis que le four chauffe.

Sans rien comprendre à ces paroles, l'huissier prend patience et boit encore. On vient annoncer enfin que le four est chaud.

— Eh bien, dit le marquis, saisissez-moi cet animal, et faites-le cuire.

Les domestiques prennent l'huissier par les pieds et la tête, et le jettent tout vif dans le four, où il est encore. Je ne sais si le procès se poursuivit, mais pour des huissiers et des assignations, on n'en revit plus au palais D***.

Un autre seigneur du même nom possédait deux tableaux de Caravage, achetés par son père. Ces tableaux ne lui plaisaient pas ; il imagina de les couvrir d'une couche de blanc d'Espagne, et de les laisser ainsi dans sa galerie. Au milieu d'une nuit, le marquis fut réveillé par une main glacée posée sur son bras. Il vit debout, auprès du lit, une figure pâle et d'un air féroce, qui l'appela par son nom.

— Je suis Michel-Ange de Caravage, lui dit le fantôme. Si mes tableaux n'ont pas le bonheur de te plaire, il faut les donner ou les vendre. Je n'entends pas qu'ils demeurent ensevelis tout vivants.

— Va-t'en au diable! répondit le marquis.

Et le seigneur D*** se retourna sur l'autre oreille, et se rendormit. Le lendemain il sentit encore la main froide et vit la même figure. Cette fois les yeux du fantôme lançaient des feux comme deux émeraudes.

— Seigneur marquis, dit-il, le Turc qui renferme une esclave et la dérobe aux regards la vend quand il ne l'aime plus ; et toi, qui ne sais pas le prix de mes tableaux, tu ne veux ni les regarder, ni les laisser voir aux autres. Crois-tu que j'aie dépensé mon talent pour que mes ouvrages dorment sous cette fange ? Apprends que tes descendants seront morts depuis des siècles quand le dernier de mes tableaux sera tombé en poussière ; mais enfin mes toiles n'ont qu'un temps à vivre. Celles-ci sont de mes meilleures. Si demain tu ne les as pas rendues à la lumière, je t'étranglerai sur la place.

Le seigneur D*** était opiniâtre, et il se mit dans la tête de ne point céder. La nuit venue, il veilla tout armé, tenant son épée d'une main et son poignard de l'autre. Ses gens entendirent des voix qui se querellaient, des blasphèmes et des bruits semblables à ceux d'une lutte, puis le silence se rétablit. A son réveil, le marquis dit à son valet de chambre qu'une espèce de vision l'avait importuné ; mais qu'il avait chassé le fantôme en lui passant son épée au travers du corps. Il paraît que ce Caravage, si fameux par ses duels et ses vengeances, avait trouvé à qui parler. Ses tableaux restèrent sous leur vêtement de blanc d'Espagne jusqu'à la mort du propriétaire.

L'avocat me raconta encore des histoires sur d'autres palais de Gênes, et le lendemain je partis armé de ma lettre d'introduction, pour essayer d'entrer au palais D***.

Le marquis actuel, pensais-je, ne me fera pas cuire dans un four, puisque je ne lui apporte point d'assignation ; et comme je ne lui chercherai pas querelle, il n'y a pas d'apparence que nous nous battions à l'épée au milieu de sa chambre à coucher.

Arrivé dans un pâté de maisons où devait être cette habitation, je demandai plusieurs fois mon chemin sans qu'on voulût me l'indiquer. Enfin je m'adressai à une jeune fille qui mangeait une écuellée de pois, en compagnie d'un chat. Elle ne leva pas même la tête à mes questions, et répondit :

— Parlez à Nica, qui n'a rien à faire.

— Allons, Nica, dis-je à une petite fille de sept ans, conduis-moi au palais D***. La petite leva les yeux au ciel, fit claquer sa langue et remua l'index de la main droite, ce qui constitue le *non* italien le plus formel.

— Pourquoi ne veux-tu pas me conduire ? demandai-je.

— *La cagna, la cagna*, répondit l'enfant.

— Eh bien, *la cagna*, repris-je, as-tu peur qu'elle te mange, cette chienne ? Voyons, je te donnerai deux pièces de huit sous.

— *A la strada si, al palazzo no.*

— J'y consens ; mène-moi seulement jusqu'à la rue, j'irai tout seul au palais. Nica partit comme une flèche. Elle me guida, par un dédale obscur, jusqu'à une rue large de cinq pieds, tendit la main, prit l'argent et disparut. Je m'avançai dans le coupe-gorge, et une vieille marchande d'oranges m'indiqua enfin le palais D***. A peine avais-je monté la première marche de l'escalier, qu'un chien de garde énorme me coupa la retraite et se mit à hurler après moi en montrant ses dents. Un domestique arriva fort à propos le prendre par le collier. Je demandai le marquis D***. On me fit entrer au premier étage. Là, j'expliquai le but de ma visite, et tandis qu'on portait ma lettre et qu'on demandait s'il plaisait au patron de me laisser regarder les tableaux, je restai seul dans une vaste antichambre poudreuse et noire, mais ornée de belles fresques. Trois bouledogues attachés au pied d'une grosse table se réveillèrent alors, et, voyant un inconnu, se mirent en devoir de le manger.

A force de tirer leurs chaînes en aboyant, ils faisaient avancer la table par secousses, et avec une vitesse qui commençait à m'inquiéter, lorsque le valet de pied rentra et m'ouvrit la porte de la galerie. Les trois quarts des tableaux étaient conformes au caractère des anciens D***. C'étaient des Caravage, des Salvator Rosa, des Espagnolet, abandonnés aux araignées et à la poussière. Tous représentaient des sujets sinistres. L'odieux épisode de Loth enivré par ses filles s'y trouvait deux fois, traité par Caravage et et par Ghérard de la Nuit. Une énorme Judith me présentait la tête d'Holopherne avec un cynisme barbare ; et quant aux paysages, ils étaient enjolivés par des haltes de brigands, des scènes de guet-apens ou des incendies. Les artistes de la décadence ont beaucoup aimé à se délasser des sujets pieux par ceux de Loth, de Suzanne au bain, de David amoureux. C'étaient les seuls tableaux de la galerie D*** qui eussent quelque prétention à la grâce. Je remarquai bien au milieu de ces noirceurs une charmante vierge de Pellegrino Piola ; mais, par une singulière coïncidence d'idées, la mort du peintre Piola est une lugubre aventure des rues de Gênes. Quelle fut ma surprise en apercevant un tableau couvert de blanc d'Espagne dont on ne voyait que le cadre !

— Qui donc a voilé ce tableau ? demandai-je.

— *E il signor Marchese*, répondit le domestique.

— C'est sans doute afin de prouver qu'il ne craint pas les apparitions ?

Le valet de pied fit un sourire et un signe de croix en répondant :

— *Non lo vorrei aver nella mia camera.*

Ni moi, je ne voudrais pas non plus avoir ce tableau dans ma chambre.

— Et savez-vous de quel peintre il est ?

— *Credo che sia un Salvator Rosa.*

— Bonté divine ! un Salvator Rosa. Le signor marquis a bien du courage d'oser braver un bandit comme celui-là.

Je regardai encore une très belle collection de camées antiques. On me reconduisit ensuite jusqu'à la rue au milieu d'un concert d'aboiements, et je me retirai fort satisfait de m'échapper sain et sauf de cette infernale maison.

Dans notre siècle pâle, l'énergie du caractère n'est plus, Dieu merci, que de l'originalité ; mais tel que se montre encore ce palais étrange, avec la *cagna* de l'escalier, les bouledogues de l'antichambre, les toiles d'araignée qui vont du nez de Loth à celui de Judith, et le tableau couvert de blanc d'Espagne, il présente un ensemble imposant de bizarreries sur lequel je serais prêt à témoigner que les anciens D*** n'ont point dégénéré.

Le palais Lercaro est d'un aspect plus agréable ; son histoire contient une anecdote curieuse et une figure passionnée d'un genre qui mérite attention. Les Lercari étaient, de père en fils, des hommes terribles, des cœurs de fer, mais pleins de noblesse. L'un d'eux, encore enfant, se mit à étudier le jeu des échecs et y devint d'une force extraordinaire. Le pacha de Trébisonde, qui se trouvait alors à Gênes pour régler un différend entre la Porte ottomane et la république, jouait bien aux échecs. Un soir, chez le doge, on cherchait un adversaire digne de lui, et le petit Lercaro se présenta. Le pacha, s'imaginant qu'il aurait bon marché d'un enfant de douze ans, se permit des plaisanteries offensantes. Il perdit la première partie, et plaisanta plus amèrement ; il perdit la seconde, et se fâcha tout à fait. Enfin, lorsqu'il eut perdu la troisième partie, l'ambassadeur, furieux, donna un soufflet au vainqueur. L'enfant se leva gravement et dit au pacha :

— Puisque je suis d'âge à faire votre partie, vous aurez la bonté de faire aussi la mienne, et demain nous nous battrons.

L'assemblée se mit à rire ; mais le petit Lercaro insistait, et le doge fut obligé de lui imposer silence. Au bout de six ans, le jeune patricien, maître de ses actions et d'une immense fortune, arma quarante galères et vint établir une croisière dans la mer Noire en face de Trébisonde. Tous les navires qui passèrent furent arrêtés et coulés à fond ; le pacha recevait à la fin de chaque semaine un tonneau plein des oreilles coupées de ses sujets. Le commerce maritime de Trébisonde et de Constantinople jeta les hauts cris. On envoya contre ces corsaires génois une flotte qui fut battue, et le grand-sultan lui même reçut une cargaison de tonneaux remplis d'oreilles turques. Sa Hautesse, ayant appris le sujet de cette guerre, pria le jeune Larcaro de venir à sa cour en promettant de lui donner satisfaction. Le pacha de Trébisonde fut appelé à Constantinople, et vint humblement faire des excuses à son ennemi.

— N'oubliez jamais, lui dit Lercaro, qu'un patricien de Gênes, quand il serait au maillot, se souvient d'une offense, et que celui qui ose le frapper, se frappe lui-même.

Aujourd'hui les Lercari n'existent plus ; leur palais est devenu un casino, seul endroit de la ville où la riche noblesse de Gênes donne encore quelques bals par cotisation.

Un jour, dans l'un des trente-six palais Spinola, je regardais un vieux portrait de famille.

— Signor, me dit le domestique, celui-là date de loin. C'est du temps où mademoiselle Tomasina Spinola sauva la ville de Gênes de la colère du roi de France.

Ce peu de mots avait piqué ma curiosité ; mais comme je n'aime pas beaucoup les récits de domestiques, je cherchai un autre narrateur. Le hasard me servit admirablement le soir même. M. de Blanriez, consul de France et l'un des hommes les plus spirituels que je connaisse, me raconta en ces termes l'histoire de la belle Tomasina :

— Vous savez que la politique jalouse de l'Italie attira le roi Louis XII dans ce pays en 1501. Pour sacrifier Ludovic Sforza, les autres États nous ouvrirent l'entrée du Milanais, et la conquête en fut achevée en vingt jours. Une fois en si bon chemin, les armes françaises poursuivirent le cours de leurs victoires, et au bout de quatre mois La Trémouille avait planté son drapeau sur le fort Saint Elme à Naples. La France est aussi habituée à perdre l'Italie qu'à la conquérir. Gonzalve de Cordoue nous en expulsa.

D'après les traités, nous devions toujours conserver une garnison à Gênes. Deux fois les Génois s'étaient révoltés, et en 1506 ils recommencèrent une troisième fois, ce qui mit le roi de France dans une grande colère. Louis XII, qui avait le cœur bon et magnanime, devenait cruel quand la mesure de sa clémence était dépassée. Dans son emportement, il jura d'exterminer les Génois avant la fin de l'année et de livrer à ses soldats leurs immenses richesses. En effet, il passa les Alpes immédiatement, battit les troupes de la république et les poussa l'épée dans les reins jusqu'aux portes de la ville. Il aurait fallu voir à ce moment critique le doge et les sénateurs se regarder entre eux dans la salle du grand conseil, au-dessous de l'orgueilleux tableau de la destruction de Pise. Leur fierté était abattue, leurs mains tremblantes, leurs yeux voilés par les larmes ; et comme ils ne pouvaient s'en prendre qu'à eux-mêmes, la honte, la douleur et la consternation fermaient ces bouches si promptes à conseiller des révoltes et des manques de foi. On envoya tout de suite une députation des plus notables porter au vainqueur des paroles de soumission ; mais le roi ne voulut point les entendre. L'armée s'avançait la lance haute, et la journée se termina par le pillage du faubourg San-Piétro-d'Arena. Un réveil affreux se préparait pour le lendemain. Le soldat français rêvait aux trésors de tous ces patriciens, aux coffres-forts où dormaient tant de quadruples et de piastres, aux doux visages cachés sous les voiles des femmes, et il se promettait de seconder en conscience la colère du roi en épuisant toutes les jouissances du pillage et du massacre. Une seconde députation fut encore renvoyée sans avoir pu pénétrer jusqu'aux pieds de Louis XII. On ne savait plus de quel expédient essayer, car on n'avait point la mère ni la sœur du roi, comme autrefois à Rome celles de Coriolan. Gênes était aux abois, et la population se recommandait à Dieu.

Au milieu du désordre et des gémissements, la fille du marquis Spinola conçut le projet sublime de sauver la république. Se fiant à la puissance de sa beauté, à son éloquence, à l'esprit chevaleresque et à la générosité des Français, elle voulut aller au-devant du vainqueur, entourée d'une escorte de jeunes filles. Elle choisit les plus belles, leur apprit son dessein, et prit l'engagement de porter la parole. Toutes acceptèrent la proposition sans hésiter. On employa la nuit à se parer comme pour une fête, et au point du jour le cortège se rendit à la porte Lanterna, par où l'armée devait entrer dans la ville. Le premier officier français qui aperçut cet essaim de beautés, le conduisit tout droit au roi, qui s'avançait à cheval au milieu de sa brillante cour. Louis XII, alors âgé de quarante-cinq ans, était encore jeune de caractère et l'un des plus agréables cavaliers de son temps. Outre la grandeur naturelle de son âme, il avait toujours eu de la faiblesse pour les femmes, et deux beaux yeux trouvaient aisément le chemin de son cœur. Son visage s'adoucit en voyant ce groupe tremblant de jeunes filles s'agenouiller devant lui. Tomasina lui dit qu'elle et ses compagnes, craignant la brutalité des soldats, venaient se mettre sous la protection de la chevalerie de France, qui passait pour la plus généreuse du monde. Elle assura que, s'il était impossible de fléchir la colère du roi, elle voulait partager le sort de sa famille et mourir avec ses compatriotes, pourvu que ce fût sans infamie. Le roi répondit que les Génois l'avaient trompé deux fois, et qu'il pouvait se montrer une fois inflexible sans craindre pour sa gloire.

— Ah ! sire, s'écria Tomasina, et nous autres pauvres filles, serons-nous les seules au monde qui ne pourrons pas admirer la clémence de votre Majesté ?

Louis XII n'eut pas la force de passer outre. Il commanda aux jeunes filles de se relever, et déclara qu'il venait de recevoir une leçon dont il profiterait. Deux heures après cela, dans la grand'salle du palais ducal, il pardonna solennellement à la république et donna le baiser de paix et de réconciliation sur les joues de Tomasina, après avoir tendu sa main au doge. La fille du marquis Spinola, dans la fleur de sa jeunesse et belle comme un ange, avait inspiré au roi un sentiment plus tendre que l'oubli des injures. De son côté, Tomasina, touchée du procédé magnanime de ce prince, éblouie par le prestige de la grandeur royale et troublée par le triomphe même de ses charmes, conçut de l'amour pour Louis XII, mais un amour pur et délicat. Un jour, le roi lui demande tout bas si elle ne veut pas se montrer à son tour généreuse et clémente envers lui, et elle lui répond :

— Hélas ! sire, votre générosité a doublé votre gloire, et ce que vous demandez ferait ma honte.

Cependant Tomasina avoue naïvement ce qu'elle éprouve et assure qu'elle n'aura jamais pour personne autant de tendresse que pour le roi. En effet, après le départ des Français, ceux qui aspirent à sa main reçoivent cette réponse :

— Comment pourrais-je donner ce que j'ai refusé au roi de France, que j'aimais et que j'aime encore ?

Une correspondance plutôt amicale que galante s'établit entre elle et Louis XII ; les victoires de ce prince sont célébrées par des réjouissances au palais Spinola jusqu'en 1513, époque où l'heureuse étoile de la France paraît éclipsée. Peu de temps après, le roi fait une maladie grave, et le bruit de sa mort se répand en Italie. Tomasina était malade elle-même quand cette fausse nouvelle arriva à Gênes. Le chagrin provoque une crise fatale, et elle meurt.

III

LA VILLETTA — PELLEGRINO PIOLA

Si on avait un peu d'entrain et de goût du plaisir à Gênes, on y trouverait tous les éléments désirables pour en faire la ville la plus agréable du monde ; des fortunes énormes, des appartements d'une grandeur et d'un luxe magiques, des femmes charmantes qui sans doute aimeraient mieux danser, se parer et se divertir, que de voir leurs maris bouder inutilement contre un ordre de choses auquel ils ne peuvent rien changer. Soit avarice ou mauvaise humeur, on paraît chercher tous les prétextes de s'enfermer, de rétrécir encore le cercle de ses connaissances et de renoncer aux moindres amusements. Lorsque j'arrivai à Gênes, dans le mois de janvier, il avait été question d'une comédie de société, de quelques bals particuliers et de réunions chez des personnes riches qui se risquaient à offrir le thé peu dispendieux. Un jeune homme de la famille Palavicini étant mort, on adopta aussitôt avec empressement l'idée de supprimer tous ces projets, comme si cet événement eût causé un deuil public. Les héritiers, les cousins éloignés, les amis les moins intimes, refermèrent à l'instant leur porte entr'ouverte, et les laquais se rendormirent sur les banquettes. Pendant l'hiver dernier, on ne dansa que dans trois maisons : chez le gouverneur de la ville, au casino Lercaro, et à la Villetta, chez le célèbre marquis di Negro.

La Villetta est un séjour délicieux ; on y jouit au milieu de la ville de tous les agréments de la campagne. Située au-dessus des remparts, entourée de jardins dans lesquels les plantes exotiques oublient leur pays, elle domine Gênes comme un nid d'aigle d'où on découvre le port, la mer, la promenade de l'Acqua-Sola, et même le théâtre en plein air, dont les représentations sont ainsi gratuites pour les habitants de cette maison. Le marquis di Negro, qui a l'un des plus beaux noms de l'ancienne république, conserve, malgré son grand âge, autant de feu et de goût pour le mouvement que les autres nobles ont de somnolence. La Villetta est renommée dans l'Italie entière par l'hospitalité digne du bon temps qui attend aussi bien les Génois que les étrangers. En toutes saisons et à toute heure, les portes des jardins sont ouvertes, et ceux qui sont assez heureux pour avoir un introducteur dans la maison y reçoivent un accueil dont ils ne perdent jamais le souvenir. Je possédais une lettre de recommandation pour le marquis, et pendant le mois de janvier, je ne sortis presque plus de cette habitation vraiment patricienne. La Villetta est le temple des arts et des lettres. Le marquis di Negro, improvisateur et poète fameux, manie également bien plusieurs langues. Tantôt la musique le délasse de l'étude, et tantôt elle excite sa fibre poétique, toujours prête à vibrer dans tous les tons. Quelques personnes favorisées savent encore que l'art de la danse n'est point étranger à ce génie universel, trop habitué à des succès plus sérieux pour vouloir ajouter un faible rameau à ses superbes lauriers. Le soir, une conversation esthétique anime le salon de la Villetta, et une fois par semaine les dames y viennent danser. N'allez jamais à Gênes sans voir au moins la belle collection de gravures du marquis, sans visiter les jardins d'orangers, où les rosiers sont en fleurs au cœur de l'hiver.

Un jour, en passant dans la rue des Orfèvres, le marquis di Negro me fit arrêter devant une madone qui était sous verre, et meilleure que les autres images ainsi exposées sur la voie publique. Cette vierge est le dernier ouvrage du peintre Piola, qui habitait la maison où se voit le tableau. Le marquis voulut bien me raconter un peu de mots la légende tragique qui se rattache à cette peinture.

Pellegrino Piola naquit à Gênes vers la fin du XVIe siècle. Il s'en alla étudier à l'académie de San-Luca de Rome, et en sortit bientôt, mécontent des prétendus maîtres qui corrompaient alors le goût public et prouvaient combien le sentiment du beau s'éteignait en Italie. La décadence s'opérait sans que rien pût l'arrêter. Ce n'était plus le temps où les artistes luttaient ensemble par de bons ouvrages; la jalousie divisait le peu de gens de talent qui restaient encore, et au lieu de se surpasser entre eux, ils cherchaient à se défaire de leurs rivaux par le duel ou l'assassinat. Pellegrino laissa les novateurs se quereller sur les ruines de leur art, et il étudia les anciens maîtres, le vieux Pinturicchio, le Pérugin et son divin élève Raphaël, puis il revint à Gênes sans avoir voulu s'attacher à aucune école. Il exposa d'abord dans son atelier une *Sainte Famille*, que les connaisseurs reconnurent aussitôt pour un chef-d'œuvre ; toute la ville parla de ce jeune homme, qui rapportait de Rome la pureté de dessin et la suavité d'expression du siècle précédent. Les grands seigneurs accoururent chez lui ; les commandes se succédèrent, et Pellegrino se mit à travailler assidûment.

Il y avait alors à Gênes deux peintres en vogue, appelés les frères Carlone, que leur talent aurait dû préserver d'une basse envie, mais dont l'orgueil surpassait encore le mérite. Ils prétendaient ressusciter la peinture dans leur pays, comme les Carraches à Bologne, et voulaient bien avoir des élèves, mais non pas des rivaux plus habiles qu'eux. L'arrivée de Piola et le succès de son premier tableau leur

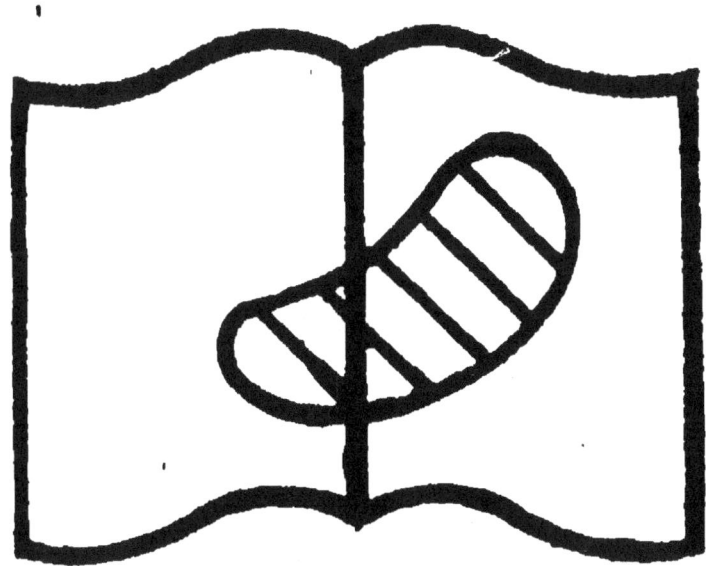

Illisibilité partielle

causèrent un chagrin profond, qu'ils dissimulèrent en accablant le débutant de caresses et d'éloges. Comme ils étaient riches et célèbres, le pauvre Pellegrino ne soupçonna pas qu'il pût avoir en eux des ennemis mortels; il se lia d'amitié avec les frères Carlone, et il allait souvent les voir travailler à l'église de l'Annonciade, dont ils peignaient la coupole. Suivant la mode de ce temps, les deux frères étaient de grands raisonneurs, de grands inventeurs de doctrines, et aussi des batailleurs et des mauvais sujets. Piola, au contraire, évitait les discussions, les querelles, et vivait sagement, toujours amoureux, mais à son chevalet dès le point du jour, tandis que les Carlone, employant les nuits en débauches, ne se mettaient souvent à l'ouvrage qu'au milieu de la journée.

Pendant une nuit de carnaval, Pellegrino fut éveillé par une musique joyeuse qui passait dans la rue des Orfèvres. Il s'entendit appeler et ouvrit sa fenêtre. Une bande de masques se dirigeait vers la place Fontane-Amorose, et l'un d'eux s'était arrêté devant la maison du peintre. Piola reconnut Giovanni Carlone, déguisé en diable, la guitare sur le dos, tenant une torche dans sa main.

— Holà! maître Pellegrino, cria le masque, veux-tu donc te faire moine, que tu jeûnes en carnaval? Par Bacchus! si tu ne descends, nous t'assiégerons tout à l'heure jusque dans ton lit. Viens souper galement avec nous. Il y a une demi-douzaine de belles filles et des flasques de bon vin qui pétillent d'impatience. Habille-toi promptement, je t'attends ici.

Piola répondit qu'il allait descendre. Il s'habilla en effet à la hâte, et lorsqu'il fut dans la rue, ne voyant plus ni le masque ni la lumière, il appela Giovanni Carlone à haute voix. Deux hommes cachés sous une porte se jetèrent sur lui, le percèrent de plusieurs coups de poignard et s'enfuirent, le laissant mort sur la place. Des voisins, qui avaient entendu le bruit et les gémissements du mourant, descendirent et ramassèrent le corps; puis ils parcoururent les rues en criant que Giovanni Carlone venait d'être tué. Une troupe de gens armés arriva au bruit peu de

et trouva seulement leurs convives, qui ne savaient rien encore. Au point du jour, les assassins se réfugièrent à l'église de San-Siro, où ils demandèrent asile aux pères théatins. On les reçut provisoirement, en se réservant le droit de les renvoyer lorsqu'on aurait examiné leur affaire. L'indignation des bonnes gens, qui aimaient Pellegrino et ses ouvrages, menaça un moment d'arracher violemment les meurtriers de leur retraite ; mais cette morale honteuse qui faisait pardonner tant d'autres crimes fit aussi fermer les yeux sur celui-ci. On se servait beaucoup d'un grand argument par lequel les lois deviennent inutiles : « En punissant le coupable, disait-on, vous aurez deux victimes au lieu d'une. » Les amis des Carlone ajoutèrent encore cette autre considération : « Gênes se glorifiait de posséder trois peintres excellents ; si vous tuez les deux derniers, elle n'en aura plus du tout. » Il arriva pourtant qu'un grand seigneur, ayant commandé des tableaux à Piola, entra en fureur lorsqu'il apprit la mort tragique de son protégé. Il cria vengeance plutôt par dépit que par amour de la justice, et la chose n'en était que plus menaçante pour les Carlone. Une autre combinaison d'intérêts les sauva de la potence. L'église de San-Siro, jalouse des embellissements de l'Annonciade, voulait aussi orner de peintures ses murailles et sa coupole. Le père supérieur des Teatini aborda un jour les deux meurtriers avec un visage composé.

— Mes amis, leur dit-il, votre cas est des plus mauvais. La ville se plaint de notre complaisance à vous protéger. Le peuple en murmure, et, ce qui est plus grave, un grand seigneur s'en mêle et demande qu'on vous livre à la justice. Nous serons forcés de parler de cette affaire au sermon, dimanche prochain, et je ne vois pas trop ce que nous pouvons dire en votre faveur. Il n'y a qu'un moyen de vous tirer d'embarras. Établissez au plus vite des échafaudages dans notre église ; mettez-vous au travail, entreprenez des peintures, les plus belles que vous pourrez. Nous dirons alors aux fidèles que le Seigneur tourne souvent à sa gloire les œuvres des méchants, et que le crime d'un artiste devient moins affreux s'il a pour résultat l'embellissement de la maison de Dieu.

Les deux réfugiés acceptèrent la proposition, aimant mieux travailler que d'être pendus. A cette condition, les pères Teatini résistèrent à toutes les menaces et prières. L'église de San-Siro se trouva ornée de belles fresques, dont le conseil de fabrique n'eut presque rien à payer, et la mort de Piola resta sans vengeance. La Vierge exposée sur la maison où il demeurait passe pour son dernier ouvrage ; mais je croirais qu'elle est controuvée, en la comparant aux tableaux authentiques du même peintre. C'est un point sur lequel les estimateurs ne se tromperaient pas. Le chef-d'œuvre de Pellegrino Piola se voit dans la galerie du marquis de Brignole. Il existe à peine cinq ou six ouvrages de lui, tous marqués d'un cachet de science et d'élévation étonnant pour l'époque où il travaillait. Le pauvre garçon n'avait que vingt-deux ans. Son frère Dominique devint célèbre bientôt après. Il a laissé un petit nombre de tableaux très recherchés des amateurs, quoique moins beaux que ceux de Pellegrino.

La chronique des rues de Gênes abonde en récits de ce genre. Si on y regardait bien, et si on avait tout recueilli, peut-être n'y aurait-il pas un carrefour de la ville qui ne fournît une scène de meurtre. Parmi tant de richesses en matière de guet-apens, la mort prématurée d'un grand artiste m'a semblé digne d'être choisie de préférence à toutes les autres. Ceux qui aiment les histoires embellies par un coup de stylet pourront s'en régaler à Gênes. Ces aventures nocturnes étaient jadis vulgaires ; aujourd'hui, grâce à une justice égale et sévère, elles sont devenues fort rare.

Tandis que le bon et respectable marquis me racontait cette anecdote, nous montions ensemble à pas lents le chemin de la Villetta. Lorsque le récit approcha de sa fin, nous étions assis au fond du jardin, dans un endroit que je ne connaissais pas encore, sous un bosquet d'orangers, devant un plan de rosiers en fleurs et d'ananas. On voyait au loin la mer, et au-dessous d'une terrasse les dômes des églises tout embrasés par les feux du soleil couchant. Un zéphyr tiède venait des côtes d'Espagne. Les jardiniers versaient sur les plates-bandes les gerbes de pluie des arrosoirs. Les feuilles des arbres produisaient ce murmure charmant que le mois de janvier n'a jamais entendu en France. Tout à coup j'aperçus devant moi un palmier.

— Vous êtes distrait ! me dit le marquis.

— Je l'avoue, répondis-je ; j'oublie le pauvre Piola pour les trésors dont la nature a comblé votre jardin. Après les voyages, ce que j'aime le plus au monde, c'est la campagne. Souvent à Paris, pendant les rigueurs de nos terribles hivers, je rêvais en découvrant un peu de mousse verte sur la bûche que j'allais jeter au feu. Il m'en coûtait de la brûler, et je reconstruisais dans ma tête l'arbre dont elle sortait et la forêt entière. Jugez de ce que je dois éprouver ici. Je songe dans ce moment à passer mon bras autour de ce palmier, et je grille de cueillir des oranges sur l'arbre.

— Ne vous en faites pas faute ; prenez mon palmier par la taille et régalez-vous d'oranges.

Je profitai bien vite de la permission, et je crois en vérité qu'en embrassant l'arbre d'Afrique, ma main trembla comme si je l'eusse posée sur le cou d'une belle Égyptienne. Je sais qu'il y a des gens à qui la nature ne dit rien ; je les plains et leur donne carte blanche pour rire à mes dépens.

IV

LES POÈTES — LE BALLET ITALIEN

Le titre de poète se prodigue fort légèrement en Italie. Nous autres Français, au sortir du collège, nous ne croyons pas encore mériter cette honorable qualification pour avoir appris de nos professeurs l'art de mesurer des syllabes et d'accoupler des rimes. Je confesse qu'en Italie l'instinct poétique est plus général qu'en aucun autre pays; mais on s'intitule poète à trop bon marché. On n'a pas plutôt rangé en bataille un peloton de mots sonores adressés à une dame, qu'on se croit à deux doigts de Pétrarque. On ne s'imaginerait pas savoir jouer d'un instrument sans l'avoir étudié, et on s'estime de force à manier l'archet d'Apollon aussitôt qu'on réussit à faire une gamme. Avocats, médecins, employés, marchands, etc., tout le monde est poète à Gênes, si l'on entend par là un homme qui embrouille des paroles comme on manie trois cordons pour tresser une natte. Du reste, si on rime beaucoup, en revanche on n'imprime guère, à cause du danger que courrait le rimeur d'aller corriger ses épreuves en prison.

Voyez-vous d'ici le poète génois enfermé dans son cabinet et cherchant ce qu'il va chanter ? A la première pensée qui lui vient à l'esprit, il frémit et repousse sa conception avec horreur en apercevant des clefs et des verrous qui se groupent avec grâce dans le lointain. Dieu sait où il prendra son sujet pour échapper à la censure et au séjour dans une forteresse. L'un met en vers un dialogue d'Érasme ; l'autre traduit avec mystère un morceau d'Ovide et demande le secret à ses amis. Celui-ci, plus hardi, risque un éloge de Michel-Ange ou de Raphaël. Celui-là mène Vasco de Gama aux Grandes-Indes ; mais, ennuyé ou fatigué de son entreprise, il abandonne la tâche, et son héros reste en pleine mer sans découvrir le cap de Bonne-Espérance. Soyez donc poète dans de telles conditions ! j'en défie le plus heureusement doué. Poursuivez votre fantaisie comme un joyeux papillon sur l'herbe fleurie, vous verrez le joli lieu de repos que vous trouvez au bout de la pelouse. Abstenons-nous donc de juger une poésie étouffée sous le boisseau de la censure.

Le théâtre Carlo-Felice est neuf, élégant et bien situé sur une place presque régulière, véritable rareté à Gênes. Comme dans toutes les salles d'Italie il n'y a ni galeries ni balcon. La bonne compagnie ne manquait pas d'y venir chaque soir, et depuis six semaines on lui représentait avec une belle constance le même opéra et le même ballet. *Maria di Rudens*, partition composée par Donizetti pour ce théâtre, avait obtenu un succès prodigieux à la première représentation. Au bout d'un mois, on était excédé de cet ouvrage médiocre ; ceux qui avaient trépigné de bonheur le premier jour bâillaient à présent comme des possédés, ou bien parlaient si haut qu'on n'entendait pas une seule note de tout l'opéra. L'étranger doit renoncer à connaître une pièce nouvelle parvenue à sa quarante-cinquième représentation, car le public ne se taira pas pour l'obliger, et un opéra dont il ne reste que la pantomime ne saurait captiver le plus consciencieux des spectateurs pendant une soirée. Enfin, vers le milieu de janvier, *Maria di Rudens* fut abandonnée pour toujours, et *Belisario* parut sur l'affiche. Collini, qui jouait le rôle de Bélisaire, avait de l'âme, du style et de l'expérience. Le signor Roppa, ténor à large poitrine, moins bon musicien et moins intelligent que Collini, chantait avec une certaine rudesse assez agréable. Il est inutile de nommer les deux cantatrices, leur faiblesse ne permettant pas de leur adresser le moindre compliment. Les chœurs étaient parfaits. Quant à la mise en scène, elle surpassait de beaucoup celle du Théâtre-Italien de Paris, où l'on ne se pique pas d'étaler un luxe oriental. Je n'ai vu dans les costumes de Gênes qu'un seul détail à la hauteur de la salle Ventadour : c'est que les soldats de Bélisaire, à peu près byzantins dans leur tenue, révélaient le régiment sarde par leurs cravates noires ; mais il n'y a pas là de quoi chercher querelle à de bons figurants.

Le lecteur connaît *Bélisaire*, partition du maëstro Donizetti. J'ai entendu raconter à mon grand-père qu'autrefois, et même du temps de Rossini, cet homme des siècles anciens, la musique dramatique exprimait des passions et des sentiments ; aujourd'hui nous avons changé cela. Le but de cet art renouvelé paraît être de ramener de certaines tournures de phrases, semblables entre elles, qui s'appliquent aux situations les plus opposées, comme les sauces anglaises se mettent dans tous les ragoûts, et comme les habits de troupe vont également mal à toutes les paires d'épaules de l'armée. C'est toujours l'éternelle cavatine, l'inévitable cabalette et la *stretta* perpétuelle. Un père, injustement condamné à perdre la vue, cherche sa fille ; comment exprimera-t-il son désespoir ? par la cabalette suivie de la stretta. Mais sa fille arrive, et il est prêt à mourir de joie en la retrouvant ; que chanteront en duo ces proches parents, ivres de bonheur ? la cabalette suivie de la stretta. Cependant le fils impétueux, accompagné de soldats révoltés, menace Byzance d'une destruction radicale. Je vous donne à deviner comment il vous fera savoir sa fureur de jeune homme et sa haine contre les ennemis de son père ? Au moyen de la cabalette, sans en excepter la stretta.

Il faut être juste, on trouve dans le *Bélisaire* plusieurs beaux morceaux : le chœur des sénateurs, qui ressemble un peu trop à un motif de la *Semiramide* ; le grand air de la fin : *Togliete-mi la vita*, et d'autres encore. L'exécution du théâtre Carlo-Felice ne me sembla pas merveilleuse le premier jour ; le lendemain, je m'accoutumais déjà aux défauts, et je goûtais davantage les bonnes intentions ; à la dixième fois, je n'aurais voulu manquer le spectacle pour rien au monde. Plus de sommeil possible si je n'avais pris, en guise de souper, mon premier acte de *Belisario*.

La pétulance et l'exagération italiennes ne se voient nulle part aussi nettement que dans l'exécution d'un ballet, et ce genre d'ouvrage trahit un côté du caractère méridional tout à fait naïf et enfantin. Le ballet pantomime de l'Italie ressemble par le fond à l'ancien mélodrame français. Il est orné comme lui de cavernes de brigands, de fioles empoisonnées, d'un traître, d'un tyran et d'un enfant courageux. Pour bien jouir de ces représentations, il faut se mettre au point de vue d'un écolier âgé de dix ans. C'est une concession que le public de ce pays-là fait volontiers à l'auteur.

Le parterre italien s'émeut trop facilement pour pouvoir supporter une action dramatique forte ou terrible. Une tragédie de Shakspeare, exactement traduite, causerait des évanouissements dans la salle, ou bien un cri général d'horreur et de réprobation. La tragédie classique d'Alfieri est, comme la nôtre, une suite de récits avec une action énergique, mais qui se passe dans les coulisses, parce que le spectateur n'aurait pas la force de la voir. En Italie, les grandes péripéties appartiennent au ballet, qui les adoucit par la musique, les voile à demi par la pantomime, et les rend agréables à l'œil sous le satin blanc, les toques de velours et les paillettes. Ces précautions une fois prises, le spectateur étant assuré contre l'excès d'émotion, les acteurs peuvent donner librement carrière à l'emphase et à l'exagération. L'artiste italien nage heureux dans le ballet comme le poisson dans l'eau, à cause de la nécessité d'élargir ses mouvements sur l'échelle énorme de la perspective. La ca-

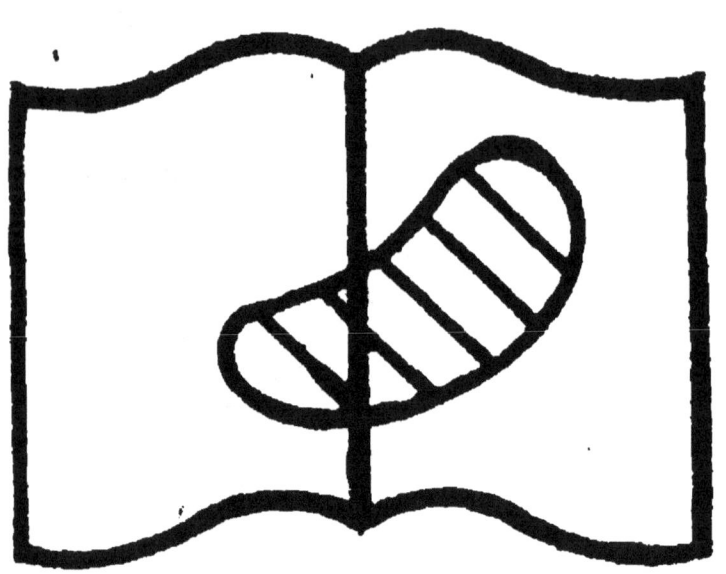

Illisibilité partielle

dence de la chorégraphie, au lieu d'être une entrave, ne le met que plus à l'aise.

Il faut voir deux personnages, qui doivent se jeter dans les bras l'un de l'autre, se rapprocher en mesure, faire deux pas en arrière, trois en avant, reculer encore, s'avancer de nouveau et s'embrasser enfin à point nommé sur le coup d'archet des violons. Il faut voir, pendant ce temps-là, les cinquante figurants, parfaitement alignés, témoigner l'attendrissement ou la joie par des gestes d'un ensemble irréprochable ; tous les yeux levés au ciel, toutes les jambes écartées dans la même posture, toutes les mains à la fois sur tous les cœurs ; ils se remuent comme un seul homme. Le premier jour, vous en riez, car la nature est trop loin de là pour que votre esprit se prête à la convention ; mais bientôt vous vous accoutumez à cette symétrie, qui est un art au fond ; et si un moment pathétique arrive, si l'acteur est bon et la musique touchante, vous finissez par y prendre du plaisir et par distinguer autre chose que du bruit, des grimaces et des gambades.

C'est à Gênes que j'ai fait connaissance avec le ballet italien. Pendant tout le mois de janvier, au théâtre Carlo-Felice, on jouait, après le *Bélisaire* du maëstro Donizetti, *Floreska*, ballet-mélodrame à grand tapage, en sorte que j'ai eu le loisir d'apprécier ces deux ouvrages, d'une conception facile. Le ballet est la mort des orchestres. On ne sait pas assez de gré aux pauvres musiciens de se démancher les épaules, ou de souffler leurs poumons dans des tubes, tandis que l'acteur, qui se démène comme un diable, prend un exercice violent, à la vérité, mais salutaire. Quand je vois les trombones éclater en gammes chromatiques, pour nous faire entendre ce que pense un personnage secondaire, qui n'a pas même de panache sur la tête, je soutiens qu'on abuse des instruments et qu'on prodigue les cuivres.

Une autre réforme importante à faire au ballet italien serait de supprimer les danses d'hommes. A chaque instant se présentent une trentaine de singes sautant sur leurs talons, s'entremêlant le sabre à la main, et s'imaginant nous divertir beaucoup parce qu'ils nous montrent alternativement leur profil droit et gauche. Mais occupons-nous de *Floreska*. L'héroïne est une jeune dame polonaise, mariée à Edwinski, un fort grand seigneur tout couvert de plumes. Le ciel a béni leur union en leur accordant un petit enfant blond admirablement frisé, véritable chérubin, destiné à d'étranges vicissitudes. Au premier acte, on danse ; des feux de bivouac annoncent que tout à l'heure on se battra. En effet, le cruel Zamoski, autre seigneur, ennemi des jeunes époux, s'avance avec ses troupes. On court aux armes ; on va chercher des sabres très recourbés, et on danse un dernier pas avant de livrer bataille, tandis que Floreska et son mari se font de tendres adieux. Le signal du combat est donné ; la mêlée s'engage ; Zamoski est mis en fuite, mais la pauvre Floreska, tombée dans une embuscade, est emmenée avec son enfant. Le mari, au désespoir, veut se tuer d'abord, puis il change d'idée et court après les ravisseurs.

Au second acte, nous sommes dans le château de Zamoski, homme de six pieds, œil flamboyant, longue barbe, pantalon collant d'un rouge féroce. Aussitôt que ce tyran peu délicat aperçoit sa belle prisonnière, il se donne de grands coups de poing à s'enfoncer la poitrine, pour exprimer qu'il devient subitement amoureux d'elle ; il passe neuf fois la main dans ses cheveux pour faire entendre que sa raison s'égare ; puis il arpente la scène d'une vitesse incroyable en décrivant autour de la dame des cercles de plus en plus étroits. Vainement Floreska se jette à ses genoux ; il lui répond par un grincement de dents. Elle lui oppose son enfant ; il saisit l'enfant, le lance à son confident, qui qui le jette à un autre soldat, et en une seconde le pauvre chérubin va rebondir de main en main jusqu'au fond du théâtre. Le tyran s'irrite de l'opposition. Bientôt il n'a plus d'humain que ses gants blancs, et l'héroïne va être dévorée, lorsque la mère de Zamoski paraît et prend l'infortunée sous sa protection. Cet incident n'arrête que pour un ins-

fait vingt-sept fois le tour du théâtre en moins d'une minute, et revient décidé à passer outre. Alors sa mère, dans l'intention de lui dire : « Tue-moi plutôt que de consommer ton crime, » le prie de tirer son poignard, lui prend la main armée entre les siennes, et dirigeant la pointe du poignard sur son propre cœur, elle pousse et retire l'instrument dix fois de suite, et ils se balancent ainsi tous deux comme des pagodes de porcelaine. L'amour triomphe encore dans l'âme du tyran, et la mère, poussée à bout, lève ses deux bras en l'air ; un coup de tam-tam part de l'orchestre : c'est la malédiction maternelle. Zamoski épouvanté s'allonge comme un serpent ; ses mains atteignent la coulisse et ses pieds sont au milieu de la scène. Floreska, provisoirement sauvée, tombe évanouie par terre. Sur ces entrefaites, un messager arrive : c'est Edwinski déguisé ; il ne peut plus dissimuler en voyant son épouse sans mouvement ; il se jette sur elle ; on le reconnaît, on l'enchaîne, et le voilà dans le fond d'un cachot.

Par un antique usage, le dénoûment d'un ballet doit courir la poste. Tout va très vite au troisième acte. Edwinski reçoit dans sa prison une visite de sa femme et de son enfant, introduits par la vieille mère qui les protège. Cette bonne dame a une double clef de la cellule du prisonnier ; elle lui ouvre la porte, et il peut embrasser tout ce qu'il aime. Cependant Zamoski entre précipitamment, il cherche sa victime. Sa mère l'enferme dans la cellule, et on s'enfuit. Le décor change subitement. Edwinski, coiffé d'un panache gigantesque, livre un nouveau combat. On s'attaque le plus vite qu'on peut, le tyran est tué en un clin d'œil ; on se retrouve rapidement, on s'embrasse au galop, on se caresse à franc étrier, on se réjouit à bride abattue, on danse à toutes jambes, on se félicite avec impétuosité, on remercie le ciel à tire-d'aile, l'orchestre précipite la mesure, frappe brusquement l'accord final, et la toile tombe comme la foudre. Tel est le ballet italien.

On croira sans peine que plus tard j'ai dû voir d'autres ballets plus beaux, plus animés encore que celui-ci. La vivacité napolitaine mène ces spectacles avec bien plus de feu qu'on ne saurait le faire à Gênes ; mais j'étais à mon début, et jamais aucune autre caverne, jamais aucuns brigands, ni héroïnes de satin blanc, ni petits enfants frisés, ni tyrans peu délicats, ne m'ont fait autant d'impression que ceux de *Floreska*. Je puis me flatter d'avoir été, à la première représentation de ce ballet, le spectateur le plus neuf et le moins blasé de toute la salle. Par la suite, étant habitué au climat, nourri de macaroni et rafraîchi par l'eau à la neige et la limonade, je perdis ce sentiment du ridicule qu'on respire avec notre brouillard *humorique* ; le tyran m'effraya, l'héroïne m'intéressa ; l'enfant me fit sourire, et je ne pénétrai plus dans les cavernes qu'avec un *movimento di orrore et tutto tremente di paura* ; c'est pourquoi, ne voulant plus revenir sur ce sujet, j'ai parlé du ballet de Gênes de préférence à tous les autres.

L'habitude a tant de puissance, et on s'attache si vite par mille petits liens aux villes de l'Italie, que je ne voyais plus de raisons pour jamais sortir de Gênes. J'y serais encore, si trois jours d'une pluie fine et froide ne fussent venus interrompre le printemps dont nous jouissions et me forcer à réfléchir. Je me rappelai qu'on pouvait trouver vers le sud un climat bien plus doux. De ma fenêtre je voyais les bateaux à vapeur lancer fièrement dans les airs leurs panaches de fumée. Le magnifique bateau toscan *Leopoldo* venait d'arriver de Marseille. Je retins une place pour Naples, et je pensai avec satisfaction que dans trois jours je serais sous le quarantième degré, à deux pas de la Sicile, à quatre des côtes d'Afrique.

— *Si, signore*, me dit le buraliste de *l'uffizio, veder Napoli e poi morir.*

— Merci, répondis-je ; voir Naples, j'en suis d'avis ; mais je n'ai pas envie de mourir aussitôt après.

L'homme de bonne humeur en Italie trouve tout le monde en train de badiner. On me pria d'envoyer tout de suite ma *roba* au bureau. *Roba* est un des trois ou quatre mots avec lesquels on peut faire le tour de l'Italie. Dans le cas présent il voulait dire *bagages* ; mais on s'en sert pour tout exprimer. Si votre malle est roba, le linge qu'elle renferme est aussi roba, et l'habit que vous portez ne l'est pas moins. Une maison délabrée s'appelle une mauvaise roba ; un chemin escarpé, au dire de votre guide, est roba de montagne, un poisson roba de mer. Il y a encore le mot *legno*, avec lequel on peut aller loin. Vous voulez un carrosse ; vous dites qu'on aille vous chercher un legno. Au marinier vous demandez un legno, et il fait avancer sa barque. Une table vous gêne, et vous dites au domestique d'ôter ce legno. La porte est ouverte, vous ordonnez qu'on ferme le legno. On ne saurait pas en dire si long en France avec les mots *affaire* et *bois*. L'indolence et le sans-façon des bonnes gens du Midi se reconnaît jusque dans leur langage. Ma roba étant préparée d'avance, je l'envoyai sur *le Leopoldo*. A six heures du soir, le bateau gagna le large, et saluant avec un soupir le bel amphithéâtre où Gênes est assise, je forçai le passager qui se trouvait près de moi à convenir que cette ville est une charmante roba.

V

NAPLES — LE CARACTÈRE NAPOLITAIN

Il n'y a presque personne qui n'ait souhaité de voir Naples. Pour moi, je l'ai désiré si fort et si longtemps, que je m'étais construit dans la tête un Naples moitié vrai moitié imaginaire qu'il m'a fallu démolir entièrement. Je conseillerai toujours à ceux qui veulent connaître ce pays si beau et si classique, de l'aller voir le plus tôt qu'ils pourront, sous peine d'avoir à compter avec leurs rêveries.

C'est le 8 février 1843, à huit heures du matin, qu'en doublant la pointe de Procida, j'aperçus pour la première fois le véritable golfe de Naples. Je fus obligé de reconnaître que j'avais fabriqué à mon usage un Vésuve d'intention, une île de Capri *ad libitum*, une Ischia factice, un faux cap de Misène, une Chiaja manquée ; un Portici plein d'erreurs et un Naples incomplet. Tout en adoptant la réalité avec enthousiasme, j'éprouvai aussi quelques regrets en disant adieu aux chimères dont je m'étais nourri pendant des années.

Sur le bateau *le Léopold*, j'avais trois compagnons de

voyage qui en étaient au même point que moi. L'un d'eux, Espagnol de qualité, fuyait les bombes de Barcelone ; le second, gentilhomme bolonais, voyageait pour son plaisir, et le troisième, jeune Piémontais, espèce de Sancho Pança bon vivant, s'en allait à Constantinople.

Nous avions résolu de nous loger tous dans la même maison. Notre débarquement fut la chose la plus grotesque du monde. Trois *facchini* auraient suffi pour porter nos bagages ; il en vint une quinzaine, se démenant comme des diables, qui s'emparèrent des malles comme de leur bien, en chargèrent une petite charrette, et se partagèrent le butin de manière à paraître occupés tous les quinze. La charrette roulait au galop, poussée par autant de mains qu'elle en pouvait contenir. Des éclaireurs voltigeaient à l'entour avec nos manteaux. Un autre allait devant en courrier, armé d'un fourreau de parapluie dont il frappait à tour de bras les gens qu'il rencontrait, pour les forcer à se ranger. Des gamins nous suivaient au pas de course, formant une arrière-garde hurlante et déguenillée. Nous portions apparemment écrit en grosses lettres sur le milieu du visage que nous venions à Naples pour la première fois, car auprès de nous d'autres voyageurs firent leur entrée sans éclat. Nous traversâmes ainsi triomphalement la place du Château, celle du Palais-Royal et le quai du Géant, c'est-à-dire le quartier le plus beau et le plus peuplé de la ville. Cette marche triomphale, qui eût été ridicule partout ailleurs, semblait fort naturelle à Naples, où l'on voit chaque matin des émeutes de ce genre. Après avoir bien cherché, nous trouvâmes des appartements à notre convenance sur le quai de Sainte-Lucie ; nous nous débarrassâmes des facchini avec beaucoup de peine, en leur payant le double de ce qui leur était dû. Quant aux gamins, les paroles ne produisant aucun effet, et l'argent ne faisant que les amorcer, il fallut en venir aux menaces pour repousser leurs offres de services. La bande se dissipa comme une ombre après le premier coup de pied qui fut administré au plus importun. L'intelligent et spirituel Stendhal disait que, pour faire le tour de l'Italie, on devait tenir toujours dans le creux de sa main une pièce de monnaie blanche ; il avait raison : mais à Naples, outre la pièce de monnaie, il faut encore tenir de l'autre main une canne qui sert à mettre fin aux conférences trop longues et aux marchés frauduleux. Cet argument de bois est d'une puissance irrésistible, parce qu'il est l'expression palpable de la *furia francese*, qui est fort redoutée dans les pays du Sud.

S'il est un endroit sur la terre où l'on puisse être heureux, c'est le quai de Sainte-Lucie. De sa fenêtre on voit d'un coup d'œil toute la baie : en face de soi le Vésuve, la côte de Castellamare et de Sorrente ; à gauche, la courbe que décrit le rivage depuis Naples jusqu'à Portici ; à droite, le détroit de la Campanella, par où les navires vont en Sicile, et Capri, toujours enveloppée dans son voile de gaze bleu. La mer, qui bat sans cesse les murailles du château de l'Œuf, vous berce le soir du bruit de ses vagues. Les frégates en station saluent à coups de canon les vaisseaux qui entrent. Des bateaux à vapeur vont et viennent plusieurs fois par jour, et vous suivez du regard jusqu'à une grande distance leurs colonnes de fumée. De petites voiles blanches sillonnent la rade. Le soir, ce sont des pêcheurs au flambeau qui glissent le long des côtes comme des vers luisants. Le matin, le soleil, réfléchi par l'eau de la mer, envoie des serpents de feu qui courent sur les murs et le plafond de votre chambre. Le Vésuve semble inventer mille coquetteries pour vous retenir au balcon. Il change de couleurs selon la position du soleil, et passe en un jour par toutes les nuances de la gamme des tons ; tantôt cachant sa tête dans une perruque de nuages, tantôt montrant les contours de son sommet avec précision. Sa fumée prend aussi des formes fantastiques ; le plus ordinairement blanche et penchée comme une plume de marabout, quelquefois droite et noire comme un arbre gigantesque planté dans le milieu du cratère. Souvent, par une connivence évidente avec les aubergistes de Naples, le Vésuve promet des éruptions qu'il ne donne pas. Il rend des lueurs rouges pendant la nuit, comme un lampion près de s'éteindre, et fait entendre aux habitants de Portici des détonations sourdes qui retiennent indéfiniment l'étranger prêt à s'embarquer. A chaque instant, on est dupe de ces manèges peu délicats, et on saute hors du lit, croyant voir les premiers symptômes d'une éruption qui ne viendra que l'année prochaine. Le quai de Sainte-Lucie est le rendez-vous d'une brillante population de pêcheurs, de barcaroles, de marchands d'huîtres et de promeneurs en bateau, tous gens gais, vivaces et musiciens. La nuit, on chante, soit en plein air, soit chez les limonadiers. Le dimanche, on danse au simple bruit d'un tambour de basque ; pas un son ne vous vient aux oreilles sans vous envoyer de la bonne humeur et de l'entrain. Le spleen le plus britannique trouvera du répit à Sainte-Lucie ; la plus lourde provision d'ennui, de tristesse ou d'inquiétude qu'on puisse apporter du Nord s'envolera dans les airs devant cette baie de Naples où Tibère lui-même, tout chargé de crimes, sentit son vieux cœur se réchauffer.

Honnête lecteur qui n'êtes ni usé ni méchant comme Tibère, allez à Naples ; mais logez-vous à Sainte-Lucie. C'est là qu'on est heureux. Ayant appris par expérience que les descriptions ne servent à rien, je ne chercherai point à vous décrire la nature méridionale, et je vous parlerai d'autres choses dont les livres peuvent au moins donner une idée juste.

Le peuple napolitain est le plus civilisé qui soit au monde, dans le véritable sens du mot, et, comme tous les peuples civilisés, il a dans le caractère des complications et des qualités contradictoires. De vieilles traditions devenues fausses l'on dépeint sous des couleurs peu favorables. Je l'ai toujours trouvé aimable, bienveillant, hospitalier et spirituel, plein de franchise quand il n'a pas de motif de vous tromper, crédule et superstitieux comme un enfant, rusé en affaire d'intérêt, mais si comique dans ses tromperies, qu'en les découvrant on s'en amuse. Dans toutes les classes le plaisir est la grande affaire à Naples ; comment serait-on méchant avec cette préoccupation qui vous oblige sans cesse à établir de bons rapports avec votre voisin ? Le Napolitain est passionné, actif comme un démon le matin, indolent le reste du jour, intrépide quand il sort de son caractère, joueur comme les cartes, amoureux à la folie, mais très facile à consoler dans la disgrâce ou l'abandon.

Les Français, disait Charles-Quint, paraissent fous et ne le sont pas. Si ce grand prince nous voyait à présent, il changerait d'opinion, et nous trouverait sans doute aussi fous que nous le paraissons. Ce sont plutôt les Napolitains qui sont plus sages qu'ils ne le paraissent. Leur turbulence cache une raison profonde. Tandis que nous nous agitons à poursuivre un bonheur qui nous tourne le dos, le Napolitain est heureux par lui-même. Au lieu de se créer des besoins factices, il jouit du peu qu'il a. Le ciel lui a fait les dons les plus précieux : la bonne humeur, sans laquelle César envie le sort d'un portefaix ; la sobriété, source du bien-être et des bonnes sensations, et la résignation, qui est la sobriété de l'âme.

Rien n'est divertissant comme l'humeur démonstrative du Napolitain. Il parle autant avec ses mains et tout son corps qu'avec sa langue. L'exagération est un besoin pour lui. Le terme le plus emphatique est celui qu'il choisira pour vous dire la chose la plus simple du monde. Les Français me paraissent être le peuple dont l'expression offre la plus juste proportion avec ce qu'il sent. L'Espagnol sent peut-être plus qu'il n'exprime. L'Anglais en général ne sent rien et n'exprime pas davantage. Le Napolitain sent vivement, mais il exprime trois fois plus qu'il n'est capable de sentir. Celui qui a de l'éloquence réussit facilement à vous entraîner ; celui qui n'en a point y supplée par du bruit. Au marché de Santa-Brigida, le pêcheur qui n'a devant lui qu'un petit poisson vocifère et se démène pour vous faire acheter sa pêche comme si c'était une baleine. Il vous met sa marchandise sous le nez en criant de toutes ses forces ; mais si vous lui donnez le demi-carlin après lequel il aspire, une réaction se fait à l'instant. Vous retrouvez, au bout d'une heure, votre diable incarné paisiblement assis dans son panier, fumant sa pipe ou dormant à l'ombre, avec trois brins de macaroni dans l'estomac, et il faudrait alors une somme d'argent très grosse pour l'engager à sortir de sa quiétude. Cet homme si pétulant tout à l'heure, dont la bouche s'ouvrait comme un four, dont les yeux étincelaient, et qui prononçait les mots avec la précision, la force et le ronflement des castagnettes, vous regarde d'un air majestueux ou endormi, et ne parle plus qu'à contre-cœur. Demandez-lui de quel pays il est : le matin, ce sera *Nappoli*, et il vous racontera l'histoire de toute sa famille ; le soir, il articulera péniblement *Nabolé*, en fermant ses paupières afin de rompre l'entretien.

Une pièce blanche de deux carlins est un trésor que le lazzarone a quelquefois aperçu dans la main d'autrui, mais qu'il n'a jamais possédé. Je suppose que vous lui suspendiez une large piastre au-dessus du visage en lui disant : Viens à mon logis, que je dessine ton portrait, et ceci t'appartient. Il laissera son sofa d'osier, sa pipe et sa sieste pour bondir comme une carpe et vous suivre tout palpitant d'espérance. Vous établissez votre modèle en face de vous dans la posture qui lui est naturelle et commode, c'est-à-dire bien campé sur la hanche droite, la veste drapée en manière de manteau, le nez en l'air, le poing sur le flanc gauche, et le bonnet penché sur l'oreille. Vous prenez votre crayon et vous pensez déjà tenir un dessin à consulter comme souvenir ; mais au bout de cinq minutes, le lazzarone commence à bâiller, à étendre ses membres et à se remuer comme un enfant. Au bout de dix minutes, il n'y tient plus ; il vous tire sa révérence, et renonce à la piastre si désirée, tant la moindre contrainte lui est odieuse ! Son sacrifice est fait à l'instant sans hésitation ; il rentre dans dans son insouciance philosophique, et s'en va chantant de tout son cœur sans songer à ce qu'il vient de perdre.

Ce sont des contes de bonnes femmes et des récits de commis voyageurs qui ont dépeint ces gens-là comme des assassins et des coupe-jarrets. Nulle part il n'y a autant de misère qu'à Naples, et nulle part on n'a aussi peu de goût pour le désordre. Avec une police moins active que celle de Londres, le chiffre des crimes est moindre en proportion du nombre des habitants, et quand on parle d'un assassinat, le motif en est ordinairement une passion et non pas la cupidité. Le lazzarone se donnera beaucoup de peine pour gagner un sou. Si le sou lui arrive, il suffit à son bonheur. J'ai vu un pauvre barcarole, chez qui un de mes amis avait oublié un parapluie, courir toute la ville pour chercher le propriétaire inconnu, arriver enfin tout essoufflé, après dix heures de marche, et remettre le parapluie à une servante sans penser à la gratification de rigueur. Le lazzarone vous demandera un *grano* avec importunité, s'il en a besoin ; mais, à l'heure où il remplit un devoir, rend un service ou prête son secours à une personne embarrassée, la récompense ne lui entre point dans l'esprit. Si l'étrier d'un cheval se rompt, il accourt à l'aide avec empressement, puis il ôte son bonnet au cavalier et lui souhaite un bon voyage. Si vous faites un marché quelconque avec le lazzarone, c'est différent ; il vous demandera sans pudeur le triple du prix raisonnable. Il y a temps pour tout : ce moment-là est celui où son astuce fonctionne. S'il vous trompe, ce sera sans scrupule et sans méchanceté, avec grâce et politesse, car ses formes sont bienveillantes. Il est même capable d'attentions fines. Au mois de février, je prenais souvent un fiacre derrière lequel se tenait un enfant de huit ans, de la couleur d'une belle casserole, et qui avait une figure charmante. Son costume se composait uniquement d'un petit carrick et d'une cravate noire ; là-dessous il était absolument nu. La boue donnait seulement à ses jambes l'apparence décente d'une paire de bottes. En mars, il avait quitté le rôle de valet de pied pour vendre des violettes à la porte de la Villa-Reale. De plus loin qu'il me voyait, il m'adressait un sourire amical, en souvenir de mes pourboires, et me remettait un petit bouquet sans en demander le prix.

— Il faut pourtant, lui dis-je un jour, que je te paye tes violettes.

— Cela n'est pas nécessaire, Excellence, répondit le

gamin. Si vous tenez à me faire un présent, donnez-moi un cigare de la Havane ; ce sera un grand régal pour moi.

J'étais un ami et non une pratique. Les autres passants, au contraire, ne pouvaient se débarrasser du petit marchand de violettes qu'en payant un *grano*.

Les extrêmes opposés se rencontrent à deux pas l'un de l'autre à Naples, et souvent dans le même individu. Le barcarole qui vous conduit à Ischia emploie toute la traversée en ruses diplomatiques fort transparentes, dans le but de vous arracher dix sous de plus que le prix convenu. Il improvise des histoires à n'en plus finir sur lui et ses compagnons, pour émouvoir votre compassion et votre générosité. Prenez ensuite la parole à votre tour, et faites-lui un récit fabuleux, il y croira de toute son âme ; des menaces absurdes, et il tremblera de frayeur. Dites-lui que vous êtes un corsaire barbaresque et que vos gens sont là tout près, qui vont venir le pendre : il se jettera à vos genoux. Le *guaglione* napolitain, cet équivalent méridional du gamin de Paris, quand il sera prosterné devant la madone, étendra le bras jusqu'à la poche de son voisin, et volera un mouchoir sans s'interrompre dans la prière la plus fervente ; mais le jour où on expose le trésor de saint Janvier, il massacrerait celui qui oserait dérober à l'église un vase d'argent. Le lazzarone qui raconte à ses amis son voyage à Sorrente ou Amalfi, l'ornera d'aventures plus merveilleuses que celles de Sindbad le marin. Il aura vu des montagnes aimantées et des oiseaux de cent pieds d'envergure. Le jour où cet homme si fertile en inventions ira voir couper les cheveux de la statue du Christ à Santa Maria del Carmine, l'idée ne lui viendra jamais que ce soit une perruque.

Il faut voir deux Napolitains jouer à la *bazzica*, se regarder réciproquement le blanc des yeux chaque fois qu'ils posent une carte sur la table, surprendre un éclair imperceptible dans la physionomie, deviner d'avance s'ils ont perdu ou gagné, sauter sur l'enjeu avant que le dernier coup soit achevé. Ce sont des chats et des renards pour la défiance, la finesse et l'agilité. Qu'il arrive un étranger se mêler à leur jeu, ils s'entendront ensemble pour l'amorcer, l'enflammer peu à peu et le dépouiller ; et puis qu'il survienne un voleur à l'américaine leur faire un conte ridicule et leur présenter un appât grossier, ils donneront tête baissée dans le piège et seront dupés comme des nigauds. Celui qui tient un cornet de dés calculera comme un Barême toutes les chances, et ne risquera pas un grain sans savoir où les probabilités veulent qu'il mette son enjeu. Après s'être défendu habilement contre le hasard, il s'en ira au bureau de la loterie sur la foi d'un rêve ou du livre de la *Smorfia*.

Depuis le pied des Alpes jusqu'à Reggio de Calabre, l'exagération est un état normal. Le fou, le maniaque, l'amoureux, sont trois fois plus fous, plus maniaques et plus amoureux que nous. Les ridicules, moins nombreux que les nôtres, ont des proportions infiniment plus visibles. La vanité française elle-même, qui se fait citer dans le monde entier, n'est qu'un travers imperceptible auprès de celle de l'Italien lorsqu'il se mêle d'être vain.

Il y a quelques années, nous avons tous vu à Paris une espèce de fou qui, avec un beau nom et une grande fortune, portait des habits délabrés, mettait de la graisse dans sa barbe et se donnait en spectacle avec un cynisme plein d'affectation. Naples possède dans ce moment un fou bien plus naïf. C'est aussi un homme de bonne famille, loquace et importun comme le nôtre, mais inoffensif, consciencieux dans sa folie et cent fois plus original. Il porte un casque de cuir, un carrick de forme étrange, des bottes de voyage par-dessus le pantalon, et si larges que deux paires de jambes ne les rempliraient pas. Un sabre est attaché à son cou par une bretelle si courte, que la poignée se trouve au-dessous du menton. Un arçon de cavalerie suspendu par derrière au moyen d'une ficelle, contient un gros pistolet de combat, et le manche d'un vieux poignard sort par la poche du carrick. Ce personnage, qui a bien quatre-vingts ans, fait tous les soirs son entrée au café de l'Europe dans ce superbe costume, appuyé sur une canne de cinq pieds de longueur, et suivi par un chien barbet d'une mine tout à fait philosophique. Les étrangers s'écartent de cet homme avec un certain effroi ; les indigènes ne voient en lui qu'un original vêtu autrement que tout le monde.

Les parterres des théâtres sont si impressionnables, si prodigues d'applaudissements et de témoignages d'enthousiasme, qu'on les prendrait pour des troupes d'enfants. Le mardi gras, dernière soirée de madame Tadolini à Naples, la prima donna fut rappelée douze fois sur la scène après le spectacle. On la redemandait une treizième fois, lorsque la police, trouvant que c'était assez, défendit à la cantatrice de reparaître. Ce fut une véritable frénésie dans le parterre. On ne pouvait pas se séparer de madame Tadolini sans la revoir encore ; comment dormir si on n'obtenait pas cette treizième apparition ? Plutôt mourir, plutôt aller en prison. Une vingtaine de personnes furent arrêtées ; les autres se retirèrent le désespoir dans l'âme. On m'a assuré que, l'année précédente, la cantatrice avait été priée de chanter moins bien par ordre supérieur, la perfection de son talent et l'influence considérable qu'elle exerçait dans le public ayant inquiété l'autorité. A Bologne, un jeune maestro, à qui j'eus l'honneur d'être présenté plus tard, avait donné un petit opéra nouveau complètement oublié aujourd'hui. Le compositeur avait été rappelé sur la scène et couronné vingt-six fois de suite. Lui seul avait pu les compter.

A Milan, c'était bien une autre affaire. La divine Taglioni et mademoiselle Cerrito dansaient alternativement à la Scala. Il y avait de quoi se passionner. L'enthousiasme de chaque soir est impossible à imaginer, et je me garderai bien de le vouloir décrire, ne l'ayant pas vu. La solidité de la salle fait le plus grand honneur à l'architecte, car, pendant trois mois, elle a résisté aux épreuves les plus terribles du dilettantisme. Heureusement c'était dans le nord de l'Italie, où le sang allemand a porté quelque peu de flegme. Si la chose se fût passée à San-Carlo, le théâtre eût été infailliblement démoli.

A Florence, le public était partagé entre deux danseuses, l'une grande et l'autre petite. C'était une nouvelle guerre des Montecchi et des Capelletti. Des bouquets on était arrivé aux bouquets-monstres, puis aux couronnes, et il était à craindre que les deux sujets ne vinssent à périr étouffés sous une pluie de fleurs. Le luxe s'en mêla : un partisan de la grande jeta des couronnes à feuilles d'argent. Les amis de la petite lancèrent des feuilles d'or. Un soir, un ballot ficelé tomba sur la scène : c'était une robe de velours. Le parti ennemi ne se découragea point, et jeta le lendemain un châle de cachemire. On disait déjà dans la ville qu'un signor baron, chef de l'une des coteries, songeait aux moyens de faire descendre des avant-scènes un carrosse à quatre chevaux avec le chasseur à son poste, à quoi on aurait sans doute répondu par un château orné de tourelles et de fossés. La fin de l'année dramatique vint arrêter ce magnifique crescendo.

Les trois mots qu'on entend le plus souvent répéter en Italie sont ceux de *simpatico, seccatore, jettatore*, et ils ont un sens particulier au pays. On dit d'une personne qu'elle est sympathique, comme nous dirions qu'elle est aimable ; mais ce n'est pas la même chose. L'amabilité ne se reconnaît qu'après la connaissance faite, tandis qu'on est sympathique à première vue, et la première vue a beaucoup d'importance à Naples : on s'y règle sur ce qu'on sent, tandis que nous voulons connaître, approfondir et juger. Il y a des raisons à donner pour trouver qu'un homme est aimable ; il n'est pas besoin de raison pour éprouver de la sympathie. Le terme de *seccatore* embrasse les diverses catégories des ennuyeux, des sots, des importuns et des fâcheux. S'il n'a pas d'équivalent en français dans un sens aussi général, en revanche on ne manque point de mots pour le traduire fort exactement dans toutes ses acceptions particulières

Quant au *jettatore*, son essence est purement italienne. Le sorcier des campagnes, qui *jette des sorts* volontairement, avec connaissance de cause, n'en est qu'une variante. Le *jettatore* a une de ces figures hétéroclites comme le climat de l'Italie en produit beaucoup ; maigre, maladif et ridé, avec un long nez en bec d'oiseau surmonté d'une paire de lunettes, la main osseuse, la bouche sardonique, il flotte dans ses larges vêtements. Sa rencontre porte infailliblement malheur si on n'a pas soin de repousser le maléfice en dirigeant vers lui l'index et le petit doigt. Le plus sûr est de porter sur soi des cornes de corail fabriquées à cet effet, et dont tout le monde est muni à Naples, même les étrangers, car rien ne se gagne plus vite qu'une superstition. Dans les boutiques, les études de notaire, les salons des hôtels, on a de grandes cornes de bœuf qu'on fait venir de Sicile et qui sont polies, vernies et transparentes comme de l'agate. Cette précaution est nécessaire dans un endroit où, parmi tant d'étrangers, il vient nécessairement une foule de *jettatori*. Malheur à celui qui entre dans une maison pour la première fois, et qui, par maladresse ou timidité, renverse une table, brise une porcelaine, ou marche sur le pied d'un enfant ! On le regardera de travers, et il ne trouvera personne au logis à la seconde visite, à moins qu'il ne soit doué d'une figure extrêmement sympathique. Le *Rinaldo* et le conteur d'histoires, entourés de leur public impressionnable, s'arrêtent court au milieu d'un vers, le bras étendu, le regard fixe, l'index et le petit doigt arrangés cabalistiquement, aussitôt qu'une paire de lunettes de mine suspecte paraît dans le cercle des auditeurs ou rôde sur le môle autour de leur emplacement. La crainte de la *jettature* n'est point particulière aux Napolitains ; l'Italie entière en est préoccupée ; mais c'est une chose trop connue pour qu'on s'y arrête.

VI

LA BONNE COMPAGNIE DE NAPLES ET LE CARNAVAL

Les voyageurs ont souvent le défaut de se moquer outrageusement des Italiens une fois qu'ils ont quitté l'Italie. Ils ne font attention qu'aux ridicules, et ils en inventent quand ils n'en voient pas. On accepte mille petits services, on reçoit de bons procédés comme s'ils vous étaient dus ; on mange le dîner, on boit le vin, on fait sa cour à la maîtresse du logis, et puis, aussitôt qu'on est parti, on raille les gens à tort et à travers, souvent avec la pesanteur d'un Thersite. Une dame anglaise de beaucoup d'esprit, après s'être moquée ingénieusement des Américains, s'est crue obligée de berner les Italiens sans discernement, et s'en est mal acquittée, parce que la raillerie de profession devient bien vite béotienne quand on la croit du plus fin atticisme. C'est faire comme cet homme qui, ayant eu un succès avec des bottes à revers, ne voulut plus les quitter jusqu'à sa mort.

La société de Naples se divise en deux parts, l'une composée de gens du pays, qui ne varie pas, et l'autre d'étrangers, qui se renouvelle chaque année. Au mois de mai, la désorganisation s'opère. Il y a bien les ombrages de Castellamare et de Sorrente, sous lesquels on va chercher de la fraîcheur et fuir les piqûres des *zanzares*. C'est là que les pigeons ramiers font leurs nids, dans les plus beaux sites du monde; mais les trois quarts se dispersent au retour de l'hiver et ne rentrent pas à Naples. Ce renouvellement perpétuel amène dans les relations une promptitude et un laisser-aller agréables, suivis d'un oubli complet. On a passé en revue tant de visages nouveaux, tant d'amis se sont envolés, qu'on n'en sait plus le compte. S'il fallait se rappeler leurs noms et soupirer de leur absence, on n'en finirait pas; il est mieux de donner raison au droit de présence et de tourner la page sur l'année passée.

Si les Napolitains avaient de grandes fortunes, ils ne les enfouiraient pas comme les Génois. Autant la noblesse de Gênes est sombre, renfermée, ennemie du plaisir et de la dépense, autant celle de Naples est généreuse. Celui qui porte un nom historique le respecte trop pour affronter le reproche d'avarice. Ses aïeux allaient en voiture; ils avaient un palais, une galerie de tableaux et un cuisinier. Il faut à leur petit-fils une voiture, et assez de tableaux pour qu'on puisse encore à la rigueur appeler cela une galerie. Le cuisinier n'aura rien à faire; on l'enverra même à la *trattoria* chercher du macaroni pour le dîner de son maître; mais au moins on n'aura pas dérogé. Si on donne un bal, on fera les choses plus noblement que le financier millionnaire, qui est né pour amasser de l'argent et non pour le dépenser. Le lendemain de la fête, on sera peut-être comme le Ravenswood de Walter Scott, livrant sa vie aux expédients attendrissants du fidèle Caleb, quelquefois un peu soucieux sur l'oreiller, mais gai et ami du plaisir en public. Un homme riche qui ne rend point les dîners qu'on lui donne, qui n'a jamais la main à la poche en passant auprès d'un mendiant, et qui part pour la campagne la veille du 1er janvier, appellera cela de l'ostentation. S'il arrive au salon quelques minutes après le souper, qu'il remarque sur la table d'agate une assiette encore chaude, des écorces d'orange par terre et la fourchette oubliée sur le bras du fauteuil, il s'en ira bien vite en rire avec le premier venu ; lui qui n'est qu'un ladre, et qui échappe au ridicule, il n'échappe pas au mépris, car il n'est pas déshonorant de n'avoir point de fortune, tandis que l'avarice est une honte.

Afin que le plaisir de faire danser ne soit pas le privilége d'un petit nombre de gens riches, la noblesse napolitaine a formé une société sous le titre d'académie, qui donne des fêtes dans un fort beau local attenant aux bâtiments du théâtre San-Carlo. L'honneur d'être compté parmi les fondateurs n'est pas à la portée de tout le monde. Il faut des quartiers de noblesse, et on regarde même aux alliances. Le commerce et la banque sont exclus et reçoivent chez eux. Les étrangers sont invités sur une simple demande. Chaque lundi soir, il y a grand bal, et la famille royale y vient. Comme ces fêtes sont très brillantes et très recherchées, les Napolitains satisfont ainsi en commun leur goût pour la magnificence. Les autres jours de la semaine, des réunions particulières vous permettent de retrouver sans cesse les mêmes personnes ; et comme la bonne compagnie n'est pas assez nombreuse pour se diviser, il en résulte une intimité prompte et des relations suivies. Le monde de Naples ressemble assez, pour le ton, les manières et les habitudes, à celui de Paris ; on y a seulement plus d'indulgence et moins d'hypocrisie que chez nous. La bienveillance et l'envie d'être agréable se retrouvent partout. On pense à ce qui peut plaire à telle personne ; on se dérange, on envoie ses domestiques de grand matin pour faire plaisir à un ami. On parle beaucoup les uns des autres ; on s'appesantit sur des bagatelles dont en France vous ne voudriez pas dire quatre mots ; mais on va rarement jusqu'à médire. Il serait injuste d'attribuer ce respect du prochain à l'arrière-pensée de l'indulgence dont on a besoin pour soi-même, car la société de Naples n'est pas plus pervertie que celle des autres capitales. Elle a seulement plus de franchise. On trouve tout simple que chacun cherche son amusement où il existe ; aussi est-ce le véritable pays de la liberté pour les hommes de plaisir. A l'égard des amoureux, on ne se conduit pas de même à Naples qu'à Paris. Dans un salon français, il est convenu qu'on ne doit pas respecter les conférences partielles qui s'établissent entre les personnes dont les sentiments sont les plus connus ; ce serait même une indiscrétion désobligeante que d'éviter d'interrompre l'entretien ; on ferait sentir aussi aux gens qu'on connaît leurs affaires intimes. A Naples, au contraire, on se reprocherait de les déranger. Quand un dialogue s'engage à voix basse, on s'écarte avec complaisance, et on attend que l'entrevue soit terminée, sous peine de passer pour un homme sans savoir-vivre. Un soir qu'en présence de cent personnes, j'avais interrompu ainsi un tête-à-tête confidentiel, dont je n'ignorais pas le sujet, une dame eut la bonté de m'avertir de ma faute.

— Qu'avez-vous fait là ? me dit-elle. Ne saviez-vous pas ce que ces amoureux avaient à se dire ? Cette occasion de causer ensemble était une rareté pour eux, ils vous auront maudit de tout leur cœur.

Ne voulant pas accepter le titre de fâcheux, j'expliquai à cette dame l'usage des salons de Paris. Elle se mit à rire.

— Voilà bien un raffinement français, dit-elle. C'est une comédie dont on n'est dupe ni d'un côté ni de l'autre.

Elle avoua pourtant que, si l'usage napolitain offre un bénéfice certain, celui de France a plus de délicatesse.

En 1843, on avait à Naples le goût des tableaux vivants. C'est une occasion pour les dames qui figurent dans ces amusements de changer leur coiffure, d'acheter des étoffes de luxe, de s'entourer de couturières, de se voir avec un visage nouveau dans leur miroir, et de se montrer sous un aspect favorable. Le plaisir est d'ailleurs plus grand pour les acteurs que pour ceux qui regardent, à cause des préparatifs et des répétitions, tandis que le jour de la représentation la variété des tableaux lutte vainement contre la langueur des entr'actes. Les succès de cette année ont été pour une fort belle lady qui représentait Marie Stuart, et pour une jolie dame à qui le costume de bouquetière du dix-huitième siècle allait à ravir. L'ambassade de France paya son tribut à l'entrain du pays et aux plaisirs de l'hiver par une représentation composée de deux proverbes et d'une comédie. Les honneurs de la soirée ont été pour la pièce de *Prosper et Vincent*, jouée avec talent par des amateurs, la plupart débutants dans la carrière dramatique. Les autres ambassades ont donné des bals qui ressemblaient aux fêtes de Paris.

Selon les guides en Italie, le carnaval de Naples est le plus brillant et le plus animé du monde entier, après celui de Rome, dont la gaieté surpasse tout ce qu'on peut imaginer. Avec la population turbulente et rieuse de Naples, j'avais toutes les raisons possibles de compter sur des jours gras bien remplis. La rue de Tolède, disait-on, devait fourmiller de masques et de voitures ; on devait jeter des bouquets et de la farine au nez des passants. Je m'étais préparé à recevoir patiemment les éclaboussures et à m'enfoncer dans le tumulte. La mort du frère du roi avait beaucoup refroidi le monde au commencement de l'hiver. La cour était encore en deuil ; mais le roi, ne voulant pas que les plaisirs de ses sujets fussent entièrement sacrifiés à ses chagrins, avait témoigné le désir qu'on ne changeât rien aux habitudes du carnaval, et dans ce but il avait assisté à plusieurs bals. Le dimanche et le lundi gras, je descendis dans la rue de Tolède armé d'un vieux paletot destiné à me servir de cuirasse contre les attaques des masques. Je vis beaucoup de voitures et de curieux ; pas un déguisement. Le mardi, on se tint pour dit que le carnaval était manqué ; personne ne parut, et la mystification fut complète. Un étranger fort aimable, le baron de B..., parcourut seul le Corso d'un bout à l'autre, en calèche découverte, avec une cargaison de bouquets, de dragées et d'œufs enfarinés, sans trouver un visage disposé à soutenir le combat.

Le grand bal masqué annuel de San-Carlo fut plus heureux que les réjouissances en plein air. La salle, éclairée à giorno, offrait un coup d'œil splendide. Les loges étaient occupées par les dames parées et à visage découvert. Dans le parterre se tenaient les hommes. On se regarda ainsi jusqu'à minuit, où des soupers furent servis dans chaque loge, ce qui réveilla tout à coup la gaîté de l'assemblée. Après le souper, les dames prirent des dominos et descendirent au parterre. C'est alors que le bal masqué commença réellement sur le même pied que ceux de Paris, avec cette différence qu'il ne manquait pas à San-Carlo une seule personne de la bonne compagnie, tandis que chez nous on rencontre à peine une demi-douzaine de femmes éperdues qui rougissent de se sentir mêlées à des gens de mauvais ton, et qui tremblent si on vient à les reconnaître. Les intrigues se prolongèrent jusqu'à la fin de la nuit, et le roi, qui était descendu dans le parterre, fut assailli comme les autres par les dominos. Pendant trois jours, les salons de Naples retentirent des suites de cette fête délicieuse. On pourrait dire du bal masqué le mot que Voltaire eut la bonté d'adresser à Dieu dans un moment d'indulgence : que, s'il n'existait pas, il faudrait l'inventer. En voyant combien cet amusement si vif a de décence et de véritable gaieté au théâtre de Naples, le Français fait un retour pénible sur nos tristes bacchanales qui n'ont d'un bal que le nom. Comment se peut-il qu'une nation qui a toujours attaché tant de prix aux jouissances de l'esprit et dont le caractère est chevaleresque, préfère l'orgie et le désordre le plus grossier au plus attrayant et au plus romanesque des plaisirs ? Il faut que ce plaisir se retrouve à l'autre bout de l'Europe, chez un peuple bien moins délicat ! En vérité, c'est à n'y rien comprendre.

Quant à la conversation, toute ruinée qu'elle paraît être au dix-neuvième siècle, elle offre beaucoup plus de ressources à Paris qu'à Naples, où il est difficile de parler d'autre chose que de bagatelles. On cause souvent de la littérature française, et voici ce qu'on en dit : *La Tour de Nesle* est un chef-d'œuvre qui laisse bien loin derrière lui tous les ouvrages dramatiques présents et même passés ! M. Scribe, qui est assurément trop modeste pour se croire supérieur à Molière, est cependant plus amusant ; il écrit mieux, et il entend bien autrement l'art de la scène que l'auteur du *Tartufe !* Un soir, dans un salon de Naples, un Français qui avait eu l'idée d'orner sa mémoire de fragments de mélodrames et de chansons grotesques, obtint un succès fou en récitant quelques tirades de *la Tour de Nesle*. Il entama ensuite la première scène du *Misanthrope*, et termina la séance par une chansonnette de Levassor, accompagnée de récits. Ce dernier morceau fut regardé comme le plus joli des trois ; le *Misanthrope* était inconnu de la plupart des assistants, et on se demanda ce que cela signifiait. Jamais je n'entendis tant de paroles imprudentes, et je frémissais en pensant que ces erreurs, avec leurs dimensions colossales à cause de la distance, seraient peut-être les nôtres, si Molière était un homme nouveau.

VII

LES AUBERGISTES ET LES FACCHINI — LES MAUVAIS JOURS

On se croirait, à Naples, dans une caverne de brigands, si l'on n'avait affaire qu'aux aubergistes, aux *facchini* et aux domestiques, gens corrompus et menteurs, qui vivent aux dépens de l'étranger.

L'hôtelier napolitain ne rougira pas de vous céder pour trois carlins ce dont il vous avait demandé deux piastres. Ne craignez pas qu'on vous fasse remarquer une erreur à votre préjudice sur le payement d'un compte. Ne demandez jamais à un cocher ce que vous lui devez ; il vous dira la plus grosse somme que son imagination de fiacre puisse concevoir, et il se moquera de vous si vous avez la faiblesse de la lui donner. Le raisonnement du Napolitain est celui-ci : « Voilà un homme qui possède des piastres, et moi, je n'en ai pas. Il faut les faire passer de sa poche dans la mienne dans le plus grand nombre possible, et sans tarder, car demain cet argent serait peut-être ailleurs. » Le marchand, l'hôtelier, le *facchino*, n'en font pas d'autres. En France, on raisonne différemment, et on a plus de prévoyance : « Il vaut mieux, se dit-on, voler dix fois quarante sous à une même personne sans qu'elle s'en doute, que de lui voler quinze francs tout de suite ; il y a cinq francs de bénéfice. » Le Napolitain, plus passionné, ne connaît pas de lendemain. Il se précipite sur l'argent partout où il l'aperçoit, sans s'inquiéter si vous reviendrez jamais.

Mon compagnon de voyage et voisin de chambre, le seigneur espagnol, avait eu l'imprudence de déclarer à notre patron d'auberge qu'il passerait un seul mois à Naples, et il avait payé ce mois de loyer d'avance. Au bout de trois jours, on ne le servait plus ; on ne lui apportait plus d'eau, on ne faisait plus son lit, et il se suspendait vainement à la sonnette : « A quoi bon ? se disait-on ; il a payé. » L'autre compagnon, le seigneur bolonais, qui regardait de près à ses dépenses, avait tant débattu le prix de sa chambre, qu'il l'avait obtenue pour quatre carlins par jour. Il arriva qu'un Anglais, qui désirait cet appartement, offrit un carlin de plus. On tâcha aussitôt de rendre insupportable au Bolonais le séjour de cette chambre, et on y allait sans ménagements, avec une audace et un cynisme tels qu'il n'y demeura pas vingt-quatre heures. Le troisième compagnon, qui avait grand'peur des assassins, avait apporté de Turin un arsenal d'armes blanches, et il faisait la grosse voix pour effrayer ses hôtes. On le prit pour un homme terrible, un tueur de profession, et on le servit à pieds baisés.

Ce seigneur piémontais, malgré ses vingt-cinq ans, concentrait tout son enthousiasme sur l'article unique du macaroni. La douceur du climat, les quinze degrés de chaleur dont nous jouissons en février, la beauté du site, les merveilles de l'art, n'exerçaient sur lui aucune influence. Il ne faisait que maugréer Naples et les Napolitains, qu'il appelait des barbares ; mais il laissait partir les bateaux pour Constantinople, et ne pouvait se résoudre à s'embarquer. Dans les galeries de tableaux, il bâillait à se démettre la mâchoire, ou bien il ne cherchait que les nudités, qui prêtaient à ses grossières plaisanteries. Je ne pouvais rien admirer sans qu'il me citât une chose semblable et supérieure existant à Turin, si bien que nous l'avions surnommé : *Da noi* (chez nous, tout est plus beau). Il éclatait de rire et haussait les épaules en voyant danser la tarentelle. Le dernier des *lazzaroni* était plus civilisé que lui ; mais ce qui le mettait en fureur, c'était la mauvaise foi des hôteliers et des domestiques. Au demeurant, charmant garçon, et qui a oublié de me rendre cinq piastres qu'il m'avait empruntées.

Comme, en résultat, la vie n'est pas chère à Naples, et que le budget des dépenses d'un voyageur est plus léger en Italie que partout ailleurs, je m'amusais des supercheries napolitaines, au lieu de m'en irriter avec le seigneur piémontais. Il faut seulement avoir grand soin de mettre ses clefs dans sa poche, sous peine de perdre la moitié de son bagage et de reconnaître ses chemises sur la poitrine des gens de sa maison. J'entendais un matin le domestique qui me servait se lamenter auprès des femmes de chambre sur mon exactitude à fermer les tiroirs : « Ce seigneur français, disait-il, ne laisse pas même traîner un mouchoir. On ne peut lui prendre que du tabac et des cigares. Depuis huit jours, je n'ai encore attrapé que cette *cosella*. » Et il montrait un vieux foulard que j'avais abandonné à qui voudrait s'en emparer. Là-dessus, le saint sacrement passa sur le quai, précédé des sonnettes et recouvert du parasol ; mon homme se jeta sur le balcon à deux genoux, et pria le plus dévotement du monde.

Malgré le juste reproche qu'il avait à me faire de garder trop exactement mes clefs, ce domestique me servait avec tant de zèle et d'empressement, que j'étais touché de ses soins au point de m'imaginer qu'il avait de l'affection pour moi. Un beau jour, il disparut. Le patron d'auberge ne sut pas m'en donner de nouvelles. On ignorait ce qu'il était devenu, et je ne songeais plus à lui, lorsque je le vis dans la rue, courant comme un chevreuil devant une voiture de louage. Il avait trouvé à l'*Hôtel de la Victoire* un vieux Turc qui le payait plus cher que moi, et il m'avait à l'instant même supprimé de la surface du globe dans sa pensée. Il m'envoya pourtant un homme de mine patibulaire, dont je refusai les services. Il y a dans la domesticité une foule d'échelons que nous ne savons pas apprécier. Le facchino en chef a d'autres facchini en sous-ordre, qui sont eux-mêmes les patrons d'une troisième classe de facchini. Selon le grade, ils se donnent entre eux de la *seigneurie* et se parlent chapeau bas ; du reste, ils se volent réciproquement leurs honoraires et bénéfices.

A en juger par la grossièreté de leurs ruses, on doit croire que les facchini de l'Italie entière regardent les étrangers comme des imbéciles pour qui tous les mensonges sont bons. C'est toujours le Polichinelle fertile et maladroit trompant le Pancrace, et réussissant parce que le Pancrace est crédule et stupide, mais recevant des coups de bâton des autres personnages de la comédie. Si vous faites porter une valise à un commissionnaire napolitain, il l'enlève comme une plume, court devant vous à grands pas et monte d'un bond l'escalier ; et puis, au moment de déposer son fardeau, il commence un autre jeu : comme si le poids devenait tout à coup énorme, le facchino marche péniblement, les genoux pliés, le dos voûté, la bouche ouverte, la poitrine haletante, et, tandis que vous fouillez à la poche, il s'essuie le front avec sa manche en soufflant de tous ses poumons comme un homme accablé. Averti par ces symptômes des prétentions de votre facchino, vous lui donnez plus que le tarif pour éviter une discussion. Il reste devant vous le bras étendu, vous montrant la pièce de monnaie avec l'air d'une stupéfaction profonde.

— Quoi ! dit-il, votre seigneurie ne me donne que cela ?

Je suppose que vous soyez très généreux et que vous ajoutiez un carlin ou deux, ne vous imaginez pas être débarrassé de l'importun. Le dialogue est inévitable. Votre homme vous remercie, puis il recule de trois pas et attend que votre seigneurie le regarde.

— Eh bien ! lui dites-vous, que faites-vous là ? n'êtes-vous pas payé ?

— Signor, vous répondra-t-il, la distance était grande.

La valise pesait beaucoup. Il fait chaud. Deux baïocs de plus pour boire une limonade. Le pauvret que vous voyez se meurt de soif.

Vous accordez les deux baïocs de supplément. Le facchino recule de trois autres pas et s'installe contre la porte, le bonnet à la main, attendant un nouveau regard de votre seigneurie.

— Comment! vous voilà encore !

— Eh! signor, la misère, le ménage, une femme et des enfants... La vie est chère, signor. Avant de me marier, j'étais employé à l'église de Gesù Nuovo, lorsque...

— Est-ce que vous croyez que j'ai le temps d'écouter vos histoires? Allez à tous les diables !

Vous le poussez dehors et vous fermez votre porte. C'est là qu'il en fallait venir tout de suite, et que vous en seriez infailliblement venu plus tard, quand même vous auriez vidé votre bourse pièce à pièce dans les mains du facchino ; ou bien, si vous avez la patience d'écouter son histoire, vous causerez avec lui jusqu'à l'*Angelus* ; il vous accompagnera dans la ville, toujours racontant, et Dieu sait alors si vous pourrez jamais vous défaire de lui. Le comique de caractère est pour moi une chose si divertissante, que je n'ai pas eu le courage de me fâcher contre les facchini ; mais c'est un goût que tout le monde n'a pas, et j'ai vu des étrangers que ces petits manèges irritaient jusqu'à écumer de rage.

Un jour, sur le quai de Sainte-Lucie, je payais le prix d'une commission au cours du tarif, et selon l'habitude, le facchino insistait pour avoir davantage. Un autre facchino se jeta aussitôt sur lui, le battit à grands coups de poing en lui reprochant sa cupidité. Il fallait, disait-il, se contenter du prix fixé par l'usage et le règlement. Ceux qui demandaient plus étaient des importuns qui ennuyaient les *excellences* et gâtaient le métier. Séduit par le bon sens et le zèle de cet homme, je lui donne la préférence sur ses confrères, et j'envoie par lui une carte de visite que j'allais porter moi-même. Il part en courant et revient au bout de cinq minutes. Je tire aussitôt le carlin voulu par le tarif, et je le lui présente.

— Votre seigneurie me prend pour un autre. Voyez comme j'ai une belle veste. Ce sont des gueux et des vauriens qui courent pour un carlin ; moi j'en mérite au moins deux par ma promptitude, mon esprit et ma bonne tenue.

Le cocher de fiacre napolitain n'est pas moins original que le facchino. *Una carrozza !* c'est le cri que vous entendez sans cesse par-dessus les clameurs et le vacarme étourdissant de la rue. Si vous traversez une place en vous dirigeant vers la station des voitures, tous les cochers s'écrient à la fois : *Una carrozza !* et arrivent sur vous au galop, frappant les chevaux à tour de bras, au risque de vous écraser. Ils se heurtent entre eux, s'administrent des coups de fouet, et vous présentent le marchepied ouvert avant que vous ayez eu le temps de faire un signe de tête pour accepter ou refuser leurs offres. Lorsque vous passez en calèche devant un fiacre vide, le cocher vous crie encore : *Una carrozza !* apparemment dans l'espoir que vous descendrez de l'un pour monter dans l'autre, ou que vous prendrez deux voitures à la fois. Polichinelle ne serait pas plus naïf. Une fois que vous êtes monté dans le carrosse, le cocher brûle le pavé pour se faire payer mieux et le plus tôt possible. Vous n'avez pas encore mis pied à terre qu'il recommence déjà son cri : *Una carrozza !* Assurément vous ne le croiriez pas dans ce moment-là un paresseux ; cependant, au milieu de cette activité incroyable, il ne faut qu'une circonstance de rien pour faire ressortir la paresse de Polichinelle.

Un soir, en rentrant du bal, par la pluie, la porte de l'hôtel étant ouverte, je prie le cocher d'entrer dans la cour.

— Impossible ! me répond-il ; voilà un précipice devant la maison.

Il me montre un égout en réparation à vingt pas de distance.

— Comment, coquin ! lui dis-je, tu te moques de moi ?
— Eh ! signor, je ne demanderais pas mieux que d'entrer

dans la cour, mais nous tomberions dans l'abîme. Je tuerais mes pauvres chevaux, je briserais ma calèche, Votre Excellence se casserait un bras, et moi je périrais à l'hôpital des suites de mes blessures.

— Allons, tu as raison, dis-je en descendant de la voiture ; tu y perdras seulement un demi-carlin que je t'aurais donné pour récompense.

— Oh ! restez, signor, montez, je vais essayer de passer.

J'étais déjà dans la cour de l'hôtel. Le cocher s'élance sur le siège, fouette ses chevaux, et me suit au galop. Tandis que je monte l'escalier, il réclame à grands cris son demi-carlin. Du second étage je l'entends demander un pourboire, ce que je voudrai, *una bottiglia*. En fermant la porte de ma chambre, j'entends encore : Signor, *un grano !* Polichinelle n'est ni plus menteur ni plus impudent.

Dans le midi de la France, où les aubergistes, les domestiques de place et les cochers sont aussi trompeurs qu'en Italie, on n'a pas le même plaisir à être dupé. Le portefaix d'Avignon, dont l'insolence et la méchanceté sont proverbiales dans le pays même, vous accable d'injures et vous assommerait volontiers si vous avez quelque discussion avec lui. Le *chichois* de Marseille, qui est au gamin de Paris ce que la cour d'assises est à la police correctionnelle, vous noierait pour trente sous. Au contraire, le facchino vous sert avec un dévouement poussé jusqu'au fanatisme. Il est fier de vous conduire ; il met de la passion dans l'esprit de domesticité, et il s'anoblit lui-même par les titres pompeux dont il décore celui dont il se fait l'humble serviteur. Je ne suis resté que douze heures à Arles, et j'y ai été trompé neuf fois sans me reposer.

Vous entrez dans un bureau de messageries de certaines villes du midi de la France. On vous offre un siège avec empressement, on chasse le chien qui ne bougeait pas, on bat les enfants, qui ne disaient rien.

— Monsieur, vous dit-on, a bien raison de prendre notre voiture ; elle est si bonne ! elle va si vite ! Quelle place désire Monsieur ?

— Une place de coupé.

— Que Monsieur sera bien dans le coupé !

— Mais, au moins, elle est suspendue, votre voiture ?

— Sainte Vierge, si elle est suspendue ! comme un carrosse de maître, comme une berline de poste.

La voiture arrive, c'est une patache. Il n'y a point de coupé ; on vous place dans un cabriolet ouvert, un cuir malpropre étalé devant vous, et le conducteur assis sur vos jambes. Vous réclamez, vous vous fâchez ; on vous répond insolemment, on parle patois, et on part. Cependant on a encore un petit service à vous demander, c'est de ne point dire le prix des places aux Anglais de l'intérieur, parce qu'on leur a fait payer le double de ce que donnent les autres et on espère que vous fermerez les yeux sur cette vilaine supercherie. Vous enragez, et votre indignation éclate, tandis qu'à Naples vous ne feriez que rire. C'est que Polichinelle est un menteur gai, plaisant et naïf, qui obéit à l'instinct d'une antique corruption passée dans le sang, tandis que les autres sont des spéculateurs. Il est fort heureux que la mauvaise foi italienne soit accompagnée de comique et d'originalité, car le nombre des trompeurs est bien plus grand qu'en France, et il faut avoir affaire à eux vingt fois par jour. Malheur à l'étranger qui s'en irrite ! Son voyage en Italie n'est plus qu'une attaque de nerfs perpétuelle, et il ne gagnera rien à se mettre en colère.

Mon hôtelier de Sainte-Lucie avait une jeune nièce grande et assez belle, de figure mauresque, basanée comme un porte-manteau, et fille de confiance de la maison. Non seulement elle me faisait payer les choses le double de leur valeur, mais elle ne pouvait se résoudre à me rendre un compte exact de l'argent que je lui donnais. Elle entrait avec la majesté d'une impératrice, et déposait sur ma table la moitié de qu'elle aurait dû me remettre. Si j'insistais pour avoir le reste, elle remportait l'argent et ne revenait plus ; si je la rappelais, elle rentrait avec la même majesté pour me remettre un peu moins que la première fois. A la troisième conférence, elle ne m'aurait plus rien rendu. Avoir de l'argent sous les yeux et n'en pas prendre lui était absolument impossible. Elle serait allée à Capo-di-Monte pour m'obliger, et peut-être sans demander le prix de sa peine ; mais si je lui confiais une piastre, elle en mettait la moitié dans sa poche, et on l'eût plutôt coupée en morceaux que de lui arracher ce qu'elle avait pris. La puissance divine de l'instinct triomphait de tout, et avec si peu de déguisement, que j'en venais moi-même à la respecter, tant il y a de différence entre ce qu'on fait par réflexion ou ce qui tient au fond du caractère et à l'empire de la nature. Une leçon sévère pourra corriger un fripon français ; le fripon napolitain est incurable ; il trompe par ordre d'en haut, comme l'hirondelle voyage et comme bâtit ce pauvre castor du Jardin des Plantes qui, n'ayant pas de matériaux, pétrit sa nourriture pour ébaucher des maisons.

La bonne humeur et l'insouciance de l'avenir se respirent avec l'air de Naples ; le bien-être, la gaieté ou la paresse, selon les heures de la journée, vous entrent par tous les pores. Cependant, sous ce climat printanier, au milieu de cette atmosphère d'or et d'azur, il y a de mauvais jours où la nature a besoin de gronder, d'épancher sa bile, et de se plonger dans une mélancolie profonde, afin de retourner ensuite avec plus de force à l'état de santé. Ces mauvais jours ne sont pas, comme chez nous, les moments de pluie ou de froid. Quand le Vésuve a mis sa perruque noire, et que les cornes de Capri ont déposé leur voile bleu pour s'envelopper d'un manteau gris, les averses terribles qui changent les rues en torrents et les gouttières en cascatelle n'empêchent pas le mouvement et les cris d'aller leur train. L'orage passe ; entre deux nuages un sourire du ciel arrive bientôt sécher la dalle en quelques minutes, et réchauffer les épaules du lazzarone. Quand le vent du nord-est apporte un peu d'aigreur dans l'air, on ne perd pas son temps à faire du feu. On s'enveloppe d'un manteau, ou bien on prend un peu d'exercice ; on attend le soleil pour le lendemain, et cette confiance n'est jamais trompée. Le mauvais jour n'est pas non plus celui où la chaleur devient incommode, où les zanzares bourdonnent autour de notre lit. La brise du soir viendra vous rafraîchir, et, avec des rideaux bien fermés, vous pourrez dormir ; mais il y a des jours de crise pour la nature, où la tristesse plane sur le pays entier et pénètre au fond des alcôves, à travers les moustiquaires ; vous la respirez dans l'air qui vous apportait la veille l'insouciance et la joie. Le grand roi Louis XIV avait aussi des jours où il fermait sa porte, s'enveloppait de sa robe de chambre, tirait son bonnet sur ses yeux, grondait Monsieur le Premier, et prenait médecine par ordre de Fagon.

Ce fut un dimanche que je ressentis pour la première fois l'influence du mauvais jour. Avant que ma fenêtre fût ouverte, j'avais respiré l'atome pestilentiel ; j'aurais vainement essayé de me soustraire à son action. La mélancolie venait de dépasser les poumons et circulait déjà dans les veines. Un vent chaud et sulfureux soulevait des tourbillons de poussière. Les rues, habituellement si tumultueuses, ne résonnaient point au roulement des voitures et aux cris des hommes du peuple. Des poules, qui se promenaient ordinairement dans les vastes escaliers de la maison, s'étaient rassemblées sous une table et se regardaient en silence, la tête basse et les plumes hérissées. La servante, au lieu de travailler, s'était assise sur un canapé, son balai à la main, dans une indolence stupide. Jusqu'alors, tous les dimanches, une vieille marchande de cierges, sa boutique étant fermée, ne manquait jamais de s'installer, après la messe, au bord du quai, à battre sur un tambour de basque le rythme animé de la tarentelle ; les passants ne manquaient pas de s'attrouper ; des enfants commençaient la danse, et bientôt une bande nombreuse de pêcheurs et de jeunes filles, se rendant à l'appel, improvisaient un bal en plein air. Je comptais sur cette scène pour dissiper mon ennui : la vieille femme ne vint pas se mettre à son poste à l'heure accoutumée. Je demandai un facchino pour porter une lettre : on me répondit : « Les facchini ne veulent pas marcher, parce qu'il fait sirocco. » Le mystère étant éclairci, je me sentis plus à l'aise et je résolus de surmonter l'influence du sirocco. Après le dîner, mon patron d'auberge, me voyant disposé à sortir, me conseilla fort de ne pas m'exposer à ce vent dangereux ; mais je me moquai de lui et je descendis sur le quai. Dès six heures du soir, Naples n'était plus qu'un désert. Le sirocco régnait sur la ville, et sa violence augmentait avec la nuit. Une lune rouge et enflammée se levait entre les deux mamelons du Vésuve. De Sainte-Lucie à l'extrémité de Chiaja, où tout le monde se promène les dimanches soirs, je ne rencontrai absolument que des chiens qui poussaient des hurlements plaintifs, effrayés par le bruit terrible de la mer. Les vagues voulaient prendre d'assaut le château de l'Œuf. A la Villa-Reale, où, dans les jours calmes, la Méditerranée étendait mollement les longs plis de son manteau, en produisant le bruit traînant d'une fusée volante, des lames furieuses envoyaient leur écume au visage des promeneurs, c'est-à-dire du seul promeneur qui passât sous les arbres dans ce moment de désolation. Ce n'était plus la baie de Naples de tous les jours ; ce lieu, dont on n'a vanté que les douceurs, n'est pas moins sublime à l'heure où la nature s'irrite que dans les instants où elle s'épanouit.

En regardant l'île de Capri, je songeai à Tibère retiré dans son observatoire sur la pointe de ce rocher. Il y eut aussi des jours de sirocco pour lui. Plus d'une fois, lorsqu'il avait besoin de calme et de gaieté, la nature lui mit sous les yeux le spectacle de la souffrance et de la fureur. Dieu sait quelles voix montèrent jusqu'à son oreille du sein de la mer, quelles paroles ces voix lui firent entendre, quelles images s'offrirent à ses yeux dans la confusion de la tempête ! Dieu sait s'il ne vit pas ta figure menaçante, vertueux Germanicus !

Ma tristesse du matin se rembrunissait davantage à chaque pas. Je rentrai à Sainte-Lucie pour fuir une crainte ridicule qui s'emparait de mon esprit. A peine installé dans ma chambre, les bruits sinistres du dehors me jetèrent dans ce monde de sensations qu'on reconnaît les jours de fièvre ou de maladie, et qu'on oublie aussitôt que la santé est revenue. Tout ce qui me charmait la veille avait changé de sens et portait un nom nouveau. Hier, je disais la liberté, aujourd'hui, la solitude. Ce que j'appelais voyage, c'était l'exil ; la belle Italie, terre étrangère ; le doux langage qu'on y parle, jargon insupportable ; la patrie classique de la poésie, un sombre enfer, un désert lugubre. Lorsque je me mis au lit, les rideaux et les meubles ne manquèrent pas de revêtir des formes fantastiques. Je perdis la faculté de mesurer les distances, et les quatre murs de la chambre, s'enfuyant à perte de vue, me laissaient couché au milieu d'une plaine. Si je fermais les yeux, c'était bien pis encore : le cerveau, ne recevant plus d'aliments des objets extérieurs, se donnait carrière. Des tableaux magiques me montraient, comme à Zémire, ma famille et mes amis plus tourmentés et plus malheureux que moi. Comment avais-je pu les quitter, bon Dieu ! qu'étais-je venu faire si loin de tout ce que j'aimais ? qu'allais-je devenir ? assurément le bateau à vapeur du lendemain ne devait pas m'apporter de lettres. Je devançais le moment de l'inquiétude et j'inventais des catastrophes, et puis, en jetant un regard sur moi-même, je sentais mon isolement avec amertume.

Savez-vous ce qui me fut le plus sensible au milieu de ces chimères, ce qui mit le comble à mon chagrin et me parut être la goutte d'eau qui fait déborder le vase trop plein ? Ce fut de voir mes pantoufles se mettre tout à coup à prendre l'apparence de deux gros rats bigarrés, en arrêt au pied du lit. Les fidèles compagnes de mon exil, à qui je n'avais pas voulu faire l'affront d'acheter une chaussure neuve à l'occasion de mon départ, elles qui connaissaient mes instants de faiblesse et d'attendrissement, qui avaient partagé mes veilles, qui souvent, dans notre pays, lorsque je rêvais, le soir, au coin du feu, s'étaient racornies sur les charbons pendant mes distractions, elles se tournaient contre moi pour m'assassiner ! A ce dernier coup, plus cruel que tous les autres, blessé au cœur comme César par le poignard de son cher Brutus, je m'écriai : « Et vous aussi, mes vieilles amies! » Puis je cachai ma tête dans mes draps, et je m'endormis profondément.

Le lendemain, une pluie douce avait abattu le vent. Des bandes de satin rose s'étendaient au-dessus du Vésuve, et C.. Tibère. L'accès de fièvre s'était envolé bien loin sur les ailes du sirocco. Le bateau de poste français, retardé par le mauvais temps, faisait son entrée dans la baie, enseignes déployées, montrant au loin les trois couleurs nationales, qu'on aime et qu'on respecte beaucoup à trois cents lieues de son pays. Une heure après, je tenais une bonne provision de lettres ; je ne comprenais plus rien aux sensations maladives et aux frayeurs absurdes de la veille, et Naples était redevenue une enchanteresse dont on ne peut plus s'éloigner.

VIII

LES RUES DE NAPLES — LES VERS ET LES CHANSONS

Après Londres et Paris, Naples est la ville la plus peuplée de l'Europe. On y compte près de cinq cent mille habitants qui, pour les cris et le tumulte, valent bien deux millions d'hommes. Si tous les mouvements des Napolitains avaient un but, il ne leur faudrait plus que le point d'appui demandé par Archimède pour soulever le globe terrestre. En revenant d'une promenade en barque, vous entendez à un mille de distance le mélange des bruits de la ville, comme les rumeurs d'un volcan prêt à éclater. Du haut de la Chartreuse de San-Martino, où les bons moines jouissent du coup d'œil le plus beau qui soit au monde, le panorama de Naples vous offre l'apparence d'une ville en révolution, tant les cris sont aigus, tant les gens courent et s'agitent sur les places et dans les rues !

Toutes les capitales se divisent en deux villes distinctes, celle de la bonne compagnie et celle du peuple. L'une est belle, mais rétrécie, et se connaît à fond dès le premier jour ; l'autre, moins propre et moins agréable à voir, est souvent plus curieuse et plus intéressante. Pour certaines gens, Paris se réduit à une fraction des boulevards ; de même Naples n'existe pour le beau monde que de Tolède au bout de la Villa-Reale. C'est dans ce jardin, situé au bord de la mer, qu'on se repose par un peu de calme et de silence ; partout ailleurs le vacarme est prodigieux. En entrant dans Tolède, vous ne voyez que des bouches ouvertes, des yeux animés, des chevaux au galop. On est toujours pressé. On court de toutes ses forces pour aller prendre une glace, pour demander le journal et lire la feuille des arrivées et départs, pour regarder les affiches de théâtre, pour mettre un terne à la loterie qui ne sera tirée que samedi prochain. On a raison ; la vie est courte, le temps précieux, et le plaisir trop rare. Les fiacres, qui ne sont pas assujettis comme chez nous à des stations, circulent partout à vide, et vous persécutent de leurs offres de services. Le passant qui prend une de ces calèches errantes s'y élance d'un bond, comme si l'ennemi le poursuivait. Le cocher fouette, et se dépêche de mener son homme pour en chercher un autre. Les pauvres chevaux jouent des jambes sans rien comprendre à cette fureur d'aller vite. La dalle résonne comme le tonnerre. Les charrettes elles-mêmes vont à bride abattue, comme si la paille qu'elles portent devait sauver la vie à quelqu'un. Tolède n'a point de trottoirs, et le cocher, une fois qu'il a mis sa conscience à l'aise en disant : *guarda !* pousse en avant sans rien écouter, pressant contre la muraille des groupes de quinze personnes, ou renversant les chaises des bonnes gens qui prennent le frais, et qui de leur côté voudraient occuper la rue entière. Au milieu de ce mouvement, tout s'arrange pour le mieux ; les cochers sont habiles, et il arrive peu d'accidents. L'*aquajolo* sur son reposoir de bois, la tête encadrée au milieu des chapelets de citrons, débite à grands cris son eau à la neige et sa limonade. Le pêcheur, qui a passé la nuit sur la mer, le trident à la main, vocifère encore le jour pour vendre quelques poissons. Un marchand d'allumettes fait plus de bruit que si sa pacotille valait de l'or. Que de peines pour gagner de quoi traîner sa vie jusqu'à demain ! Et quand on s'est épuisé, quelle récompense trouve-t-on ? Un morceau de pain, un verre d'eau, et la misère de la veille, fidèle à son poste ; mais on rit, on chante et on dort bien.

Une foule de pauvres diables, toujours aux aguets, prennent feu aussitôt qu'ils entrevoient la chance d'un gain chétif, cette chance fût-elle dénuée de toute probabilité. Un de mes amis achetait, chez un marchand de vieilleries, un poignard rouillé. En sortant de la boutique, son emplette à la main, il est abordé par un homme pétulant qui lui propose toutes sortes d'armes, des casques, des cuirasses, des hallebardes, en le suppliant de l'accompagner jusqu'au magasin où sont ces merveilles. Le signor français a beau assurer qu'il ne veut plus rien ; que, s'il en avait eu besoin, il aurait trouvé précisément des hallebardes à côté de son vieux poignard ; le courtier improvisé poursuit son discours avec une volubilité croissante. Enfin, voyant que son acheteur se dirige par hasard du côté du magasin d'armes, il le devance et court de toutes ses jambes. A cinquante pas de là, le Français aperçoit, en haut d'une maison, son courtier allongeant la moitié du corps en dehors d'une lucarne, le casque en tête, des épées et des dagues dans chaque main, frappant ces ferrailles entre elles, et criant comme un aigle. L'étranger passe avec un sang-froid désolant ; ainsi s'envole l'espoir d'un petit bénéfice !

La Villa-Reale est le domaine des enfants et du monde élégant. On y voit le matin les nourrices à larges tailles, avec leurs corsages garnis de clinquant, insignes respectables de leurs fonctions, dont elles sont très fières. Celles de Procida ou d'Amalfi ont de belles figures. Le soir, les dames arrivent au jardin, et dans l'été, la musique militaire, qui est excellente, vient jouer sous les arbres les meilleurs morceaux de l'opéra en vogue.

Au delà de la promenade publique, en suivant le bord de la mer, vous passez devant la petite église de Piedigrotta, située au pied de la magnifique grotte de Pausilippe, et vous tombez au milieu d'une population de pêcheurs et de barcaroles. Tous les visages d'hommes y sont marqués d'un cachet antique. La misère n'a fait que les fortifier et les endurcir, et ils la supportent avec majesté. Leurs formes sont athlétiques ; on peut les admirer à son aise, car ces Hercules marins s'habillent volontiers comme Cincinnatus à la charrue. Celui qui n'a sur son épaule nue qu'un bout de corde, une lanière de cuir ou un brin de filet, se pose encore comme s'il n'avait pas perdu l'habitude de se draper dans la toge romaine. Quelques-uns prennent des noms historiques : Vespasien, Titus, Asdrubal, Tibère même, auquel ils ajoutent une lettre pour en faire le mot plus sonore de Timberio. En les voyant groupés au soleil, ou étendus sur leurs barques, avec des physionomies calmes et résolues, vous les sentez plus forts que leur destin, et l'idée ne vous viendrait pas de les plaindre ; mais si vous allez par là un jour de pluie, lorsqu'ils s'enveloppent comme ils peuvent de leurs fragments d'habits, de leurs cabans roussis par l'âge et le sel de la mer, la noblesse de ces figures luttant contre les injures du sort vous fera saigner le cœur. Ce dut être à Chiaja que le généreux saint Martin, n'ayant plus d'argent à donner, partagea son manteau avec un lazzarone. C'est à cet endroit que le grand M. de Guise, échappant à la flotte espagnole dans une barquette, vint aborder après la mort de Masaniello, et que les pêcheurs, le prenant sur leurs épaules, le portèrent en triomphe au palais ducal. C'est de là aussi que partit cette population terrible qui faillit, sans armes et sans discipline, arrêter les troupes victorieuses de la république aux portes de la ville. Les femmes sont moins belles que leurs maris ; mais elles ont, comme on dit, de la race. Elles se querellent comme des démons, et s'arrachent les cheveux entre elles. Il faut croire que, dans le ménage, ce sont elles qui fournissent aux enfants les passions, tandis que le mari transmet à son fils la beauté du corps.

Vous ne connaîtrez pas encore Naples, si vous ne sortez pas de ces quartiers, qui se présentent les premiers devant vous. Laissez Tolède et la rivière de Chiaja, pour vous enfoncer dans le vieux Naples. Entre la place du Castello et la poste aux lettres, tournez par une rue malpropre et encombrée : c'est là que vous attend le spectacle de la vieille ville dans toute son originalité. La foule est toujours compacte, comme dans un marché perpétuel. L'homme du peuple y passe au rôle de consommateur et de chaland. Que d'occasions de dépense on offre aux quatre baïocs qui dormont dans la poche de son caleçon ! Des bretelles étalées à côté d'un poisson, des légumes avec des bonnets de laine, des souliers et de la viande. La cuisine volante fume auprès du ruisseau. L'odeur de la friture aiguise l'appétit. Gamache est devenu lazzarone, et on célèbre ses noces. C'est un pêle-mêle incroyable de victuailles, de friperie, de chaussures, de fromages et d'oranges.

Pour le bruit et l'agitation, le vieux Naples surpasse de beaucoup le reste de la ville. Le marchand qui s'adresse aux baïocs de l'homme du peuple se remue plus que celui qui vise aux piastres des cuisiniers et des intendants. Le rôtisseur suspend ses pièces de viande à une longue perche dont il entrave la circulation pour mieux vous les faire voir ; il vous les mettrait dans les yeux s'il pouvait. Au milieu de cette fourmilière les habitants des mansardes, pour s'épargner la peine de descendre dans la rue, font leurs emplettes par la fenêtre, en laissant glisser du quatrième étage un panier attaché au bout d'une corde. Vous pouvez deviner quels cris sont nécessaires à cette distance, pour le choix du morceau et le débat du prix, par-dessus le vacarme de la rue. Des réunions de femmes assises en cercle procèdent à leur toilette en plein air comme dans un boudoir. Elles se coiffent réciproquement, s'habillent et lacent leurs corsets. Celles-ci sont les plus soigneuses, car il y en a d'autres qui vivent dans un abandon sauvage. On aperçoit parmi ces figures peu séduisantes quelques brunettes de quinze ans dont la beauté surmonte encore le triste milieu où elle se débat. Le type de la jeune fille du peuple est de moyenne taille, robuste, basané, l'œil bien enchâssé, le regard en dessous, le front un peu bas, la voix forte, la physionomie revêche, les cheveux longs et épais, dans un désordre tel que le peigne n'y pourra jamais pénétrer. L'usage extérieur de l'eau est inconnu. Craignez cette petite Napolitaine rétive et volontaire, dangereuse pour celui qu'elle aime, et impitoyable pour l'amant dédaigné. Il faut être Napolitain pour venir à bout de la dompter ou pour garder son repos en s'éloignant d'elle, et vous la retrouverez ailleurs que dans les rues du vieux Naples. Ce n'est pas là que sa rencontre est périlleuse. Le lazzarone qui lui prend le menton en passant et qui l'agace en se moquant d'elle sait la manière de se faire aimer ; cependant il est quelquefois victime lui-même. Il y avait jadis à Naples un juge d'instruction qui ne manquait jamais en arrivant sur le théâtre d'un crime ou d'un malheur, d'adresser aux témoins cette question : « Où est la femme ? — Quelle femme ? lui répondait-on. — La femme qui est cause de l'événement. » Et toujours on lui désignait celle qui avait causé la catastrophe. Ce juge-là en savait long.

Les empereurs et les grands seigneurs romains, en choisissant le pays de Naples pour y établir leurs lieux de délices, ont transmis aux gens qui leur ont succédé un vague besoin d'ornements et de luxe. Des galetas sont embellis par des fresques ; les charrettes sont peintes, les mulets couverts d'oripeaux, de plumes et de grelots. Un vieux harnais raccommodé avec des ficelles étale encore un reste de galons et de clous en cuivre. Les bureaux de loterie sont éclairés comme des chapelles ardentes, et la Madone, entourée de cierges, placée au fond de l'établissement, abaisse ses regards mélancoliques sur les pauvres joueurs qui viennent jeter leur argent dans ce précipice. Des marchands d'oranges brûlent jusqu'à vingt-quatre chandelles, et enjolivent comme ils peuvent leur boutique avec la verdure et des banderoles en papier. Le dimanche, les filles de Baïa, qui ne possèdent qu'un méchant jupon, se couronnent de pampres ou de laurier-rose pour aller à la danse ; elles se font des colliers et des bracelets avec de petites pierres de mosaïque ou des graines d'arbres, et tout cela est arrangé avec goût. On s'étonne dans le Nord que les femmes italiennes ne sachent pas s'habiller à la mode de France. C'est qu'elles ont le sentiment de la vraie beauté, dont les règles sont fixes et non pas livrées au caprice de la mode. Pourquoi telle forme de chapeau évasée, qui était belle l'année dernière, devient-elle affreuse cette année, où il faut les porter étroites ? Si l'une prend l'avantage sur l'autre, ou le perd, c'est par une dépravation du goût, puisque ni l'une ni l'autre ne sont belles. La beauté italienne repose sur des bases solides ; elle peut se transporter sur une toile ou se mouler en bronze, tandis que l'artiste se consume et finit par échouer devant la beauté rétrécie du Nord et ses ornements de convention. Donnez une serviette à une fillette d'Ischia, elle saura l'arranger sur sa tête, et en fera un turban plein de grâce, sans avoir besoin de miroir et tout en marchant dans la rue. Expliquez-lui comme quoi une pèlerine vaut mieux qu'un *crispin*, qui l'an passé valait mieux qu'une pèlerine : elle n'y comprendra rien, et se mettra à rire.

Deux heures avant l'*Angelus*, au moment où le soleil a perdu un peu de sa force, quittez le vieux Naples pour aller sur le môle qui s'avance au milieu de la mer, entre le port et la rade. Vous trouvez là les *rinaldi*, déclamateurs de vers qui ont emprunté leur nom à l'histoire de Renauld chez Armide, morceau favori des Napolitains. Plusieurs rinaldi viennent s'établir sur le môle, et parmi eux il y a du choix. Les uns, qui ne récitent pas bien, parlent devant des enfants ou même dans un désert complet ; d'autres, plus versés dans leur art, sont en grande faveur. Toutes sortes de gens s'assemblent en cercle pour les entendre : des femmes, des douaniers, des soldats, des matelots et des pêcheurs, les uns assis sur des pierres, les autres couchés sur le flanc, le coude appuyé par terre, dans des poses pittoresques ou élégantes, les regards fixés sur l'orateur avec l'air du recueillement et de l'attention. C'est un tableau en permanence et tout composé qui attend un Léopold Robert. Toujours il s'agit de héros malheureux ou vainqueurs, d'enchantements et d'amours, de grands traits d'audace, de générosité ou de courage. La vertu peut mourir ; sa récompense l'attend dans le ciel ; mais le crime et le vice ne doivent point finir heureusement. Jamais un mauvais sentiment ni une action infâme ne peuvent se produire, s'ils ne sont accompagnés de malédictions et d'infortunes. Le public, tout humain et par conséquent tout imparfait qu'il est, apporte à la séance une imagination pure et un cœur honnête. Si un parleur s'avisait de flatter les mauvais penchants de l'auditoire, il s'exposerait à être lapidé, car le peuple napolitain a un instinct naturel des règles de l'art. Son goût dominant est le merveilleux, l'héroïque, les poèmes soutenus par un débit harmonieux. Le manque d'éducation le fait ressembler à un enfant, mais à un enfant plein d'intelligence. Il écoute pour la dixième fois la même histoire avec autant de plaisir que le premier jour, et probablement, si le déclamateur changeait un passage ou manquait de mémoire, il serait repris ou soufflé par le public. Combien de fois Renaud est-il resté enlacé par les séductions d'Armide ! On sait bien qu'il doit finir par briser ses chaînes ; cependant, lorsque le rinaldo interrompt le discours, et déclare qu'il ne délivrera point le chevalier si on ne se cotise pour fournir une somme de quelques *grani*, on fouille dans sa poche, et on en tire ce qu'on peut, afin que le charme soit détruit et la terre sainte délivrée des infidèles.

Quand le *rinaldo* puise son sujet dans l'Arioste, la folie de Roland excite de grandes sympathies. On palpite d'émotion et d'intérêt en voyant l'homme généreux égaré jusqu'à la fureur par une passion. Assurément le Napolitain qui a fait un mauvais coup songe à Roland, et se demande si quelque enchanteur n'a pas mis sa raison dans une fiole. Lorsque le génie du poète s'endort pour un instant, comme autrefois celui d'Homère, l'auditoire patient attend avec docilité le moment du réveil, et son imagination se repose volontiers pour laisser l'oreille jouir de la cascade des mots mélodieux. Peut-être, si on le prenait encore ému par le récit d'un trait sublime pour lui demander une belle action ou un sacrifice, le trouverait-on disposé à imiter un des grands personnages du Tasse, car il y a du caractère napolitain dans le *buon*

Tancredi. La prédilection du lazzarone pour le seizième chant de la *Jérusalem délivrée* pourrait faire douter de la bonne foi qu'il met à se prêter aux vues du poète. Le plaisir qu'il goûte à entrer dans les jardins enchantés, à en savourer les délices, et à voir les deux amants se reposer : « elle sur le sein de la prairie, et lui sur le sein de sa maîtresse, » donne à penser qu'il aime trop la faiblesse de Renaud pour souhaiter l'arrivée d'Ubaldo. Cependant, lorsque le libérateur se présente, il y a un mouvement dans l'auditoire, et le sermon de reproches est toujours accueilli avec enthousiasme. Le lazzarone sourit avec dédain quand l'amante irritée s'écrie : « Eh bien ! va-t'en, ingrat... Je te tourmenterai autant que je t'aimai. » Le public du Nord sait siffler un mauvais ouvrage ; celui de Naples sait bien mieux jouir d'un chef-d'œuvre.

C'est surtout par la musique qu'on sent à quel point le Napolitain est artiste et heureusement doué. Le dernier paysan chante avec goût, place une partie de tierce, de quinte ou de basse, sur un motif qu'il entend pour la première fois, et convertit ainsi un air en quatuor. Si quelque grande scène de la nature fait vibrer en lui une corde poétique, la sensation se traduit aussitôt par une idée musicale. En revenant d'une fête de village, un Napolitain exprime le plaisir de la journée en improvisant les paroles et la musique d'une chanson qui est le lendemain dans toutes les bouches, si elle a du mérite. Quoi de plus charmant que la fête de Saint-Cloud, et à qui a-t-elle inspiré autre chose qu'un feuilleton de journal ? N'oublions pas cependant de revendiquer en l'honneur de la France le talent de M. G. Cottrau, établi depuis longtemps à Naples, et qui a composé plusieurs de ces petits morceaux que le peuple sait par cœur.

Dans ce moment l'Italie entière répète une chansonnette dont l'auteur n'est pas précisément connu. Les uns l'attribuent à M. Cammerano, frère de l'écrivain de *libretti* ; d'autres m'ont assuré qu'elle était d'un galérien de Castellamare. Les paroles sont en dialecte napolitain, moitié comiques, moitié sentimentales. Le refrain dit : « *Te voglio ben' assaïe, e tu non pienzi a me !* — Je t'aime passionnément, et tu ne penses pas à moi ! » L'air, quoique simple, suit dans ses petites proportions la marche d'une cavatine. En un instant, tout le monde l'apprit. C'est encore à présent une véritable fureur ; on n'entend plus que cela. Le matin, la servante le chante en travaillant, et toujours avec une belle voix de contralto. Les rameurs qui vous mènent à Capri l'ont arrangée à trois parties et vous en régalent pendant la traversée. Les pêcheurs et les marchands d'huîtres, les bonnes d'enfants sous les arbres de la Villa-Reale, le répètent en même temps. Le piano du premier étage et la guitare du quatrième en font retentir la maison. Tous les sons, proches ou lointains, vous apportent le refrain aux oreilles. Le soir, si vous ouvrez votre fenêtre, la sentinelle du château de l'Œuf berce les ennuis de la faction avec l'air à la mode. Alors vous commencez à votre tour à le chanter, d'abord tout bas, et puis à tue-tête, comme les autres. Vous le fredonnez en allant en voiture ; le cocher l'entonne sur son siège, et le *guaglione* grimpé par derrière accompagne à la tierce. La manie vous gagne. A la première paire de beaux yeux que vous rencontrez, vous murmurez : *Te voglio ben' assaïe.* Vous vous figurez vouloir beaucoup de bien à une personne qui ne songe pas à vous : l'attendrissement s'en mêle, vous vous écriez. *E tu non pienzi a me !* et les larmes vous viennent aux yeux.

Il y a un grand nombre de ces chansons populaires dont les auteurs sont inconnus. Elles poussent comme des fleurs sauvages qui répandent un parfum particulier, souvent plus doux que celui des jardins les mieux cultivés. Dans certaine disposition de l'âme, ces modestes plantes vous charment plus que les superbes tulipes du Tasse et même que les roses de Pétrarque. D'ailleurs ces riches fleurs classiques, il faut les aller chercher de parti pris dans le livre où on les conserve, tandis que l'odeur légère de la fleur sauvage vient vous trouver d'elle-même. Elle entrera jusqu'au chevet de votre lit avec le zéphyr du matin ou la brise de mer. Dépêchez-vous de la goûter, car elle sera peut-être morte demain. L'une fait oublier l'autre, et le moment de la floraison une fois passé, vous n'aurez plus le même plaisir à la retrouver dans une collection..

— Mais le pauvre auteur, direz-vous, que fait-il? où est-il? Ne lui revient-il donc ni honneur ni profit?

— Ce qu'il fait, je n'en sais rien. Son pays, c'est peut-être Castellamare ou Sorrente, à moins que ce ne soit Portici. L'idée lui est peut-être venue en pleine mer ou dans les montagnes. De l'honneur et du profit? il n'y songe pas ; sans cela il se pourrait qu'il n'eût rien fait de bon. Il ignore absolument qu'on peut avec une chanson avoir un *nom*, une réputation, et gagner de l'argent. Si vous lui en parliez, il vous regarderait de travers comme si vous vouliez lui acheter son ombre, ou bien il rirait en apprenant qu'on peut s'estimer heureux de voir sa pensée gravée et affichée derrière les vitres de M. Bernard Latte. L'air de *Te voglio ben' assate* lui aura été inspiré par quelque jeune fille qui ne voulait pas penser à lui, et dont le cœur aura fini par être touché : c'est là sa gloire et son profit. Il n'a plus besoin de chanter. Attendons à l'année prochaine ; de nouvelles amours amèneront peut-être une autre chanson.

Les Italiens ne montrent pas seulement leur goût pour la musique par les airs populaires. Des hommes du peuple qui assurément n'ont jamais été à San-Carlo, savent pourtant les morceaux de l'opéra du moment. Un ouvrier au travail chante la romance de *Linda*, bat la mesure avec son marteau ou sa pioche, et ne manque pas la fioriture ajoutée par madame Tadolini. Dans la rue de Tolède, le soupirail d'une cuisine vous envoie la fumée du macaroni mêlée avec un motif de *la Somnambule* ou de la *Lucie*. Des domestiques chantent l'air de *Casta Diva* en filant les sons et sans omettre les points d'orgue. Les blanchisseuses de la fontaine du Vomero chantent le motif de *Bell' alma innamorata*, précédé du récitatif, en savonnant le linge d'une foule d'étrangers qui ont l'oreille fausse et qui appellent les Napolitains des barbares.

Un de mes amis de voyage que j'ai connu intimement à

Naples pendant trois jours entiers, et dont j'ai oublié le nom, m'avait invité à venir chez lui manger un *risotto*. Il demeurait rue *Guantaia*. Je trouvai un dîner somptueux au lieu du simple ragoût milanais auquel je m'attendais. La compagnie était composée de trois jeunes gens fort aimables avec qui je me liai fort ce soir-là, et que je n'ai jamais revus ; plus la patronne de la maison, qui était une Palermitaine très gracieuse, vive comme le salpêtre, et enceinte de huit mois. Le dîner fut gai. On servit d'excellent vin de Sicile, et au dessert on chanta. Tous les convives avaient de la voix, excepté le signor français. Chacun paya son écot musical avec une chanson de son pays, l'une piémontaise, l'autre florentine, la troisième napolitaine. Le tour de la *padrona di casa* étant arrivé, elle déclara qu'elle voulait chanter un morceau de son compatriote Bellini. La voilà au milieu de la chambre, posée comme une prima donna, et entonnant un récitatif de la *Norma*. Elle joua et chanta ainsi pendant une heure, passant d'un morceau à l'autre, et s'animant toujours davantage. La voix était vibrante et l'accent passionné. Les décorations manquant à la scène, il fallait figurer un arbre druidique ; la cantatrice me prit impétueusement par la main et m'attira sur son théâtre, où je représentai l'arbre de mon mieux. Cependant, lorsqu'elle vint m'adresser ses chants, gesticuler devant moi, se prosterner à mes pieds, elle avait tant de grâce et de naturel, que je n'y tins plus ; j'abaissai mes rameaux, je la saisis par la tête et je l'embrassai. Elle éclata de rire et s'écria : *L'albero si muove !* (l'arbre se remue !) Ainsi finit le spectacle. Ce qui donne tant de charme aux femmes italiennes, c'est leur simplicité, leur ignorance d'elles-mêmes, et une certaine bonhomie accompagnée de décence qui est très rare dans le Nord. Celui qui repasse brusquement les Alpes et rentre en France tout à coup, est frappé de cette arrière-pensée qu'on lit sur tous les jolis visages : « Je suis belle, je le sais ; j'exploite ma beauté à mon seul profit, pour mon seul plaisir, la satisfaction de mon amour-propre et ma plus grande gloire. » Ainsi soit-il.

IX

LA LOTERIE ET LES MENDIANTS

Le jeu de la loterie est une véritable fureur en Italie, et surtout à Naples, car les passions italiennes sont au superlatif dans l'âme du Napolitain. Sur quatre boutiques il y a au moins un bureau de *lotto;* c'est comme les cabarets en France. Une population sans pain et sans chemise, qui vit jusqu'au lendemain avec un sou, apporte par an quatre ou cinq millions de francs dans le tonneau des Danaïdes. La veille du tirage, six personnes établies à chaque comptoir suffisent à peine à la distribution des billets. On présente aux joueurs toutes sortes d'appâts. Le bureau est *orné de festons magnifiques.* Des guirlandes de toutes couleurs fascinent le passant et lui offrent des ternes bigarrés comme des arlequins. Aimez-vous le rouge ? mettez votre argent sur les numéros rouges. Préférez-vous le jaune ? votre fortune est faite ; voilà un terne jaune comme de l'or. Souvent on aperçoit au fond du bureau, dans un transparent, trois numéros bien meilleurs que les autres, couronnés de fleurs, avec cette inscription : *Ecco la vera sorte !* C'est l'administration elle-même qui, par désintéressement, vous annonce d'avance le résultat du tirage ; comment pourriez-vous douter du succès ? Il faudrait n'avoir pas d'argent dans sa poche, et à la vérité on n'a pas toujours deux carlins pour faire sa fortune, autrement on serait riche samedi prochain.

Au moyen du livre de la *Smorfia*, tout peut se convertir en mise à la loterie. C'est un vocabulaire des substantifs avec un numéro en regard de chaque mot. Que la chose dont vous êtes frappé vous vienne par rencontre fortuite, ou en rêve, ou par la conversation, vous pouvez jouer à coup sûr le chiffre qui lui correspond dans le livre. Les plus heureux et les plus recherchés de ces numéros sont ceux des accidents, meurtres et sinistres. S'il y a un incendie quelque part, la loterie est assiégée ; tout le monde veut jouer le même jeu. On est obligé de limiter les mises, et quand ce numéro si demandé a fait, comme on dit, sa dot, on ne délivre plus de billets. Tant pis pour celui qui arrive trop tard. Dans ces moments de crise, l'administration n'est pas sans inquiétude. Un caprice du hasard lui enlèverait une somme énorme. Même dans les États romains, les bureaux de loterie sont ouverts le dimanche, quand toutes les boutiques sont fermées. Le dormeur qui se lève à midi ne trouve plus un café où il puisse manger ; mais il a le droit de mettre le prix de son déjeuner sur un terne. Ce n'est pas seulement la *Smorfia* qui vous excite à jouer ; des mises vous sont fournies par une foule de gens. Si vous achetez une boîte d'allumettes, vous y trouvez des vers italiens qui vous recommandent la loterie : *strada sicura ad arrichire è il lotto.* C'est le chemin sûr de la richesse. Suivent trois numéros garantis excellents par le marchand.

Moitié par badinage et moitié sérieusement, les gens du monde cultivent aussi la loterie. On a chez soi le livre magique, et on ne fait pas un rêve sans le consulter. J'ai vu une dame élégante et spirituelle s'amuser à feuilleter la *Smorfia*, se monter peu à peu la tête, et envoyer un domestique au bureau de loterie avec une piastre et trois numéros inscrits sur un papier. Dans les jours néfastes, marqués par un accident ou un crime, on commence par déplorer le malheur, et puis on s'en console en essayant si la *vera sorte* ne serait pas cachée dessous.

Le samedi, à cinq heures du soir, le tirage de la loterie se fait avec une solennité imposante. La magistrature et le clergé y sont représentés par des personnages respectables. Un prêtre bénit l'urne où sont les numéros, et un enfant procède au tirage. C'est un moment d'émotion, non seulement dans l'assemblée, mais par toute la ville. La foule est haletante. Ceux qui se croyaient assurés de gagner poussent des cris lamentables. Les cris de joie sont infiniment plus rares. Des facchini attendent l'apparition du dernier numéro pour porter la nouvelle dans les rues. Ils courent de toutes leurs forces, remettent la liste à un autre facchino posté à un certain relais, et qui part à son tour aussi vite qu'il peut aller. En un instant le tirage est connu dans tous les quartiers de Naples. Afin de mesurer la promptitude de ces télégraphes vivants, un de mes amis prit une voiture au sortir de la séance, et se fit mener au galop jusqu'à la place du Vieux-Marché ; il y trouva les numéros affichés devant un bureau de loterie.

Il y a deux sortes de gens qui se trompent également dans leurs jugements sur l'Italie, ceux qui croient aux traditions et ceux qui adoptent le contre-pied par amour du paradoxe. Selon les premiers, l'Italie serait un coupe-gorge ; pas une grande route ne serait sûre ; des brigands partout ; des jaloux, le poignard à la main, derrière toutes les tapisseries ; des stylets dans toutes les manches d'habit, du poison dans les bouteilles, des trappes sous le plancher des chambres d'auberge, des *in-pace* dans tous les couvents, un assassin déguisé sous la figure débonnaire du *veturino* ou du *camericre*, des cavaliers servants et des sigisbés à côté de toutes les dames. Cette Italie de convention n'existe que dans les romans d'Anne Radcliff, qui l'inventa dans les brouillards de la Tamise.

Au contraire, selon les amis du paradoxe, il n'y aurait pas un brigand, ni un passage périlleux, ni un voleur de mouchoirs, ni un donneur de *coltellate*. Jamais une chaise de poste n'aurait été arrêtée dans les rochers de Terracine. Les Calabrais seraient des bergers de Florian. Pour peu que la discussion s'animât, on en viendrait à nier l'existence de la Calabre elle-même. Quant aux Abruzzes, on y pourrait circuler comme sur la route de Bourg-la-Reine. On n'y aurait jamais vu un ours ; les buffles viendraient manger dans la main du passant. La tarentule et le scorpion seraient des animaux fabuleux, et les mots de sigisbé ou de *patito* des fables inconnues en Italie. La cause de ces différences d'opinions est facile à comprendre. Chacun décide que le pays est invariablement tel qu'il l'a vu, et nie ce qu'il n'a pas rencontré. Celui-ci, à qui on a volé une malle, se croit au milieu d'un peuple d'assassins et de brigands ; mais le voisin, qui trouve le compte de ses bagages, refuse de croire aux voleurs. Après une bonne fortune de rencontre, on se regarde comme le vainqueur de toutes les belles ; un autre, qui n'a pas eu de succès, sauve son amour-propre en disant que les dames de ce pays-là sont invincibles. Victor Jacquemont, le plus aimable des voyageurs, se moqua des tempêtes jusqu'au jour où l'Océan irrité le fit repentir de son insolence. Il nia aussi les bêtes féroces jusqu'au moment où un tigre vint enlever un de ses domestiques à deux pas de lui.

J'aurais été volontiers pour les faiseurs de paradoxes, et je pensais déjà de Naples comme Jacquemont de l'Océan et des Indes. Un beau jour, on me vola deux mouchoirs en moins d'une heure dans la rue de Tolède. Je ne mis plus rien dans mes poches de derrière, et je pardonnai à mes deux larrons à cause de leur adresse. Le 18 mars, dans la rue Chiaja, on fustigea publiquement trois brigands nocturnes qui avaient assommé un passant la nuit précédente. On leur distribuait à chacun cent coups de bâton, comme avance sur le résultat de leur procès. Mon incrédulité commençait à s'ébranler. Peu de temps après, un homme charitable ayant averti un étranger qu'on lui volait son mouchoir, reçut un coup de couteau d'un second voleur, qui lui reproche de se mêler des affaires des autres, et qui fit une retraite honorable à travers la foule, saisie de respect. Ma confiance diminuait sensiblement. Avant de partir pour la Sicile, j'appris qu'un Français venait d'être arrêté près de Taormine et absolument dépouillé. Si quelqu'un de mes compatriotes, fraîchement arrivé par le bateau de Marseille, m'avait vu alors armé d'une canne à épée, il se serait probablement moqué de moi, et au bout d'un certain temps je l'aurais retrouvé avec des pistolets dans ses poches. Pendant deux mois, le hasard ne me fit pas rencontrer la figure classique et surannée du cavalier servant. Il se présenta un matin, assis dans une barque à côté d'une grosse dame romaine, et j'eus le loisir de lui voir jouer son rôle de femme de chambre aux petits soins. Mon ami le comte de M... partit un jour pour la chasse aux ours avec un guide, homme fort intéressant à écouter, et qui, par suite de petits démêlés avec la justice, ne sortait pas volontiers des Abruzzes. Cet honnête chasseur avait trois homicides sur la conscience, et les supportait patiemment. A Naples, il s'enveloppait de mystère ; mais, une fois dans les montagnes, il parlait volontiers et se vantait de ses trois prouesses comme d'autant de coups de maître.

Dans tous les pays, les brigands sont encore assez rares, et n'en rencontre pas qui veut ; aussi je confesse que je n'aurais pas mis à rechercher un archiprêtre autant d'empressement qu'à me lier intimement avec notre ami le bandit des Abruzzes, dont je respecte trop les secrets pour vouloir les trahir. On m'a raconté que, sous le dernier roi de Naples, après quelques exécutions sévères, une amnistie avait été publiée, à la suite de laquelle des officiers convoquèrent les chefs de brigands à un banquet. Les invités se présentèrent et se mirent à table avec confiance. Au dessert, sur un signal donné, les troupes royales parurent et massacrèrent impitoyablement les convives. Ce fut un coup terrible pour le brigandage, et dont il aura de la peine à se relever. Malgré tout le fruit que le royaume de Naples a pu tirer de cette purgation violente, et le service incontestable rendu aux voyageurs à venir, malgré le grand nombre des crimes prévenus, c'est un beau sujet à discuter que cette question : La parole d'un prince doit-elle être sacrée, même lorsqu'elle est donnée à des brigands? Louis XIV aurait dit oui. Louis XI, moins glorieux et plus utile à son peuple, n'aurait pas manqué de répondre non.

Si les exécutions du général Manès et les festins insidieux ont exterminé le brigandage, ils n'ont pas nui du moins à la mendicité. Des bandes de malheureux vous ferment le passage en demandant l'aumône, les uns avc des cris plaintifs, les autres, plus gaiement, avec des grimaces et des gambades. A Ischia, on n'entend, d'un bout à l'autre de l'île, que ce mot répété à l'infini : « Signor, baiocco! » Le paysan portant ses légumes au marché arrête son âne pour vous tendre la main. Une jolie fille, montrant sa tête virginale par une fenêtre encadrée dans la vigne, vous sourit gracieusement et demande un baïoc. Les enfants presque au maillot balbutient déjà la formule, aidés par leurs parents. Dans les rues de Naples, la nuit, les sentinelles murmurent timidement pour demander *un piccolo regaglio*. Les pauvres ne sont pas honteux. Vous ne trouveriez pas facilement comme en France, de ces malheureux fiers et désespérés, qui dévorent leur infortune en silence et qui font lever matin les cœurs charitables. Le Napolitain accepte l'indigence avec moins de peine, l'étale dans la rue aux yeux du public et tire le plus de parti possible de son malheur. Parmi les pauvres de profession, quelques-uns ont une supériorité de talent dont nos mendiants n'approcheront jamais. Ce ne sont pas, comme chez nous, des litanies monotones qui endurcissent le passant au lieu de le toucher. Pour la variété des discours, la beauté des intonations, la puissance des gestes, le mendiant napolitain est un véritable artiste. Sur le quai de la Victoire, dans un angle où le soleil donne en toutes saisons, il y avait, l'hiver dernier, un homme qui aurait pu se faire professeur d'éloquence en matière de mendicité. Aussitôt que la faim le tirait de son demi-sommeil, il avisait d'un œil sagace le premier étranger envoyé par le hasard, et ne le quittait point sans obtenir ce qu'il lui fallait pour déjeuner. La première fois qu'il me fit l'honneur de me distinguer, ne me connaissant pas encore, il essaya d'abord le terrain en homme habile.

— Signor, me dit-il, venez à mon secours, au nom de votre patron, qui doit être un des saints les plus estimés du paradis, et qui aura soin de répéter vos bonnes actions aux oreilles du Seigneur ! Au nom de sainte Marie-Nouvelle ! c'est un grand titre dans le ciel que de faire l'aumône en son nom !

La dévotion à sainte Marie-Nouvelle n'étant pas mon endroit le plus vulnérable, l'orateur changea aussitôt ses batteries :

— Signor, reprit-il, votre excellence est étrangère, bien éloignée de son pays. Au nom de la patrie où elle est née !

C'eût été dommage d'interrompre le discours en mettant la main à la poche ; je feignis de rester insensible.

— Votre seigneurie a une famille, poursuivit le mendiant, une mère qui soupire de son absence et des amis qui souhaitent son retour.

Par un grand effort sur moi-même, je demeurai inébranlable.

— Eh quoi ! s'écria mon homme, votre seigneurie m'abandonne, quand elle pourrait me rendre heureux avec si peu de chose ! Hélas ! elle ne sait pas ce que c'est que de souffrir et d'avoir besoin des autres.

Le mouvement oratoire promettait d'être brillant, mais je pensai qu'il y aurait de la cruauté à faire attendre plus longtemps la récompense due au génie. Vers le soir, en passant au quai de la Victoire, j'aperçus mon mendiant étalé sur la dalle comme un serpent qui digère ; il jouissait des derniers rayons du soleil couchant, et ne se serait pas dérangé pour un empire.

Dans l'Italie entière, excepté dans le royaume lombardo-vénitien, qui n'abuse par des taxes, les polices de passeports poussent jusqu'à l'enthousiasme le goût des contributions. Vous croiriez qu'on vous soupçonne d'apporter la peste au lieu d'argent, si vous preniez pour des difficultés sérieuses les pas et démarches qu'on exige. Heureusement, ce n'est pas à vous-même qu'on en veut, c'est seulement à vos piastres. Il faut payer pour entrer dans une ville, pour la traverser, pour y séjourner plus de trois jours, pour des visa, pour une carte de sûreté, pour des reçus, des permissions de retirer le passeport d'un bureau et le présenter à un autre bureau où l'on paye encore. Lorsque vous voulez partir, c'est une cérémonie à recommencer, et le facchino que vous chargez de toutes ces commissions exagère ses fatigues afin de mériter une plus grosse récompense. De jeunes artistes, avec leur modeste budget, ont assurément dépensé, à la fin d'un voyage en Italie, plus d'un mois de leur pension en frais de passeport, sans compter les *bonnes-mains* à donner aux facchini. Vous ne traversez pas une ville, un village, une bourgade, sans exhiber vos papiers et régaler le soldat qui vous les rapporte. J'ai compté ainsi jusqu'à onze timbres et visas dans un seul jour. Mon passeport était devenu un volume relié, plus illustré que le *non piccol' libro*, où Leporello inscrit les bonnes fortunes de don Juan. Quand il s'agit d'argent, on ne se pique point de discrétion.

Naples a toujours joué un rôle important dans le mouvement intellectuel du monde. Elle occupera un rang plus honorable encore aussitôt qu'on essayera de donner une direction utile à la somme d'intelligence qui se gaspille sans but et sans résultat. On voit, par la revue mensuelle et volumineuse appelée le *Progresso*, que les sciences, la littérature et la critique ne demandent qu'à prendre leur essor. Il leur manque une condition indispensable, la liberté de parler sans crainte et sans préoccupations. Il faudrait que le profond M. Galuppi ne fût pas obligé de peser ses mots et de renfermer *in petto* une partie de ses idées philosophiques. Le savant M. Melloni devrait avoir la chaire de physique, qui est occupée par un médecin. Il faudrait garder une foule de gens distingués qui s'en vont chercher fortune hors de leur pays. Le grand-duc de Toscane, dans un voyage à Naples, a enlevé plusieurs jeunes savants, qui sont fixés aujourd'hui à Pise et à Florence. Il y avait autrefois quatre bibliothèques publiques ; elles sont à présent réduites à trois ; l'un des conservateurs a vendu tranquillement une partie des livres confiés à sa garde. Les catalogues ne vont pas au delà de l'année 1808, en sorte qu'on ne sait pas au juste ce que ces bibliothèques renferment. On y trouverait des matériaux très précieux.

Le journal littéraire *le Salvator Rosa*, rédigé par des hommes d'esprit, se borne la plupart du temps à parler de bagatelles. La censure effraye et décourage les écrivains de talent, les poètes et les auteurs dramatiques. Le public napolitain est si impressionnable et si passionné, qu'une *révision* est peut-être nécessaire ; il la faudrait seulement tolérante et éclairée. L'histoire de Guillaume Tell, par exemple, me paraît un fait trop rebattu pour mériter la colère des ciseaux ; cependant, lorsqu'on voulut jouer le chef-d'œuvre de Rossini, le poème fut obligé de se soumettre à des changements peu conformes à la vérité des chroniques. Au lieu de tuer Gessler au dénouement, l'insubordonné Guillaume était arrêté par les gendarmes et conduit en prison. Pour représenter le *Gustave* de M. Auber, on devait faire pulvériser Ankastrom par le roi de Suède ; mais la pièce fut abandonnée. Le duel est puni avec une rigueur extrême à Naples. Dans la traduction de *Gabrielle de Vergy*, on ne voulut pas admettre le combat entre Fayel et Coucy. Le traducteur proposa de remplacer le duel par un assassinat. On trouva que la chose serait d'un meilleur exemple, et Fayel poignarda traîtreusement son rival avec guet-apens. Les danseuses de l'Opéra sont forcées de porter sous leurs robes une espèce de culotte courte en satin vert d'un effet affreux. La sylphide Taglioni ne consentirait pas à paraître avec ce costume qui choque les yeux comme la queue de poisson des sirènes. Je gagerais bien qu'on ne la verra point à San-Carlo tant que cet article du règlement ne sera pas réformé. L'ordonnance célèbre qui, sous la restauration, fit allonger les robes des danseuses, a prouvé que par ces belles mesures on améliore fort peu les mœurs. Dans ce temps-là les directeurs des beaux-arts n'en savaient pas long, puisqu'ils ignoraient que la décence est dans la personne et le jeu de l'artiste, et non pas dans la coupe de ses jupons.

Depuis le mois de mai dernier, les théâtres de Naples ont eu un surcroît d'embarras. Le mot Dieu, le mot enfer, et plusieurs autres considérés comme essentiellement chrétiens, sont bannis de leur vocabulaire. On ne peut plus les prononcer sur la scène; le théâtre, étant païen, ne doit user que du dictionnaire antique. Que vont devenir les *o Dio !* ces pierres fondamentales du récitatif. Que deviendront les phrases toutes faites ? On ne pourra donc plus avoir l'*enfer dans le cœur ?* Il faudra donc que les auteurs de libretti cherchent des paroles nouvelles, qu'ils aient des idées, se creusent d'autres ornières, ou se servent de mots divers pour exprimer des sentiments différents ? C'est exposer l'art à une mort subite. Certes, il est nécessaire que la religion soit respectée ; mais avec cette susceptibilité extrême et cette manière matérielle d'envisager les choses, les spectacles sont perdus. Ce n'est pas que la religion soit sombre ni violente en Italie. Nulle part au monde elle ne paraît plus aimable. Elle ne prend jamais cette physionomie colérique ou affligée que le malheur lui a laissée en France. Les séminaires ne sont pas comme chez nous des gymnases où on se prépare à la bataille. On voit une multitude de jeunes abbés, chaussés de grandes bottes à l'écuyère, le visage épanoui par la bonne humeur et l'air tout à fait cavalier, qui ne craignent point de se promener dans la compagnie des dames, de fréquenter les cafés, de rire ou de se divertir en public. Personne ne songe à leur en faire un crime. L'Église a cette douceur et cette bienveillance que donne la santé, la puissance et la richesse, et quand les cloches de la paroisse appellent les fidèles au salut, le jeudi soir, c'est par un carillon à cinq notes, sur un air agréable et gai. Espérons donc que cette colère passera, et que les pauvres théâtres en réchapperont.

X

SAN-CARLINO. — ALTAVILLA. — DON PANCRACE

Les Français, dit-on, s'engouent promptement et oublient de même ; les Italiens peuvent bien en cela nous donner la main ; leur engouement est plus exagéré que le nôtre et ne dure pas davantage. Lorsque je visitai pour la première fois le musée Borbonico à Naples, j'examinai avec attention la suite de tableaux qui représente dans les plus grands détails la révolution de 1648. Ce sont des ouvrages plus remarquables par leur intérêt historique et leur exactitude que par le mérite du pinceau. On y voit le soulèvement du peuple, les massacres des nobles, l'élévation de Masaniello, sa mort, et la rentrée des Espagnols dans la ville. Or, le règne de ce pêcheur n'a duré que dix jours, et le retour de Don Juan d'Autriche n'eut lieu qu'au bout de six mois. Dans cet intervalle, M. de Guise fut chef de la république, et il n'est pas plus question de lui que s'il n'eût jamais existé ; les gens éclairés eux-mêmes ne savent pas en quoi son histoire se rattache à celle de Naples. Cependant ce prince, étant exilé à Rome sous le ministère de Mazarin, fut prié instamment par les Napolitains de venir à leur secours dans des circonstances périlleuses où un chef était nécessaire. Il vendit ses bijoux et son argenterie, partit de Rome avec quelques gentilshommes français, braves et aventureux comme lui, et, à travers mille dangers, vint aborder à Naples, où on l'accueillit avec un enthousiasme poussé jusqu'à l'ivresse. Il disciplina de son mieux des troupes fort mauvaises, rétablit le bon ordre par son courage et sa fermeté, en brisant plus d'une fois sa canne sur la tête des *lazares*, comme il disait dans son langage de grand seigneur. Pendant six mois, il lutta contre les armées espagnoles avec avantage. Le cardinal Mazarin l'abandonna, et les insurgés le récompensèrent de ses peines en le vendant à Don Juan d'Autriche, qui l'envoya prisonnier à Madrid. Il était juste au moins qu'après tout cela, on daignât se souvenir de M. de Guise et reproduire dans l'histoire de la révolution quelques-unes de ses prouesses. On s'en garda bien. Salvator Rosa lui-même, qui fut en correspondance avec ce prince, du haut des Abruzzes, n'a pas fait un seul tableau sur cet épisode héroïque. Avant d'aborder en Calabre, Murat aurait dû se rappeler l'exemple de Henri de Lorraine et retourner en arrière.

En fait de spectacles, notre manie de nouveauté n'approche pas de celle des Napolitains. Nous négligeons plutôt nos idoles que nous ne les brisons, semblables à ces femmes galantes dont le cœur est bon et qui se font des amis de leurs anciens amants. Nos théâtres reviennent volontiers aux vieux ouvrages et leur conservent toujours une place dans le répertoire. Si le goût du jour s'en éloigne trop, on en joue encore des fragments, le Conservatoire s'en empare, et de cette façon les chefs-d'œuvre ne meurent pas absolument. En Italie, une mauvaise partition est couronnée et applaudie comme une merveille, parce qu'elle est nouvelle, puis elle va rejoindre les autres dans l'abîme du néant. Les théâtres de musique n'ont point de répertoire. L'impresario met en répétition, pour l'hiver, une ou deux pièces les plus récentes et du maëstro à la mode. Ces deux pièces font les frais de la saison entière. Elles durent autant que les feuilles des arbres. Recueillez les fruits du succès, pauvres auteurs ; à Noël vous serez défunts. Il est vrai que le moment de la vogue a de grandes douceurs. On entend partout les motifs de l'opéra. Tout le monde les sait. On se pâme de plaisir en les fredonnant. On les propose pour sujet aux improvisateurs. La musique de régiment les apprend, en fait des sérénades pour la nuit, des aubades pour les grands personnages, et le soldat marche au refrain de la cavatine. Tout cela meurt avec l'année. Une autre partition vient qui s'évanouit de même. A Paris on veut de la variété, en Italie du nouveau. A Gênes, l'hiver dernier, c'était *Maria di Rudenz*, ouvrage broché par l'intarissable Donizetti, exprès pour le théâtre *Carlo-Felice*. A Naples on ne sortait pas de la *Linda de Chamouni*. Ne demandez pas dans ce pays-là ce que c'est que Mozart ; on ne le connaît pas de nom. On sait qu'il a existé un homme appelé Cimarosa dont les pièces ont eu du succès en leur temps. Sans le *Stabat Mater*, Rossini s'en irait à tire-d'aile se ranger où est Gluck en France. *Othello, le Barbier de Séville,* nous diraient les Napolitains, comment pouvez vous écouter encore ces vieilleries !

En 1843, le théâtre San-Carlo n'offrait rien de bien attrayant pour un étranger. Selon mon goût, madame Tadolini n'est pas une cantatrice qu'on puisse prendre en passion. Deux ténors médiocres se partageaient les toques à plumes et l'intérêt du public, l'un bon musicien et déjà usé par le travail, l'autre doué d'une voix superbe qu'il maniait assez mal. Le premier *basso-cantante*, nommé Coletti, possède le feu sacré qui fait les grands artistes, et il le deviendra, mais ce n'est pas encore une chose achevée [1]. Avec ces faibles éléments, je ne sais quel charme, tenant sans doute au pays, m'attirait à l'Opéra. Je ne pouvais dormir de bon cœur si je n'avais pas entendu la romance de la *Linda*. Toute pâle qu'est cette musique, elle semble avoir plus de couleur sous le ciel de Naples. Les contrées méri-

---

[1] Il l'est devenu depuis ce temps-là.

dionales ont le privilège de vous maintenir dans un ordre de sensations heureux et favorable aux arts. Vous habitez Naples depuis huit jours à peine, que vous éprouvez, comme les Italiens, le besoin de vous *dilettare*, et, quelle que soit la pièce du moment, vous allez à San-Carlo. Lorsqu'au mois de février, à l'époque des grandes douleurs de la nature du Nord, vous vous habillez les fenêtres ouvertes, vous circulez dans la ville sans autre incommodité qu'un peu de poussière, et vous parcourez les environs à la chaleur tempérée d'un beau soleil, — les rouages de la machine humaine fonctionnent mieux et plus activement ; vous sentez avec plus de vivacité ; la cavatine dont vous pèseriez sévèrement la juste valeur au théâtre Ventadour vous épanouit d'aise ; le ballet vous intéresse, vous devenez enfant comme le parterre napolitain, et vous vous surprenez à désirer le moment plein d'émotion où les brigands du ballet sont vaincus par ce jeune premier si hérissé de panaches qu'on ne lui voit plus les yeux. C'est une façon de vivre dont vous ne connaissez pas le charme dans ces climats sombres et hostiles où vous êtes replié sur vous-même, les pieds au feu, et tourmenté jusque par l'air que vos poumons respirent.

Après San-Carlo, les autres théâtres de musique ne méritent pas qu'on s'en occupe. Celui du *Fondo* n'est qu'une succursale de l'Opéra. On y joue les mêmes ouvrages, exécutés par la même troupe. Au théâtre *Nuovo*, le répertoire est composé de vaudevilles français traduits en mauvais opéras comiques. Laissons cela de côté : il y aurait trop de certitude d'ennuyer le lecteur à lui parler d'un endroit où l'on s'ennuie.

La comédie est morte, en France, de sa mort naturelle. Lorsqu'elle florissait, il y avait de l'exagération dans le caractère français. Les originalités, les ridicules et les travers étaient évidents, faciles à saisir, connus de tout le monde, et de plus le partage d'une coterie particulière qui donnait le ton au reste de la nation. Aujourd'hui les travers et les ridicules ne sont pas moindres, en somme ; mais, en se divisant sur un plus grand nombre, ils ont pris des proportions mesquines et ils échappent à la comédie, qui ne trouverait plus aussi facilement le succès populaire. En Italie, au contraire, les fortes proportions se sont conservées. L'influence appartient à des coteries et à des minorités aux dépens desquelles le reste du public rirait volontiers. La comédie trouverait toutes les conditions désirables d'une bonne existence ; mais une force supérieure lui ferme la bouche. Les théâtres se traînent à la suite des productions françaises. Vous ne voyez que M. Scribe, M. Casimir Delavigne, traduits en italien, et joués avec cette volubilité involontaire qui sied aux pièces de ce genre comme des fioritures à la musique de Rameau. L'affiche toujours emphatique, annonce le *Verre d'eau* comme l'ouvrage le plus *accrédité* de la littérature moderne. Pour un Français qui a vu tout cela bien joué à Paris, ces traductions composent le spectacle le moins attrayant qui se puisse représenter. Mais descendez des grands théâtres aux petits, à ceux d'un ordre trop infime pour être assujettis à une surveillance extrême, vous y retrouvez la véritable comédie nationale qui s'alimente de l'à-propos, des travers du moment, et qui donne souvent dans son petit cercle des conseils utiles au peuple qui la soutient et l'applaudit.

Sur la place du Castello, en face des canons braqués à travers les grilles sur le passant, vous verrez une maison de pauvre apparence et que vous ne prendriez jamais pour un théâtre. L'entrée ressemble fort à celle d'un méchant cabaret. Un corridor bas et tortueux vous mène, par une pente rapide, dans un souterrain où est la salle de spectacle, étroite, mais propre et bien éclairée. Vous êtes à San-Carlino. A deux pas de là, sur la même place, est une autre taverne de même figure, appelée le théâtre de la Fenice. Dans ces deux petits bouges se sont réfugiés l'ancienne verve comique dont l'Italie ne perdra jamais le génie, les pièces de circonstance, les reproductions de ridicules connus et de types populaires, les discours au public, comme du temps de Scaramouche ou de Gros-Guillaume. C'est là que le fameux Lablache a commencé sa carrière dramatique ; on s'en souvient encore à Naples.

La troupe de San-Carlino se compose d'une douzaine d'acteurs excellents, francs Napolitains pour les grimaces, la vivacité, les gestes expressifs, la force du gosier, la facilité d'improvisation ; ils s'entendent ensemble comme des larrons et enlèvent un succès comme une muscade. Dans toutes les piéces on retrouve constamment les quatre rôles classiques : Pancrace, Polichinelle le bègue portant des lunettes énormes, et la vieille donna *Pangrazia*, toujours persuadée que les jeunes gens l'adorent. A ces quatre personnages appartient le privilège de faire rire le parterre. Ils parlent le dialecte napolitain, tandis que les autres rôles varient selon les pièces, et sont écrits ordinairement en italien. Le vieux don Pancrace représente la naïveté, la bonhomie, la bêtise crédule, et Polichinelle, la fourberie, la gourmandise, la poltronnerie ; tous les instincts grossiers et matériels. Quand le vieux bègue aux larges lunettes n'est pas le compère de Pancrace, comme l'Orgon français est l'ami du Géronte, il joue les tabellions, les baillis ou les commissaires de police. Le caractère de la vieille est celui de Pancrace, augmenté des faiblesses du beau sexe. Souvent ces quatre rôles déroulent entre eux une intrigue comique, entée sur une autre plus sérieuse. Dans les pièces toutes *da ridere*, le fond du sujet repose sur eux. L'affiche annonce la double intrigue par un double titre. Don Pancrace et son compère le bègue portent la culotte noire et la perruque plate à queue et sans poudre. Le Polichinelle n'est pas, comme celui des marionnettes, un bossu vêtu de l'habit de clinquant. Il n'a pas de difformité. Son costume se compose d'une camisole et d'un large pantalon de toile blanche, serrés à la ceinture par des coulisses et plissés du haut en bas. Son bonnet de laine blanche est droit comme une mitre d'évêque ; un demi-masque noir, avec un long nez, cache la moitié du visage et forme dans les traits un contraste piquant de grimace et d'immobilité. La vieille, d'un embonpoint qui déborde, se farde les joues, affecte les prétentions et les parures de la jeunesse, se charge les doigts de bagues et le cou de colliers. A San-Carlino, ces emplois à caractère, et surtout celui de Pancrace et de la vieille, sont joués par des artistes d'un véritable talent et d'un naturel exquis ; jamais leurs farces les plus outrées n'atteignent le point où le rire et la gaieté se changeraient en fatigue ou en dégoût.

Dans le reste de la troupe il y a encore des acteurs de mérite : trois hommes doués de physiques hétéroclytes et qui reproduisent des figures populaires, un amoureux d'assez bonne tournure pour l'endroit, une jeune première petite, robuste et chevelue, type exact de la brunette napolitaine, au cœur fantasque et à la tête chaude ; une autre actrice jeune et belle, d'une physionomie énergique, et qui remplit admirablement les rôles de servante ou de femme du peuple.

Mais le plus intéressant de tous est l'acteur-auteur, nommé Altavilla, l'âme et le soutien de la *compania* de San-Carlino. Il remplit tantôt les rôles qui répondent à ceux de Gonthier dans nos vaudevilles, tantôt d'autres plus comiques ou de caricature, car il est excellent mime, et son visage, d'une mobilité extraordinaire, se prête à toutes sortes de bouffonneries. Ce qui élève Altavilla au-dessus de ses confrères, c'est qu'il est le Molière de la troupe. Depuis plusieurs années, quoiqu'il paraisse à peine âgé de trente-cinq ans, on ne joue que ses ouvrages, et ce n'est pas une petite affaire que d'alimenter le théâtre de San-Carlino. Tous les samedis, pendant la saison d'hiver, il faut une pièce nouvelle. Jamais la première représentation n'a manqué d'arriver au jour convenu. En une semaine on fait, on apprend et on répète une comédie, tout en jouant celle de la semaine précédente. Le fécond Lope de Vega lui-même se serait fatigué de ce métier-là, et aurait peut-être donné sa démission. Le signor Altavilla est aussi frais d'esprit et aussi en train que le premier jour.

Vous devinez sans peine qu'avec si peu de temps pour composer et préparer une pièce, il est impossible qu'on l'écrive avec soin, et même qu'on la mette entièrement sur le papier. Le canevas seul est déterminé, une partie des scènes à demi ébauchée, quelques mots soufflés d'avance aux acteurs ; le reste s'achève en causant et en répétant l'ouvrage. Une large part est laissée à l'improvisation, à l'esprit du Polichinelle, à la bonhomie du Pangrazio, aux délicieuses minauderies de la vieille, au bégayement de l'homme à lunettes, et aux inspirations dernières que le moment de la représentation suggère encore à l'auteur. On ne sait pas au juste si les scènes se suivent bien, comment cela doit marcher. Déjà le samedi arrive, voici le public dans la salle ; l'orchestre a joué l'ouverture, les trois coups sont frappés, la toile se lève. Pancrace paraît, le parterre éclate de rire. Le souffleur est habile ; l'exposition réussit ; chacun voit clair dans son rôle. On se comprend, on se soutient l'un l'autre. La pièce marche : tout à coup l'amoureux saisit Altavilla par le bras dans la coulisse.

— Que vais-je dire ? s'écrie-t-il ; que faire ? mon entrée est manquée. Ma scène d'amour ne peut plus aller.

— Ne t'effraye pas, mon garçon, répond l'auteur. Tu feras tel changement à ton rôle. Au lieu de cette tirade, tu diras ce que je vais t'indiquer

Et il trace à la hâte un passage nouveau différent du premier. Pendant ce temps-là Polichinelle, ne voyant pas entrer l'acteur, devine qu'on change et qu'on prépare. Il remplit l'intervalle par des lazzis. La leçon est finie, le carrosse enrayé se dégage et roule de plus belle. Le public ne s'aperçoit de rien ; le dénouement s'exécute à souhaits, et la soirée se termine par des rires et des applaudissements.

Le samedi suivant, c'est à recommencer. Bien rarement une de ces bluettes dure quinze jours. Pas une n'existe, ni imprimée ni en manuscrit. Altavilla lui-même, s'il avait un moment de répit, ne pourrait sans doute jamais retrouver dans sa mémoire tout ce qu'il a dépensé d'esprit argent comptant et de frais d'imagination. Dieu sait pourtant combien de ces idées jetées au vent méritaient de vivre longtemps et d'être travaillées avec plus de soin ! Que d'étincelles seraient devenues de bonnes lumières, et que de cailloux renfermaient des pierres précieuses ! Pauvre Altavilla !

il est pénible de voir le talent périr ainsi dévoré par une nécessité impérieuse.

Puisque Molière prenait son bien où il le trouvait, vous pouvez croire que le poète de San-Carlino ne se gêne pas pour emprunter à ses voisins. Drames étrangers, vaudevilles, tragédies, tout est bon à faire un plan et à convertir en farce. Vous reconnaissez le véritable génie d'improvisation de l'auteur lorsqu'un événement de la semaine, un chapitre de la chronique du jour, un article des journaux se retrouvent changés en comédies ; et jamais Altavilla ne manque à ce devoir de nouvelliste en action. L'à-propos est sa plus grande ressource. Le théâtre de la Fenice fait de même, et a concurrence ne permet pas de négliger une occasion. Six fois au moins, pendant mes trois mois de séjour à Naples, j'ai vu ces petits théâtres amuser leur public avec des sujets de circonstance.

Une jeune Française, établie à l'entrée de Tolède, vendait des gâteaux et des petits pains : en sa qualité d'étrangère, on la trouvait fort belle, avec cette complaisance que nous mettrions à admirer une Napolitaine, et sa boulangerie était fort achalandée. Aussitôt l'affiche de San-Carlino annonça pour le samedi une pièce intitulée *la boulangère française*.

Il y avait, à l'hôtel de la Victoire, une dame russe qui ne se montrait pas, ne sortait que la nuit et en voiture. Ce mystère fit causer les gens de la maison. Le bruit courut aussitôt que cette dame avait une tête de mort, et qu'elle voulait donner une immense fortune à qui l'épouserait, malgré cette grave imperfection. Les bonnes gens de pêcheurs et de lazzaroni, aussi crédules que don Pangrazio, s'assemblaient déjà devant l'hôtel, attendant que la dame parût, afin de voir, en se tâtant bien, s'ils n'auraient pas le courage de surmonter un premier moment de répugnance. On lut aussitôt sur l'affiche de la Fenice : *La Donna colla Maschera di morte*. La pièce était bouffonne et bien faite.

Des antiquaires se querellaient sur l'origine et la destination d'objets découverts dans les fouilles de Pompéïa. La petite pièce *n'Antiquario e na Modista* représente le vieux

Pancrace rapportant de Pompeïa des écumoires et des pots cassés. Une grisette qui le dupait en flattant son goût pour les antiquités, ajoutait assez à la donnée première pour en faire une intrigue de comédie.

Un des ouvrages où l'on reconnaît que la littérature italienne bat la campagne, faute de pouvoir dire ce qu'elle voudrait, vint encore fournir une idée comique à Altavilla. C'était, je crois, un livre de commentaires sur la mythologie, dans lequel on dissertait à fond sur les Champs-Élysées. Le samedi soir arrivé, don Pancrace et sa vieille épouse se demandèrent si ce paradis des anciens n'était pas sur la terre, et promirent leur fille en mariage à qui les y conduirait. Il va sans dire qu'une conspiration se brasse aussitôt entre l'amoureux, la demoiselle et le Polichinelle, pour tromper les vieux parents. L'un se déguise en Jupiter, l'autre en Mercure, et Pancrace est introduit dans un jardin les yeux bandés. Cependant la servante, qui a écouté aux portes, s'habille en Diane et se présente à l'improviste, accompagnée de marmitons costumés en demi-dieux et qui font un sabbat infernal autour de son char. Les autres divinités, surprises et effrayées, sont mises en déroute; le puissant Jupiter tremble et saute à bas de son trône; Junon tombe la face contre terre, et Mercure s'enfuit au galop, jetant son caducée aux orties. Cela n'avait pas le sens commun, et c'était à mourir de rire.

Beaucoup de ces sujets reposent sur une fumée que le vent emporte. Le charme consiste dans la naïveté du travail, l'absence de prétention, et le talent des acteurs. Lorsque Altavilla veut amener un quiproquo, il n'est jamais embarrassé : l'étourderie de Polichinelle, ou la bêtise de Pancrace, lui fournissent à l'instant la méprise désirée. Avec sa volubilité comique, Polichinelle, interrogé par son maître, répond avant d'avoir entendu la question. Il dira *oui* trois fois de suite, et à la dernière ce sera *non* qu'il aura voulu dire. Don Pangrazio a la langue épaisse ; on est habitué à lui voir prendre un mot pour un autre. Il lui arrivera de dire à sa fille qu'il veut donner un carrosse quand il pense lui promettre une caresse, et voilà un imbroglio qui s'emmanche sur-le-champ.

Ces personnages dont les caractères sont connus du public, ont l'avantage de seconder merveilleusement les intentions satiriques de l'auteur. Par cela seul qu'une classe de la société, un vice, une passion, sont représentés sous le masque du Polichinelle ou la perruque du Pancrace, le ridicule les atteint déjà. Il n'y a plus qu'à parler pour amuser à leurs dépens. Altavilla excelle surtout dans les reproductions de types populaires. Il sait le langage des pêcheurs, des lazzaroni, des femmes du vieux Naples et des gens de la campagne. Leurs faiblesses, leurs superstitions, leurs fureurs, lui fournissent ses meilleures scènes, et le parterre peut en tirer quelque fruit. J'ai entendu un soir des femmes du peuple qui, en se voyant jouées au naturel, un peu étonnées de la fidèle ressemblance, se disaient à l'oreille : « Voilà bien comme nous sommes. » C'était à la première représentation d'une pièce appelée *les Trois don Limon* (don Limon est le nom qu'on donne aux incroyables de bas étage). La scène se passe dans une *locanda* de Portici. La servante et une blanchisseuse sont toutes deux amoureuses du garçon de ce cabaret ; toutes deux se croient aimées ; elles se disputent le cœur du *cameriere* avec l'ardeur et la vivacité napolitaines. Les propos s'enveniment, on se dit des injures et on se menace de coups de couteau. Les deux mégères, nez contre nez, les mains sur leurs genoux, crient de toutes leurs forces : « Je te tuerai si tu me pousses à bout. — Tu seras cause que je ferai un malheur ! » Sur ces entrefaites arrivent les trois don Limon, qui demandent à déjeuner, mangent et boivent, chacun d'eux comptant sur ses camarades pour payer la carte. Au moment de fouiller à la poche, il se trouve que personne n'a d'argent. Le cabaretier n'entend pas raillerie et appelle le commissaire. Alors interviennent la servante et la blanchisseuse, qui demandent grâce au patron pour ces pauvres jeunes gens.

— Vous retiendrez le prix de leur déjeuner sur mes gages.
— Je vous blanchirai votre linge pour rien.

Les deux tigresses, que la jalousie et la rage rendaient si affreuses tout à l'heure, sont au fond de bonnes personnes quand la passion ne les tourmente plus, et Altavilla leur devait cette justice. La leçon était d'autant meilleure que le contraste frappait davantage entre la fureur et le mouvement de générosité. La pièce des *tre Don Limone* n'aura pas été inutile.

Souvent les petits théâtres empruntent des idées à leurs supérieurs, et il peut arriver qu'un sujet froid et sans intérêt devienne amusant quand il change de scène. La troupe des *Fiorentini* avait représenté une comédie intitulée *Après vingt-sept ans*. Altavilla s'empara de la donnée, qu'il transforma en bouffonnerie. Pangrazio a été pris par des corsaires, et retourne à Naples après vingt-sept ans d'absence. Tout est bouleversé dans sa famille. Il y rapporte les habitudes et le langage de son temps, et on se moque de lui. On feint de ne plus comprendre le dialecte napolitain. Donna Pangrazia parle français. Les enfants ne savent qu'à moitié l'italien. Le service de la maison se fait à l'anglaise. Lorsque le bonhomme demande le plat national de macaroni, on lui présente une tasse de thé. Sa bru le critique et le prend à tout propos. Il découvre un complot de femmes de chambre pour lui voler son argenterie. Un aventurier a séduit sa petite-fille et doit l'enlever pendant la nuit. Pancrace est réduit à demander une audience à ses enfants, tandis que sa femme et sa bru sont sorties, et il leur expose ses griefs en termes risibles et touchants. J'ai cru un moment que cette scène allait devenir sublime. Entre les mains de Molière elle n'y eût pas manqué. Malheureusement Altavilla, toujours pressé par le temps, ne fait que des ébauches et passe aussi légèrement sur une belle situation que sur une farce de tréteaux. Le désespoir paternel du pauvre Pangrazio, quoique trop bref, me causa une émotion très vive, car il n'y a rien de plus doux que le mélange du comique et de la sensibilité. Les Italiens n'usent pas assez de cet alliage précieux qui est une des particularités de leur esprit les plus favorables à la bonne comédie. L'*humour* anglaise, que Shakespeare manie avec tant de force, n'a pas le même charme, à cause du levain amer que l'ironie apporte toujours dans la combinaison. Dans la bouche d'Hamlet elle serre le cœur péniblement ; dans celle de Falstaff elle amuse l'imagination et provoque ce gros rire qui fait trembler les larges pectoraux des marchands de la Cité de Londres. Le bonhomme Pancrace vous procure une émotion plus agréable lorsqu'il excite à la fois le rire et l'attendrissement. Parmi les sérénades qu'on fait chanter au Polichinelle sous les fenêtres de sa maîtresse, une phrase sentimentale et imprévue, mêlée aux lazzis, vous touche souvent plus que si elle venait d'un personnage plus sérieux.

De rares éclairs tragiques se font jour par moment, au milieu des farces napolitaines. Ils partent ordinairement de la jalousie ; cette passion aveugle étant l'endroit sensible du public, on tremble et on s'apitoie aussitôt qu'elle entre en scène. Dans la petite pièce du *Marito geloso*, l'exposition montre la femme d'un pêcheur attendant le retour de son mari. Le macaroni fume sur la table, et la fiasque est emplie de vin. La jeune femme s'ennuie de la solitude, mais elle n'ose aller chez ses voisines, car le mari est si jaloux qu'il pourrait la tuer sur un soupçon. Un orage gronde, et l'inquiétude la chasse enfin du logis. Elle court au rivage pour regarder si la barque revient. Pendant ce temps-là, un soldat suisse complètement ivre passe devant la maison, et, trouvant la porte ouverte, il entre, se croit dans une *osteria*, et appelle le garçon. Le souper est servi à point nommé. Il mange le macaroni, vide le flacon de vin, se couche sur le lit et s'endort. Cependant le mari arrive sans avoir rencontré sa femme. Le désordre qu'il voit chez lui est bien fait pour l'étonner. Aussi la jalousie le prend aux cheveux. Il jure de se venger sur les deux coupables, et attend le retour de sa femme le couteau à la main. A Paris, nous aurions ri de sa colère ; à Naples, l'auditoire frissonna de terreur, car on savait de quoi le pêcheur jaloux était capable. Heureusement un dialogue comique vint dissiper cette velléité de tragédie. L'énergie toute napolitaine de la jeune femme la tire d'embarras d'une façon inattendue.

— Que tu est sot ! dit-elle à son mari : si j'avais un amoureux, est-ce que je lui donnerais ton souper ? est-ce que je le griserais pour le mettre sur ton lit à l'heure où tu dois rentrer ? Quand je voudrai te tromper, je te boucherai les yeux avec du mastic, car tu es un lourdaud, et je suis plus fine que toi. Allons, mets ton couteau dans ta poche, puisqu'il n'y a plus rien à manger. Je comprends pourquoi tu as été si maladroit quand tu as fait la cour à la voisine.

Le mari, étourdi par cette assurance et cette bonne logique, reste coi et indécis. Le Suisse s'éveille, fort surpris de se trouver chez des inconnus, et achève de disculper son hôtesse. Tout s'arrange pour le mieux : le pêcheur demande humblement pardon à sa moitié, qui le gronde avec tant de vigueur, qu'on ne sait plus si la leçon est adressée à la jalousie des maris ou à la roideur de caractère des femmes.

Lorsqu'une idée fantastique se présente à l'esprit d'Altavilla, le public napolitain l'admet sans difficulté. Dans la pièce du *Medico e la Morte*, Polichinelle s'est fait médecin, et comme, dans ce métier, il rend à la Mort d'éclatants services, elle veut lui en témoigner sa reconnaissance en lui procurant de la réputation et de l'argent.

— Quand tu entreras dans la chambre d'un malade, lui dit-elle, regarde sous le lit, et si tu vois ma figure, c'es un signe que je veux emporter ma proie. Tu m'aideras de ton mieux, comme par le passé, en administrant des potions et des remèdes ; mais, afin qu'on te prenne pour un habile homme, tu condamneras le sujet en assurant que son mal est mortel. Si, au contraire, tu ne me vois pas sous le lit, c'est que je ne me soucie pas encore du malade et que son heure n'est point sonnée. Alors ne t'avise pas de le médicamenter ni de lui envoyer le chirurgien, car tu m'obligeras peut-être malgré moi à le venir enlever. Donne-lui de l'eau claire, et prends tes remèdes à la *locanda*. Avec des mots latins et de grandes phrases, tu éblouiras les sots et tu feras des cures merveilleuses.

Polichinelle profite admirablement de ce traité d'association. On l'appelle pour un couvreur tombé du haut de la cathédrale. La Mort ne se soucie guère de ce pauvre diable, et le docteur guérit son homme avec un plat de macaroni. Un grand seigneur légèrement indisposé est saisi de frayeur et a recours au célèbre médecin, qui aperçoit la Mort impatiente de charger le fardeau sur ses épaules. Quoique le mal ne semble pas grave, Polichinelle le déclare incurable. Il gorge son patient de drogues, et met en marche tout le corps d'armée de la pharmacie. L'homme expire accablé de soins et entouré de fioles infernales. Les héritiers payent généreusement l'habile docteur, la Mort saisit sa victime, et tout le monde est satisfait.

Pour donner à son associé un spectacle intéressant, la Mort le conduit dans un endroit où sont de petites flammes qui représentent les âmes des personnes vivantes. C'est par ce tableau des habitants de la terre qu'elle juge des gens dont la fin approche et des portes où il convient d'aller frapper.

— Quelle est, demande Polichinelle, cette belle flamme qui brille si fort?

— C'est, répond la Mort, l'âme d'un facchino de Chiaja qui n'a pas de souliers ; le coquin se moque de moi..

— Et celle-ci, qui paraît prête à s'éteindre et vacille comme une bougie de Noël?

— C'est l'âme d'un pauvre homme laborieux, qui s'épuise à un métier pénible et nourrit sa famille à force de se démener.

— *Aïe!* s'écrie Polichinelle, *dov'esser un comico di San-Carlino.* Ce doit être un comédien de San-Carlino.

Le public napolitain, beaucoup plus complaisant que celui de Paris, admet tout ce qu'on veut, pourvu que la pièce soit amusante ; il n'a point comme nous une horreur particulière du fantastique, et ne creuse pas par l'habitude ces ornières profondes où se traînent nos théâtres, et qui mènent tout droit à l'ennui. Nous nous prêterons à cent absurdités puisées dans la vie réelle, et nous opposerons à une idée originale et gaie un faux bon sens têtu et une indocilité misérable d'imagination, au lieu de faire à l'amiable une convention avec l'auteur. C'est que notre désir est bien moins de nous amuser que de nous donner de l'importance, d'exprimer une opinion et de lancer des arrêts, tandis que le seul but du spectateur italien est de jouir.

Pour juger combien il y a de force et de vie dans les acteurs napolitains, il faudrait pouvoir, entre deux représentations de San-Carlino, revenir aux petits théâtres de Paris. Une troupe de comédiens français qui a joué à Naples m'a permis d'apprécier la différence des deux genres. Au théâtre français, le public méridional était plus animé que la scène. L'esprit elliptique de nos plaisanteries passait inaperçu devant ce parterre, habitué à un comique largement taillé. Quand la musique de vaudeville arriva couper le dialogue à chaque instant, et qu'on entendit des voix grêles et fausses parler des simulacres de chansons, l'effet fut si déplorable, que je me serais volontiers caché sous la banquette. Je ne sais quel préjugé soutient l'usage fastidieux de ces couplets, pour lesquels l'art dramatique a une antipathie profonde. C'est un problème que les Napolitains ne comprennent pas, et je n'ai pu le leur expliquer. Si je leur avais dit qu'on emploie ce moyen pour échauffer la scène, ils se seraient moqués de moi. C'eût été leur avouer le refroidissement de notre comédie. La troupe française n'eut pas grand succès à Naples tant qu'elle joua des ouvrages de bon goût, dont on ne sent pas le mérite si on ne connaît pas très bien la langue. On n'amuse point des Napolitains avec de la gaieté microscopique ni de l'esprit alambiqué. Il leur faut une pâture plus solide. Lorsque la troupe exécuta de bons gros mélodrames bien bêtes, elle répara son échec et obtint d'éclatants succès. D'ailleurs les actrices étaient jolies et coquettes ; elles possédaient cette science de l'ajustement et de la grâce étudiée, qui est un mystère pour les Italiens, et la jeunesse napolitaine se montra galante comme elle devait.

Pendant les quarante jours de carême, les masques étant absolument interdits sur les théâtres de Naples, le Polichinelle se change en *Pascariello*. C'est encore un valet fourbe, étourdi, poltron et gourmand, mais moins fantastique que l'autre. Il porte une livrée et ressemble à une espèce de Jocrisse rusé. Ses plaisanteries perdent un peu de leur force par l'absence du demi-masque. Les autres rôles restent les mêmes en toute saison.

L'habitude ancienne et naïve des discours au public s'est conservée à San-Carlino et à la Fenice. Au dernier entr'acte, l'orateur de la troupe se présente entre la rampe et la toile, et annonce le spectacle du lendemain ou les représentations à bénéfice. Autrefois en France l'acteur le plus aimé du public se chargeait de ces discours; à Naples, don Pancrace, qui est homme d'esprit et comique jusqu'au bout des ongles, invente chaque soir, de moitié avec Altavilla, une phrase amusante qu'on attend avec confiance. Le jour de la clôture du théâtre avant la semaine sainte, j'étais à San-Carlino dans la loge d'une dame napolitaine. Don Pangrazio fit son allocution en ces termes :

— Messieurs, j'ai beaucoup d'enfants, qui ont toutes leurs dents, et qui avalent un *rotolo* de macaroni comme si c'était une figue. Ils ont cassé tant de verres à la maison, que je suis forcé de les laisser boire dans le creux de leurs mains. La semaine prochaine, il faudra encore que je les régale avec des œufs de Pâques. Mes camarades et le signor *impressario* veulent bien me secourir en donnant une représentation à mon bénéfice le jour de l'ouverture. Nous jouerons la pièce nouvelle des *Guape*, et je me recommande à votre générosité.

Après avoir prononcé ce discours, l'acteur parcourut la salle, afin de proposer aux personnes de qualité de conserver leurs loges pour la représentation à bénéfice. La famille que j'accompagnais venait de m'avertir de cette visite lorsqu'on frappa doucement à la porte ; don Pancrace parut en costume, ses coupons à la main.

— Vous avez donc réellement beaucoup d'enfants? lui demanda la dame napolitaine.

— *Ah!* excellence, il ne m'en faudrait plus qu'un pour faire la demi-douzaine. Si je pouvais les nourrir en leur donnant le fouet, ils seraient gras comme les truites du château de Caserte.

— Sainte-Marie! reprit la dame. Cinq enfants pour un pauvret comme vous! et moi, qui en désirerais avoir, je n'en ai point.

— Est-il possible, s'écria l'acteur, que le ciel refuse à une belle dame ce qu'il accorde avec tant de prodigalité au pauvre Pancrace! j'en suis pénétré de confusion. Que votre excellence me pardonne ; je ne veux pas avoir un sixième enfant, de peur de lui faire envie.

— Nous garderons notre loge, don Pangrazio. Cela me portera peut-être bonheur. Tenez, voici une piastre.

Pancrace prit l'argent, fit un salut respectueux et sortit.

Je serais revenu bien volontiers voir la pièce des *Guape* (c'est-à-dire des *Fanfarons*), mais avant le lundi de Pâques j'étais parti pour la Sicile, et à mon retour à Naples cette bluette avait disparu comme tant d'autres productions du laborieux Altavilla.

XI

LES MARIAGES DE L'ANNONCIADE

Le 24 mars, veille de l'Annonciation, j'étais allé le matin voir le lac Fusaro, la prétendue tombe d'Agrippine, et toute cette partie des environs de Naples qui avoisine le cap Misène. Une barque me ramenait le soir à la ville, et, selon mon habitude, je faisais causer ou chanter les rameurs. Au milieu des ruines historiques et des noms romains, ces bonnes gens, n'ayant jamais ouvert un livre, ne connaissent que les traditions naïves à la portée de leur intelligence, et dans lesquelles ils font figurer Néron, Tibère ou Lucullus, comme d'anciens propriétaires du château voisin, et *patrons* de leurs grands-pères. Chaque débris de monument a sa légende. On pourrait former de tous ces récits un cours d'histoire récréatif, où l'on verrait quels souvenirs les grands de la terre laissent derrière eux parmi le peuple. Un vieux rameur me racontait une historiette touchant le pont commencé par Caligula, et dont les piliers existent encore. Au dire des marins de Baja, Claude, hésitant à poursuivre l'ouvrage de son prédécesseur, aurait consulté le hasard. A minuit, l'empereur, à table avec ses amis, écouta chanter les coqs de sa basse-cour, et comme les chants furent en nombre pair, désagréable aux dieux, il fut résolu que le travail du pont serait abandonné. En achevant son histoire, le vieux rameur se tourna vers le plus jeune de ses camarades et lui dit :

— Ce signor Claude avait une femme méchante et débauchée qu'il tua d'un coup de couteau. Songe à cela, Matteo, avant de te marier. Si tu prends une femme comme celle du signor Claude, et que tu t'en débarrasses de même, on te mettra aux galères, parce que tu n'es pas un grand seigneur.

— C'est justement, répondit le jeune homme, parce que je ne suis pas un grand seigneur que ma femme ne sera pas méchante. Elle aura trop de besogne pour songer à mal, et d'ailleurs elle sera chrétienne et élevée par des religieuses, tandis que celle du signor Claude n'était pas baptisée.

— Quand vous mariez-vous? demandai-je à maître Matteo.

— Demain.

— Votre fiancée est-elle jolie ?

— Elle le sera, j'espère : je ne la connais pas encore, puisque je vais à l'Annonciade pour lui jeter le mouchoir.

— Vous vous moquez de moi, Matteo?

— Dieu m'en garde! Je vois que votre excellence ne sait pas comment on marie les enfants trouvés à Naples. Si elle veut aller demain à l'hospice des *Trovatelli*, elle y verra toutes les filles bonnes à marier rangées sur une ligne dans la cour. Les pauvres diables comme moi, qui ne savent où trouver une femme, viendront regarder ces jeunes filles et faire leur choix. Nous passerons ensuite à l'église tous ensemble, on nous mariera sur l'heure, et nous emmènerons nos épouses. J'ai acheté un beau mouchoir de toile blanche, que je jetterai à celle qui aura l'avantage de me plaire. Si votre excellence daigne me faire un petit *regalio*, ce sera autant de gagné pour mes frais de noces.

Vers huit heures du soir, dans le salon de la marquise de S..., je causais avec un Français de la cérémonie intéressante qui devait avoir lieu le lendemain à l'Annonciade.

— Il y a ici, me dit-il, une dame napolitaine qui pourrait vous raconter l'histoire d'un enfant trouvé et d'un mariage de ce genre. J'en ai appris quelques détails à bâtons rompus. Faites votre cour à cette dame, et obtenez d'elle un récit complet.

Il se trouva précisément que je connaissais cette personne. Je lui adressai ma prière et lui demandai dans quel moment elle pourrait satisfaire ma curiosité.

— A l'instant même, si vous le voulez, me répondit-elle.

Nous allâmes nous asseoir dans le boudoir chinois de la marquise, et la dame commença en ces termes l'histoire de l'enfant de l'Annonciade:

— Quand vous visiterez l'hospice des *Trovatelli*, ne manquez pas d'examiner la *buca*, que vous appelez en France le tour. C'est une espèce de berceau suspendu au-dessous d'une ouverture ronde dont le diamètre a été calculé sur la grosseur moyenne des enfants de six mois. Le règlement ordonne qu'on accepte tous ceux qui peuvent passer dans cette buca, quel que soit leur âge. Autrefois on y introduisait souvent des enfants de trois ou quatre ans; cet abus a obligé l'administration à rétrécir le tour. Il arrive pourtant encore que des parents ont la cruauté d'y jeter de pauvres victimes en les frottant d'huile et en les poussant avec force, au risque de les meurtrir et de les blesser. A côté de la buca, vous verrez aussi un tronc sur lequel on lit cette inscription: « *Madri che qui ne gettate, siamo racommandati alle vostra limosine.* — Mères qui jetez ici vos enfants, nous nous recommandons à votre charité; » triste avertissement des souffrances qui attendent la créature prête à tomber dans cet abîme. L'hospice reçoit de deux à trois mille enfants par année. Les deux tiers environ meurent en bas âge; l'autre tiers demeure à l'Annonciade jusqu'à sept ans. Quelques-uns sont demandés et emmenés par des hôteliers, des patrons de cabarets, des nourrisseurs ou des cultivateurs, qui viennent chercher à ce bazar des *camerieri*, des valets d'écurie ou des servantes sans gages, dont ils font de véritables esclaves. D'autres enfants plus heureux sont recueillis par des gens dévots ou charitables. A l'âge de sept ans, les garçons vont à *l'albergo dei poveri*, vulgairement appelé le Sérail, où on les fait travailler. Les filles restent à l'hospice. On leur enseigne divers métiers. Les unes se marient le jour de l'Annonciation, comme vous l'a dit votre barcarole de ce matin ; les autres vont exercer quelque profession, et celles qui ont de la piété entrent dans un couvent.

Il y a environ seize ans, la sœur Sant'-Anna, étant de service à la buca pendant la nuit, recueillit une petite fille d'une beauté remarquable. L'enfant paraissait âgée de trois mois, et au lieu de crier comme la plupart de ces pauvres créatures, elle jouait paisiblement avec la coiffe et le voile de la religieuse. Le lendemain, on l'inscrivit sur le livre de l'hospice ; on lui mit au cou, selon l'usage, un cordon scellé avec du plomb, portant le numéro du registre, et on l'appela Antonia, parce qu'elle avait fait son entrée à l'Annonciade le jour de la Saint-Antoine. L'institution des Trovatelli fournit aux petits êtres dont elle se charge le lait d'une nourrice ou d'une chèvre ; mais elle ne peut suppléer à la tendresse d'une mère. Ces enfants, privés du sentiment de la protection maternelle, sont presque tous craintifs et comprimés. L'âge de raison, en leur apportant la connaissance de leur origine, achève d'avilir leur caractère. Quelques-uns seulement, d'un esprit plus fort et plus noble, résistent à l'opprobre et aux mauvais traitements ; ceux-là deviennent farouches. Antonia était du petit nombre de ces enfants indociles et pour cette raison je la crus meilleure que les autres. C'était aussi l'opinion de la sœur Sant'-Anna, qui aimait passionnément sa protégée. Malheureusement la règle de l'hospice et les devoirs de la charité ne lui laissaient pas le temps de s'occuper d'Antonia. L'isolement et la nécessité de se défendre développaient l'énergie de cette petite fille au préjudice de sa sensibilité. Le cœur d'Antonia s'ouvrait pour un instant aux caresses de la bonne religieuse, et se refermait ensuite. Elle s'habitua ainsi à considérer la vie comme un état de guerre perpétuelle, où l'on ne doit pas d'affection aux autres, puisqu'ils ne vous en accordent point.

Il faut maintenant, ajouta la dame napolitaine, que vous me permettiez de vous parler de moi. Après deux ans de mariage, n'ayant pas encore d'enfants, j'étais au désespoir. Je passais mon temps à faire des layettes que j'envoyais aux nouveau-nés de parents pauvres ; j'avais épuisé les messes, les neuvaines et les présents à l'Église ; il ne me restait plus qu'une dernière ressource, la plus efficace de toutes : c'était d'aller à l'Annonciade, d'y choisir une trovatella et de l'adopter. Nos confesseurs nous assurent que ce moyen fléchit le ciel et met fin à la stérilité. Je partis donc un matin pour l'Annonciade. En voyant ces longs corridors sombres, ces murailles nues, ces vastes cours, ce mobilier chétif qui servait à tout le monde sans appartenir à personne, j'éprouvai une profonde tristesse. Mon cœur se serra en regardant ces enfants pour qui la famille était remplacée par une administration, des employés et un règlement. J'aurais voulu pouvoir les adopter tous. Lorsque j'eus annoncé dans quelle intention je venais, on me présenta les petites filles de sept ans les plus estimées des religieuses à cause de leur douceur et de leur docilité. Je cherchais une physionomie qui me plût ; la beauté d'Antonia me frappa au premier coup d'œil. Je demandai pourquoi on ne la mettait pas sur les rangs. On me répondit qu'elle avait une mauvaise tête, ce qui augmenta mon envie de la connaître.

— Mon enfant, dis-je à Antonia, voulez-vous quitter cette maison et venir demeurer avec moi ? Je vous aimerai et j'aurai soin de vous.

— Signora, répondit la petite, on vient ici tous les jours chercher des enfants dont on fait des servantes, et moi je ne veux pas servir.

— Voyez quel orgueil ! s'écrièrent les religieuses.

— Vous ne serez pas servante, repris-je ; vous serez ma fille.

— Alors, je le veux bien ; mais à condition que vous me ramènerez quelquefois voir la sœur Sant'-Anna.

Dans ce moment la sœur Sant'-Anna parut. Elle devina ce qu'il arrivait et saisit l'enfant dans ses bras :

— Tu vas suivre la signora, dit-elle en pleurant. La madone exauce mes prières. Tu seras heureuse, mais je te perds.

— *Oibo!* s'écria Antonia, je suis plus fine que vous ne pensez. Je ne partirai point si la signora ne veut pas promettre de me ramener vous voir. Vous allez me dire si elle promet comme il faut et si nous pouvons la croire.

Je donnai ma parole de manière à satisfaire l'enfant et la religieuse. La sœur Sant'-Anna, toujours pleurant, me baisa les mains en me recommandant sa fille chérie. Antonia monta résolument dans ma voiture et nous partîmes. Je n'ai pas à me reprocher d'avoir manqué de soins pour cette petite fille, ni d'avoir négligé son éducation. J'y attachais d'ailleurs une idée que vous pouvez appeler superstitieuse. Il fallait qu'Antonia fût heureuse et bonne. Son esprit indépendant ne m'effraya pas d'abord. Ce n'était encore que de l'espièglerie. Elle se querellait avec ses maîtres et n'obéissait qu'à moi ; ce respect me toucha, mais j'aurais voulu gagner autant d'amitié que de soumission, et j'y réussissais mal. Sans avoir un naturel antipathique, elle était peu disposée à la tendresse. Je l'en aimai davantage par un travers que je ne saurais expliquer. Son intelligence, son babil d'enfant, ses espiègleries, et ses observations moqueuses sur les habitués de la maison, me divertissaient extrêmement. Je la transformai tout de suite en fille de bonne maison. Il ne lui resta de sauvage que son horreur pour les chaussures. Quant aux corsets, elle n'en voulut jamais entendre parler.

Un jour, elle s'emporta contre son maître d'écriture et elle l'appela sot animal ; c'était la vérité, mais le maître se fâcha et voulut la battre. Elle lui jeta une écritoire au visage. Voilà des cris, des plaintes et un grand vacarme. Je parvins à garder mon sérieux devant le masque noirci du maître, et je grondai très sévèrement. La petite écouta ma réprimande sans oser murmurer, puis elle s'écria tout à coup : *Guai à me!* (malheur à moi !) et elle disparut. On la retrouva au bout de vingt-quatre heures, blottie dans le fond d'un grenier, s'imaginant qu'elle pourrait y vivre de rapines, sans jamais en redescendre. Cette première incartade me fit réfléchir ; je comprenais que je voulais apprivoiser une hirondelle, et la difficulté m'excita davantage à poursuivre l'entreprise.

A treize ans, la beauté d'Antonia s'épanouit subitement comme la fleur d'un cactus. A son air exalté, je devinai que la nature deviendrait bientôt plus puissante en elle que ses faibles principes. Elle ne regardait plus les jeunes gens avec les yeux d'un enfant, et, pour la soustraire aux dangers, je l'emmenai avec moi à Sorrente, où je louai une maison sur le bord de la mer. Antonia s'y trouva fort heureuse, et put à son aise courir pieds nus dans le jardin. Au bout de ce jardin était un bosquet d'orangers en forme de terrasse, et situé au-dessus d'une ruelle où des âniers attachaient leurs ânes. Parmi eux il y avait un jeune garçon d'une figure aimable et dont les filles de Sorrente étaient fort occupées. On l'appelait Meneghe par abréviation de Domenico. Les voyageurs qui voulaient traverser la montagne et aller à Amalfi le choisissaient pour guide à cause de son visage honnête, de ses jambes infatigables, et de son répertoire de chansonnettes dont il savait tirer parti pour amuser la compagnie pendant le trajet. Il ne possédait au soleil qu'un âne nourri de l'herbe des chemins, deux caleçons de toile, un bonnet de laine et un antique manteau qui avait servi à ses ancêtres depuis trois générations. Avec cela, il était plus heureux que Lucullus, faisait la cour à toutes les jeunes filles, et marchait le poing sur la hanche, comme si le roi eût été son cousin.

Antonia s'arrêtait souvent au bosquet d'orangers ; la première fois qu'elle vit Meneghe passer dans le chemin creux, elle cueillit une orange qu'elle lui jeta sur l'épaule, puis elle s'enfuit. Le lendemain, elle recommença le même manège, et, au lieu de s'enfuir, elle regarda le petit ânier en riant. Meneghe ôta son bonnet, fit un salut, et dit à la signorina :

— Bénie soit la main qui me régale !

Et il se mit à manger l'orange. Ce fruit-là, dont une douzaine vaut trois balocs à Naples, n'a, pour ainsi dire aucun prix à Sorrente : Meneghe eut l'adresse de considérer le présent comme une faveur inestimable. Il assura, dans le style poétique des gens de ce pays, que le suc en était du *miele d'amore*, et il demanda une autre orange.

Vous savez qu'on donne ici aux ânes le nom de *ciucco*, et au conducteur celui de *ciucciaio*; ce sont des mots comiques prononcés à l'italienne et qui seraient barbares avec la prononciation française. Tandis qu'Antonia cueillait une seconde orange, Meneghe lui dit :

— Votre excellence m'honore infiniment ; mais si elle veut combler de joie le pauvre *ciucciaio*, je la supplie de me mettre l'orange dans la main, comme à un signore cavallière, au lieu de me la jeter comme à un chien.

En parlant ainsi, l'ânier monta sur une borne, d'où il atteignait au sommet du mur. Antonia lui présenta l'orange ; alors Meneghe, saisissant la jeune fille par le bras, tira fortement et lui appliqua sur les lèvres un baiser sonore et profond.

— Traître ! s'écria la petite, tu n'auras plus d'oranges, et je te punirai en demandant à la madone de te faire tomber à la conscription.

— Ah ! malheureux que je suis ! dit le garçon en s'arrachant les cheveux ; je serai donc soldat ! J'irai à la guerre, c'est fini de moi : je recevrai une balle dans la tête. Hélas ! excellence, ayez pitié du pauvre *ciucciaio*.

Et il s'agenouillait dans la poussière en faisant mille contorsions.

— Non, répondit la jeune fille, tu tomberas au sort. La

madone m'accorde tout ce que je lui demande, et tu as mérité d'être puni.

— Eh bien ! je périrai pour une belle signorina. J'aurai du moins embrassé une personne vêtue comme une princesse, et si elle veut me dire son nom, je la bénirai encore en rendant le dernier soupir.

— Va, tu es un coquin. Je m'appelle Antonia.

— Antonia, Antonia, Antonietta, Antoninetta, Nantina ! Oh ! le cher petit nom ! je le répéterai toute la journée avec tant de bénédictions et de prières, que saint Dominique, mon patron, apaisera le courroux de la madone.

Là-dessus Meneghe chanta d'une jolie voix de ténor la chanson populaire de la *Cannetella*, en y mêlant le nom d'Antonia. Ma fille adoptive avait elle-même une belle voix de contralto, et je lui avais donné d'excellents maîtres de musique. Au second couplet, elle accompagna le chanteur à la tierce, et sa colère se trouva fort diminuée à la fin du morceau. Ils se séparèrent meilleurs amis qu'Antonia ne voulait l'avouer. Depuis ce jour elle revenait tous les matins au bois d'oranger, et passait une heure en tête-à-tête avec le petit ânier.

— Si tu ne veux pas chanter, lui disait-elle, tu tireras un mauvais numéro à la conscription.

Le garçon n'avait garde de refuser, car il croyait au crédit de la jeune fille auprès de la madone, et bientôt cette espèce de bonne fortune avec une demoiselle de qualité lui tourna un peu la cervelle. Malgré les inclinations populaires que le sang d'Antonia révélait, tout ceci m'eût semblé pardonnable, sans une circonstance dont je dois vous instruire. Je destinais la main de ma protégée à un jeune homme plus laborieux que riche, mais d'un bon caractère. J'avais placé ce jeune homme dans un ministère où il avait déjà deux cents ducats, c'est-à-dire neuf cents francs d'appointements, et le titre de *consulta stato*. Il venait nous voir assidûment à Sorrente le dimanche et les jours de fête. Antonia savait mes intentions, trouvait ce prétendu à son goût, demeurait des journées entières avec lui, faisant des projets de bonheur, chantant des duos, offrant des fleurs à son futur avec la même grâce qu'elle mettait à régaler Meneghe de mes oranges. Un jour, le bon Jérôme Gotti, c'était son nom, entra chez moi le visage tout bouleversé, les yeux inondés de larmes. Il avait fait la route de Castellamare à Sorrente en compagnie du jeune ânier, qui venait de lui raconter son intrigue amoureuse tout en cheminant. Le chagrin suffoquait le pauvre Geronimo ; mais son orgueil prit le dessus, et il déclara nettement qu'il rompait pour la vie avec une personne indigne de lui. Je ne pus réussir à le calmer ; il partit désespéré, sans rien vouloir entendre et sans revoir Antonia. J'appelai aussitôt ma fille. Elle ne s'abaissa pas au mensonge, et m'avoua ses fautes avec une candeur qui m'épouvanta.

— Enfin, lui disais-je, lequel des deux aimais-tu ?

— *Tutti due !* me répondit-elle ; tous les deux.

— Ainsi, tu aurais épousé Geronimo ayant de l'amour pour ce Meneghe ?

— *Si, signora.*

Il me fallut lui expliquer ce qu'il y avait de coupable dans ses sentiments, encore ne suis-je pas certaine qu'elle l'ait compris. Elle pleura de mes reproches plutôt que de honte ou de regret. La colère s'empara de moi.

— Malheureuse ! m'écriai-je, songe au cachet de plomb que tu portes encore à ton cou, et rappelle-toi d'où je t'ai tirée.

— Oui, répondit-elle, je ne suis qu'une trovatelle, et, si vous l'ordonnez, je suis prête à retourner à l'Annonciade.

Je l'envoyai dans sa chambre, et je restai à pleurer et à implorer la madone, qui n'avait pas agréé mes offrandes ni mes sacrifices.

— Comment voulez-vous, disais-je le lendemain à Antonia, qu'on vous cherche un mari, si vous montrez des inclinations aussi mauvaises ?

— Puisque vous pensez que je ne mérite pas d'être mariée, répondit-elle, je me résignerai à demeurer fille.

— Assurément vous n'épouserez pas un misérable ânier, ou bien nous nous séparerons.

— Je ne veux rien faire contre votre gré ; j'aime mieux renoncer à Meneghe que de vous déplaire.

Le petit ânier avait des prétentions. Ces souvenirs m'agitent encore trop dans ce moment pour que je puisse vous raconter la scène burlesque qu'il vint me jouer en demandant intrépidement la main de ma fille adoptive. Je le menaçai de coups de bâton, et il s'esquiva.

En face de ma maison de campagne était une chaumière habitée par une jeune orpheline d'une rare beauté ; elle s'appelait Angelica, ce dont on faisait Cangé, car il faut toujours raccourcir ou modifier les noms dans ce pays-ci. C'était une vraie Sorrentine, brune, élancée, d'une physionomie sérieuse, avec des bras d'ivoire et des yeux démesurés. Elle ornait sa misère avec un collier de graines de sorbier, un chapelet de noisettes et une coiffure de feuilles de myrte. Au rebours du précepte, elle ne faisait rien pendant la semaine que rêver à sa fenêtre, et le dimanche elle sortait de son apathie pour danser des tarentelles à se briser les jambes. Meneghe vint à passer par là, et soit inconstance, soit envie de braver les rigueurs d'Antonia, il se mit en frais pour la voisine. Je voulus montrer à ma fille adoptive l'insolence de son amoureux ; elle me répondit qu'elle l'avait déjà remarquée, d'un air si indifférent que je la crus trop fière pour être jalouse. Un matin, elle me demanda la permission d'envoyer à Angelica une corbeille de nos meilleurs fruits. Cette vengeance me sembla fort noble, et je n'eus garde de m'y opposer. La voisine vint remercier Antonia, et s'en acquitta parfaitement, avec cette grâce et cette effusion touchante que donne la reconnaissance. On s'embrassa cordialement. Les deux jeunes filles voulurent parcourir ensemble le jardin. Je les vis s'enfoncer sous les arbres, les bras entrelacés et appuyées sur l'épaule l'une de l'autre. Tout à coup j'entendis un cri d'angoisse qui me fit frémir. Antonia revint seule. Elle était émue ; ses mains tremblaient, et ses yeux avaient une expression sinistre que je n'oublierai jamais.

— Malheureuse ! lui dis-je, qu'avez-vous fait de cette jeune fille ?

— *E annegata*, me répondit-elle.

Je devinai ce qui s'était passé. Au fond du jardin se trouvait une citerne dans laquelle Antonia venait de précipiter sa rivale. J'appelai mes domestiques et je courus avec eux au secours. L'eau n'était pas profonde. Angelica fut retirée évanouie, mais non noyée, et nos soins la rétablirent en quelques heures. La Sorrentine n'était pas fille à pardonner. Sa première pensée en revenant à la vie fut la vengeance.

— Je lui rendrai cela, disait-elle, et je tâcherai de ne pas manquer mon coup.

De son côté, Antonia, au lieu de se repentir, n'écoutait que la jalousie, et répétait qu'une autre fois elle s'y prendrait mieux. Je délibérai entre deux partis : dénoncer le crime à la justice, ou abandonner Antonia et la rejeter dans la classe abjecte d'où elle n'eût jamais dû sortir. Mon esprit repoussait un troisième parti, celui de poursuivre ma tâche et de chercher encore à apprivoiser cette nature sauvage ; mais l'idée m'en vint bien vite, car cette méchante fille portait en elle je ne sais quel charme vainqueur qui triomphait de mon indignation. S'il était possible de la sauver, nul autre que moi ne le pouvait, et d'ailleurs j'avais pris l'habitude de l'aimer ; j'essayais en vain de m'en défendre. Dans ma perplexité, j'envoyai un exprès à Naples avec une lettre pour la sœur Sant'Anna. La bonne religieuse accourut à Sorrente. Aussitôt qu'Antonia aperçut ce visage sévère, ce voile noir et cet habit respectable, son cœur de pierre s'amollit comme celui de Coriolan à l'aspect de sa mère ; elle tomba sur ses genoux et fondit en larmes. Après une conférence de trois heures, la sœur Sant'Anna conduisit la coupable devant moi. La pauvre enfant, suffoquée par les sanglots, essaya de prononcer une phrase de repentir, et resta court. Ses traits bouleversés par tant de secousses, et ses yeux gonflés me firent pitié ; elle étendit ses bras vers moi, j'ouvris les miens et la paix se trouva signée au milieu d'un nouveau déluge de pleurs.

L'idée me vint alors qu'en élevant cette pauvre fille au-dessus de sa condition et en voulant lui imprimer des sentiments qu'elle ne pouvait comprendre, je la rendais plus malheureuse qu'elle n'aurait dû l'être. Ne valait-il pas mieux en faire la femme d'un ânier que de l'exposer à commettre un crime? Cette pensée changea mes résolulutions. J'envoyai chercher Meneghe ; il arriva tremblant de de tous ses membres, comme si on l'eût mené à l'échafaud. Quand je lui annonçai mon intention de lui accorder la main de ma fille, il s'imagina qu'on le mystifiait de la manière la plus cruelle avant de le punir. Cependant sa défiance fut vaincue lorsque je lui mis dans la main une bourse garnie de grosses piastres sonnantes, en lui commandant de revenir le lendemain, propre et vêtu comme un signor, pour sa visite de présentation. Il me répondit avec un calme diplomatique et majestueux qu'il se conformerait à mes ordres, et sortit à reculons après trois saluts grotesques, en imitant les airs d'un homme comme il faut. Je le vis ensuite, par la fenêtre, bondir dans le chemin, faire la roue, et se jeter à plat-ventre dans un tas de poussière pour compter son argent.

Meneghe revint le lendemain, vêtu d'un immense habit de jardinier et d'une vieille culotte de velours, chaussé de souliers en peau de buffle jaune, sans bas, et coiffé d'un large chapeau de paille, avec une cravate rouge et un gilet à fleurs. Le dormeur éveillé n'était pas plus content lorsqu'il se croyait calife. Dans ce moment Antonia parut. Elle débuta par éclater de rire au nez de son amoureux; mais l'attendrissement nous prit en le voyant rire lui-même d'aussi bon cœur que nous.

— Que vos seigneuries ne s'effrayent pas, dit-il, et qu'elles daignent encourager mes premiers essais. Je perdrai mes façons d'ânier, et avec un peu de patience on me transformera bientôt en gentilhomme.

Antonia se réjouit fort à l'idée de faire l'éducation de ce

pauvre garçon, et tous deux me baisèrent les mains en m'accablant de remerciments. Au bout de trois jours, les progrès de Meneghe étaient déjà sensibles. Sa toilette avait subi de grandes améliorations : sa charmante figure, son envie de plaire et l'ivresse de son bonheur finissaient par m'entraîner. Jugez de ma surprise lorsqu'un matin Antonia vint s'asseoir au bord de mon lit et me déclarer sans hésitation qu'elle ne voulait point épouser Meneghe.

— As-tu résolu de me faire tourner la tête ? dis-je avec colère. Quel est ce nouveau caprice ?

— Ce n'est pas un caprice, répondit-elle. Je croyais aimer cet ânier ; j'ai réfléchi, et je sens que je me trompais.

— Mais tu n'étais donc pas jalouse de la Sorrentine ?

— Très jalouse, au contraire ; c'est la cause de mon erreur. Hélas ! signora, je ne vous souhaite pas de connaître la jalousie. A présent qu'elle est passée, je vois que c'était ma seule maladie et que l'amour n'existait pas.

En apprenant sa ruine, Meneghe tomba la face contre terre. Il se releva ensuite, et demanda d'une voix lamentable s'il n'y avait plus de remède.

— Aucun remède, lui dis-je.

— Alors, s'écria-t-il, n'y pensons plus, car je ne veux pas devenir fou. Je retourne à mon *ciuccio*. Faut-il rendre à votre seigneurie tous mes beaux habits ?

— Non, ils sont à toi.

— Ils valent beaucoup d'argent, ce sera pour me *bonne-main*. Mille grâce à votre seigneurie.

Le soir même il avait vendu sa garde-robe, et se tenait en caleçon de toile sur la place du village, offrant son âne aux promeneurs. Il ne lui resta de sa fortune d'un moment que le sobriquet de *don Limone*, dont ses confrères le gratifièrent à perpétuité. On n'oubliera jamais à Sorrente sa culotte de velours et son gilet citron.

Afin de mettre une conclusion plus sûre aux amours de Meneghe, je retournai à Naples avec ma fille adoptive. Elle y passa l'hiver au milieu d'une société aimable, fort courtisée par des jeunes gens qui auraient dû lui plaire, et dont elle recevait les hommages avec une brusquerie et une humeur rétive qui éleva plus d'une querelle entre nous. En revanche, lorsque je la promenais en barque sur la mer, elle engageait des conversations avec les rameurs, leur adressait des œillades et se mettait en frais de coquetterie, à mon grand déplaisir. Un dimanche, à l'église de Santa-Chiara, nous vîmes qu'on célébrait une messe de mariage dans une des chapelles latérales. Avec ses yeux de lynx, Antonia reconnut son ancien amoureux Geronimo, conduisant à l'autel une jolie personne coiffée du voile des épousées.

— Le traître ! s'écria-t-elle, il se marie ! Cela prouve bien qu'il ne m'aimait pas.

— Si l'un de vous deux a trahi l'autre, lui dis-je, ce n'est pas le pauvre Geronimo, et s'il ne t'aimait point, cela est fort heureux pour lui. Voudrais-tu qu'il restât garçon toute sa vie ?

— Je n'en serais pas fâchée.

Antonia sortit de l'église dans une rêverie profonde. Je pensai qu'elle faisait des réflexions sur sa folle conduite, mais je découvris bientôt qu'une nouvelle folie la tourmentait. Le soir, elle me pria sérieusement de la marier tout de suite, fût-ce avec un barcarole. Je lui imposai silence et la menaçai de la mettre au couvent. Il paraît que ce mot de couvent lui inspira une frayeur terrible, et qu'on l'entendit gémir et pleurer pendant la nuit. Le lendemain, à l'heure du déjeuner, Antonia ne descendit point. Je l'envoyai appeler ; on vint me dire qu'elle n'était pas dans sa chambre. Mes gens assuraient qu'ils ne l'avaient pas vue sortir. On trouva enfin une fenêtre du rez-de chaussée ouverte ; les souliers d'Antonia, déposés au pied de cette fenêtre, éclaircirent mes doutes, car cette étrange fille saisissait toutes les occasions de courir sans chaussure avec un habillement de femme du peuple qu'elle s'était composé elle-même. Voici ce qui arrivait :

Nous étions au jour de l'Annonciation. Antonia, égarée par la crainte du couvent et l'envie de se marier, s'était souvenue de la cérémonie de l'Annonciade et de ses droits d'enfant trouvé. Elle avait pris la fuite, vêtue de son costume populaire. Par malheur, la sœur Sant'-Anna n'était pas à l'hospice quand elle y entra. Le cachet de plomb qu'Antonia portait encore à son cou lui servit à se faire reconnaître pour une trovatella. On lui permit de se ranger parmi les filles à marier, et lorsqu'elle parut dans la cour de l'hospice, les épouseurs, frappés de sa beauté, applaudirent en s'écriant:

— Bénie soit la mère qui l'a mise dans la *buca!*

Tous voulaient avoir la charmante trovatella. Deux garçons lui jetèrent en même temps le mouchoir, l'un, barbier à Fuori-di-Grotta, l'autre, *macaronaro* à Portici. Une bataille en serait résultée, si on n'eût apaisé les prétendants en laissant le choix à Antonia. Elle donna la préférence au petit barbier, et à midi tous les mariages furent célébrés à la fois dans l'église de l'Annonciade.

J'attendais à ma fenêtre, dans une anxiété cruelle, qu'on m'apportât des nouvelles de la fugitive, lorsque je vis deux calèches de place accourir au galop, remplies de lázzaroni, de cornemuses et de tambours de basques. C'étaient les époux, entourés de leurs amis, qui venaient me faire leurs soumissions. Antonia conduisait la troupe joyeuse.

— Signora, me dit-elle, je n'oublierai jamais que vous m'avez aimée comme votre enfant; mais je n'étais pas digne de tant d'honneur. Je ne suis qu'une pauvre fille du peuple, incapable de me former aux bonnes manières, de suivre votre exemple et de répondre comme je le devrais à tous les soins que vous avez pris pour mon éducation. Je rentre dans le peuple en acceptant un mari de l'Annonciade, et quand je serai méchante ou jalouse, on ne s'en étonnera pas. Pardonnez-moi ma dernière sottise ; si j'en commets d'autres à présent, mon mari, qui est un homme robuste, saura bien me corriger à la façon de ses pareils.

La chose étant faite, il n'eût servi à rien de me mettre en colère. Je donnai quelques avis maternels à l'épousée, qui me promit d'avoir toujours pour moi le respect d'une fille, et puis je l'embrassai en lui offrant un présent de noce. Une distribution aux conviés termina la séance. On remonta dans les voitures aux cris de : Vive la signora ! vive la reine des trovatelles ! et on s'en alla danser sous une treille.

Depuis ce jour, Antonia n'a plus connu le désœuvrement, véritable cause de ses fautes. Elle se lève de grand matin, travaille comme une bête de somme, et au bout de deux ans de mariage, elle est enceinte de son troisième enfant. Lorsqu'elle tourmente son mari, les querelles se terminent par des coups ; ces petits orages passagers sont des crises favorables après lesquelles Antonia devient douce comme un agneau. Quant à moi, j'en suis pour mes peines, mes bienfaits et mes frais de tendresse, dont la madone n'a pas voulu me récompenser, sans doute, hélas ! parce que je l'aurai offensée de quelque autre manière.

C'est ainsi que la dame napolitaine termina l'histoire de la fille de l'Annonciade.

A la fin du mois de mai, à mon retour de Sicile, je me trouvais un jour pour la seconde fois dans le village de Sorrente, et je ne pensais plus à la trovatelle Antonia, ni à son mariage pittoresque. Les âniers me persécutaient avec leurs offres de service. Autant j'aimais cette monture simple parmi les paisibles Siciliens, autant il me répugnait de m'en servir dans les environs de Naples, à cause des procédés impitoyables du *ciucciaio* pour le malheureux serviteur qui lui gagne son pain. L'âne est le plus vertueux des domestiques, le plus modeste et le plus résigné ; on le paye de toutes ses belles qualités en l'assommant ; on l'accable de besogne, et on le laisse mourir de faim. Avec la race de Caïn qui habite la terre, la patience, la douceur et la sobriété ne font qu'attirer les mauvais traitements, les coups et la misère. Ma conscience n'était pas tranquille quand j'avais été cause de quelque iniquité à l'égard d'un animal. Cependant le nom de Meneghe, prononcé dans le groupe des âniers, réveilla mes souvenirs, et afin de parler à l'ancien amoureux d'Antonia, je montai sur son âne, après avoir fait un marché avec lui pour aller déjeuner à Massa-

Meneghe témoigna d'abord de la répugnance à revenir sur ses aventures, et j'en augurai bien, dans l'idée qu'il aimait encore sa maîtresse infidèle. La promesse d'un *regalio* lui délia la langue. Il me raconta ses amours d'une manière risible, à son point de vue de paysan. Je lui demandai si cette affaire lui avait laissé beaucoup de regrets, et il soupira sans vouloir répondre.

— Ce garçon-là, pensai-je, doit avoir le cœur sensible.

En arrivant à Massa, je déjeunai sous un berceau de vignes, tandis que Meneghe mangeait dans la cuisine de la *locanda*. Lorsque je revins d'une promenade à pied pour reprendre mon âne, je m'aperçus que la pauvre bête n'avait eu d'autre nourriture qu'un peu d'herbe sèche couverte de la poussière du chemin. Je reprochai à Meneghe sa négligence et sa cruauté.

— *Anzi*, me répondit-il, *a ben fatto la colazione;* bah! il a fait une bonne collation.

Je remontai sur l'âne avec la conscience agitée et de nouveaux doutes sur les bons sentiments du *ciucciato*.

— Écoute-moi, lui dis-je tout en cheminant, pourquoi ne te maries-tu pas?

— *Gnor*, répondit-il dans son dialecte original, *non trovarrò n'Antonia*.

— Tu ne trouveras pas une Antonia, c'est vrai; mais que n'épouses-'u Angelica?

Il leva les yeux au ciel, et fit claquer sa langue contre son palais, ce qui voulait dire non.

— Et pourquoi, repris-je, ne veux-tu pas te marier?

Meneghe tenait à la main un bouquet de fleurs, il me l'offrit pour rompre l'entretien.

— Il faut me répondre, poursuivis-je; est-ce que tu aimes encore Antonia?

Meneghe saisit l'âne par la queue en poussant un cri sauvage, et l'infortuné animal fit une traite d'une lieue au galop, toujours harcelé par son maître. Je retournai ainsi promptement à Sorrente. Arrivé sur la place, je renouvelai mes questions.

— *Gnor*, répondit enfin Meneghe, *è fenutto pe me.*

— Je te donnerai deux carlins de plus, lui dis-je alors, si tu me parles sincèrement ; pourquoi dis-tu que tout est fini pour toi ?

— *Pecchè trovarrò na moglie, maje danaro e giubbettino colle sciure.* Parce que je trouverai bien une femme, mais jamais d'argent ni de gilets à fleurs.

C'était sa belle toilette qui lui tenait au cœur.

XII

LA SICILE — MESSINE — CATANE — SYRACUSE
UNE JEUNE MISS

J'ai toujours admiré ces Anglais qui parcourent le monde sans s'attacher aux gens ni aux choses. La vie est pour eux comme une lanterne magique, et par une juste réciprocité ils ne sont pour les autres que des ombres chinoises. C'est ainsi qu'ils remplissent avec exactitude leur but d'être seulement des gentilshommes anglais qui voyagent ; et comme cet avantage ne leur échappe jamais, je les crois parfaitement heureux. Nous autres fous de Français, nous sommes à peine arrivés dans une ville, que nous perdons de vue le but proposé. Nous sommes touchés de la bienveillance qu'on nous témoigne ; nous faisons amitié avec les gens, et, Dieu me pardonne ? nous allons quelquefois jusqu'à nous brûler aux flammes d'une paire de beaux yeux. Alors nous manquons à l'itinéraire réglé d'avance ; nous séjournons six mois où l'on ne doit rester que huit jours, et quand il faut absolument partir, nous avons le cœur serré, la larme à l'œil, et nous oublions à l'auberge notre manteau de caoutchouc.

Ainsi ai-je fait le 8 avril 1843, lorsque je suis monté à cinq heures du soir sur le bateau *le Mongibello*, qui partait pour Messine par un temps magnifique. Le soleil s'abaissait vers l'île de Procida ; le Vésuve se colorait de rose, et portait sa fumée sur l'oreille comme un plumet. La Méditerranée, vêtue de sa robe d'indigo dont les plis semblaient légers comme ceux de la mousseline, n'avait pas la force d'effacer le large sillage du bateau. Déjà les maisons, de Portici à Chiaia, n'offraient plus qu'une ligne confuse, tandis qu'on voyait plus distinctement sur la rive opposée les villas, les clochers et les bois d'orangers de Sorrente. *Le Mongibello* marchait droit et vite vers le détroit formé par les rochers de l'île de Capri. Nous étions une trentaine de passagers, la plupart assis et immobiles, occupés à dire un adieu tacite à cette baie de Naples si belle et si fatiguée de louanges. Près de moi se trouvait un Anglais herculéen qui poussait de gros soupirs.

— N'est-il pas vrai, Monsieur, lui dis-je, qu'on ne peut s'éloigner de ce pays sans éprouver des regrets ?

Le colosse me répondit qu'il craignait beaucoup la mer, et que déjà il était souffrant.

— Il faut espérer que cela passera, repris-je ; le meilleur préservatif que je connaisse, c'est de dîner copieusement et de boire un peu plus de vin qu'à l'ordinaire.

Ce conseil plut beaucoup à mon voisin, dont j'avais rencontré par hasard le point sensible. Il me proposa de vider avec lui quelques verres de marsala, madère de la Sicile, et dont les bateaux à vapeur de l'Italie sont toujours approvisionnés.

A l'arrière du *Mongibello* était une galerie élevée sur laquelle une jeune fille se promenait seule depuis notre sortie du port. A la mise, à la blancheur de la peau et à l'expression un peu froide de la physionomie, il était aisé de la reconnaître pour une Anglaise. Des traits d'une finesse exquise, des cheveux blonds dont le zéphyr de l'Afrique s'amusait à déranger les boucles, une taille de sylphide enveloppée d'un burnous en étoffe légère, et je ne sais quoi de transparent et d'aérien répandu dans toute sa personne, faisaient de cette petite miss une créature vraiment poétique. Je m'étonnais de la voir ainsi seule, et je cherchais une famille parmi les passagers, mon énorme voisin lui cria dans sa langue :

— Vous ne venez pas vous asseoir, Nancy ?

Miss Nancy répondit qu'elle préférait se promener. La découverte que je venais de faire me donna plus de courage pour causer avec le père sur la supériorité des vins de Portugal et l'excellence de ceux d'Espagne. Cependant la promenade de la demoiselle ne finissait pas. Heureusement deux Calabrois, noirs comme des taupes et couchés au milieu des bagages, se mirent à regarder la jeune miss avec un air d'étonnement et d'admiration dont elle s'aperçut.

— Par Bacchus ! s'écria l'un d'eux, elle est gracieuse comme un ange, cette signorina.

— Béni soit le sein qui l'a portée ! s'écria l'autre.

Miss Nancy ne savait pas que l'expression de *signorina*, qui ressemble à une familiarité, est au contraire un témoignage de respect dans le sud de l'Italie. Elle ne comprit pas non plus que la bénédiction donnée au sein de sa mère était une citation des Psaumes. Le compliment la fit rougir ; elle vint s'asseoir à côté de son père. J'eus alors le loisir d'apprécier toute la raison et le sens délicat avec lesquels elle parlait de la meilleure manière de préparer le thé et de perfectionner les *sandwich*. La cloche du dîner interrompit une conversation qui me captivait entièrement ; mais je fus placé à table auprès de la signora, et je retombai sous le charme que ses lèvres roses ajoutaient à son esprit et à son savoir.

Le repas fut animé. Tous les convives demandèrent du marsala, et mon gros Anglais se gorgea si bien de cette boisson capiteuse, qu'il devint violet comme une tulipe. Quand nous remontâmes sur le pont, les dernières lueurs du crépuscule doraient encore les montagnes. Nous passions le détroit. A notre gauche les rochers de Massa s'élevaient en ligne perpendiculaire comme une muraille.

énorme, et sur la droite des rochers pointus et dentelés de Capri représentaient des églises fantastiques enchevêtrées les unes dans les autres. Nous quittions le golfe de Naples pour rentrer dans celui de Salerne. Les côtes de la Calabre serpentaient à perte de vue, et la lune éclairait quelques sommets élevés coiffés par la neige. En face de nous, les regards se perdaient dans un horizon sans bornes. Il y avait quelque chose de menaçant dans cette entrée subite en pleine mer. La nuit et l'immensité se présentaient ensemble et *le Mongibello* avançait intrépidement, désignant le but de son voyage avec l'index toujours étendue de son mât de beaupré. Mon gros Anglais lui-même reçut une espèce d'impression. La jeune miss s'écria qu'elle aimait les voyages, et nous causâmes avec plus d'abandon qu'auparavant. Mademoiselle Nancy allait à Malte avec son père pour en ramener une tante qui revenait de Constantinople ; mais comme cette tante devait faire une quarantaine de vingt et un jours, on avait le temps de visiter la Sicile. Le père était un fabricant d'armes à feu de la Cité de Londres. Un commis habile dirigeait les affaires en son absence, et il voyageait pour voyager. Après avoir rejoint sa sœur à Malte, il voulait revenir tout droit à Marseille, traverser Paris, et retourner ensuite à Londres, afin de chercher un mari pour sa fille. La petite miss dit timidement qu'elle préférait demeurer un an de plus en Italie ; à quoi le père répondit avec un sans-froid imperturbable qu'il voulait tout de suite marier *son* fille. La jeune personne garda le silence, et je ne manquai pas de comprendre le malheur de cette créature tendre et romanesque, condamnée à subir le despotisme d'un père brutal et fabricant.

Cependant *le Mongibello*, satisfait de se trouver en pleine mer, commençait à s'emporter et à bondir gaiement sur le dos des vagues, baissant et relevant sa croupe comme un bon cheval de course. L'influence salutaire du marsala étant dissipée, mon Anglais s'essuyait le front avec son mouchoir.

— Je me sens mal, dit-il ; restez si vous voulez, Nancy. Je vais me mettre sur le lit tout de suite.

Et il disparut par l'escalier avec l'empressement fiévreux que donnent les premières atteintes du mal de mer. Quoiqu'il y eût d'autres personnes autour de nous, miss Nancy était embarrassée de notre tête-à-tête ; elle rabattit son burnons sur ses yeux pour s'isoler. Je me rappelai qu'en Angleterre il est expressément défendu de parler à une personne à laquelle on n'a pas été présenté ; un inconnu qui vous sauverait du sein des flots n'aurait droit à aucun remerciement avant de s'être muni d'un introducteur officiel. Je voulais donc m'éloigner par discrétion, lorsque je m'aperçus que le battement des roues produisait dans l'eau des étincelles phosphoriques. J'en avertis ma voisine, qui se leva précipitamment et vint s'appuyer à côté de moi.

— Quel bonheur ! s'écriait-elle avec une joie enfantine : que je suis contente d'avoir vu cela !

Nous restâmes accoudés au bord du bateau pendant une demi-heure, et la glace se trouva un peu brisée. Nous causâmes longtemps de ce phénomène fort simple. Comme la jeune miss montrait du goût pour la science, nous passâmes des dégagements phosphoriques de l'eau de mer à des questions du même genre, et finalement à un article publié depuis peu dans les journaux français sur la statistique des aliénés. Un rapport présenté à l'Institut avait donné les différentes causes de folie recueillies dans les hôpitaux. A la grande surprise de l'auteur, les femmes n'offraient qu'un cas de folie par amour sur mille sujets environ, tandis que chez les hommes on trouvait un nombre beaucoup plus fort. Le savant docteur, malgré toute la gravité de la science d'Esculape et le peu de propension de l'Institut à la plaisanterie, n'avait pu retenir quelques compliments au beau sexe sur sa vigueur cérébrale, et sur le démenti donné par les chiffres à l'opinion reçue, qui accorde aux femmes plus de sensibilité qu'aux hommes. Cette déception dans ses recherches l'avait aussi rendu triste, et la mélancolie, cette amie particulière des poètes, s'était glissée pour un instant dans le palais où règnent l'alambic, le baromètre et le scalpel.

Miss Nancy avait lu l'analyse de ce curieux mémoire.

Soit que sa réserve anglaise fût justement effrayée de la tournure que notre conversation pouvait prendre, soit que ce sujet touchât une corde sensible, elle me parut agitée, et se mit à marcher sur le pont du bateau d'un pas si vif que je ne crus point devoir l'accompagner. Après avoir fait le tour de la galerie, elle s'arrêta auprès de moi :

— Ainsi, me dit-elle, vous pensez que les femmes n'ont pas assez d'âme pour devenir folles par amour ?

— Je ne sais qu'en penser ; j'hésite et je cherche encore. Il est certain que les chiffres ne mentent pas.

— Eh ! mon Dieu ! ces chiffres sont exacts ; c'est la conséquence qu'on en tire qui est une erreur. S'il y a moins de folles que de fous par amour, c'est peut-être que ce qui vous ôte la raison nous tue. Nous reprenons l'avantage par la mort.

La jeune miss me fit là-dessus un petit salut et partit comme une ombre. J'aperçus les formes vagues de son burnous dans le gouffre de l'escalier ; j'entendis retomber la porte du dortoir des femmes, et je me trouvai seul en face de la pompe.

Tout le monde dormait ; je descendis à mon tour, et me couchai sur un lit pour penser à mon aise au rapport de l'Institut. Sans pouvoir affirmer que l'explication de miss Nancy fût bonne, je compris bientôt la fausseté des conclusions de la science. La folie par amour provient toujours des obstacles que la passion rencontre. Parmi ces obstacles, il faut distinguer l'opposition des circonstances et celle de l'objet aimé lui-même. Cette dernière est la plus cruelle, celle qui exalte le plus et doit le plus sûrement conduire jusqu'à l'aliénation. Or, elle n'existe guère pour la femme, à qui appartient exclusivement la résistance. Sauf dans l'exemple toujours cité de madame Putiphar, on ne voit pas souvent les rôles intervertis, et dans cette affaire même, la pauvre dame, irritée par la vertu de Joseph, s'est conduite assez follement. Quant à Scipion l'Africain, s'il a répondu avec froideur, il ne paraît pas qu'il eût excité un amour bien ardent. La femme qui poursuit n'est qu'une exception rare ; l'homme, au contraire, est dans des conditions naturelles, et, si la résistance augmente à mesure que ses désirs s'accroissent, il peut aisément perdre la raison. La science ne devrait pas toujours dédaigner de s'abaisser à des considérations moins positives que les calculs de chiffres. J'aurais essayé d'approfondir la question davantage, si au bout d'un quart d'heure d'affreux insectes ne m'eussent chassé du tiroir étroit dans lequel j'étais blotti. Obligé de remonter sur le pont, je pris pour sujet de mes méditations le bonheur des gens dont la peau résiste aux piqûres, et, en me voyant seul à la belle étoile, je fis cette découverte importante, que les vingt-neuf trentièmes des épidermes humains sont insensibles aux atteintes des animaux nocturnes.

Les dernières paroles de miss Nancy m'avaient frappé. Cette jeune fille avait indubitablement des amours contrariées. J'en faisais l'héroïne d'un roman, et je brûlais de lui donner à entendre, avec un ménagement, combien je m'intéressais à ses chagrins. Un regard doux et un mot amical devaient être le prix d'une sympathie honnête, et je ne pouvais m'empêcher de désirer cette juste récompense. En attendant qu'elle me fût accordée, je regardai avec plaisir les lueurs du volcan de Strombola, et celles dont le soleil éclaira bientôt les sommets des Apennins.

Nous arrivâmes à Pizzo, bourg de la Caladre, où le bateau s'arrêtait pour une heure. C'est à ce port que le malheureux Murat vint aborder en 1815, et faire une triste contre-partie du retour de l'île d'Elbe. Une fois qu'il eut reconnu son erreur, Murat se retira dans un bois d'oliviers qu'on voit auprès de la ville. Un ravin creusé par les pluies descend de ce bois jusqu'à la mer. L'ex-roi de Naples, cerné par la gendarmerie qu'il avait instituée lui-même, suivit ce ravin et gagna le rivage, où une barque était amarrée dans le sable. Il voulut pousser cette barque dans l'eau ; mais elle était trop lourde et trop éloignée du bord. Il fut pris et conduit à un petit fort construit sur un rocher que baigne la mer. Dans ce recoin le héros de l'empire a été fusillé immédiatement. Peut-être n'y avait-il que son royaume où l'on pût trouver des soldats capables de tirer sur lui. La fin de Murat offre l'exemple le plus frappant du néant de ceux que la main de Napoléon avait élevés. Avec l'appui de son beau-frère, Murat était un type sublime de roi parvenu ; après la chute de l'empire, ce n'est plus qu'un brave étourdi et malheureux. Trois fois seulement il essaya d'avoir une idée politique à lui. La première fut sa défection, la seconde sa campagne contre l'Autriche, qui coûta la vie à soixante mille hommes ; la troisième fut son débarquement en Calabre, où il trouva une mort indigne de son grand cœur.

Les souvenirs de 1815 m'avaient rempli de tristesse, au point que je m'aperçus à peine de l'arrivée de miss Nancy sur le pont du bateau. Il me sembla d'ailleurs que la jeune fille répondait à mon salut d'un air froid et distrait ; c'est pourquoi je restai dans mes réflexions. Bientôt nous entrâmes dans le détroit de Messine, et nous passâmes sans courir le moindre risque devant l'écueil de Scylla. Quant à Carybde, qui devrait être aussi connu que son rival, on ne sut pas m'en donner de nouvelles positives. Scylla étant sur la côte de Calabre, le proverbe antique a besoin, pour subsister, que Carybde soit du côté de la Sicile, car il faut qu'en voulant éviter l'un on se jette dans l'autre ; cependant le vieux timonnier du bâtiment assurait que Carybde était auprès de Scylla, sur le même rivage. Je m'adressai à un monsieur qui devait être fort savant, puisqu'il avait une grande carte de la Sicile. Ce monsieur ne parlait qu'allemand. Il nous fut impossible de nous entendre, et j'eus la consolation de tomber ainsi de Carybde en Scylla. Comme il arrive souvent, les pilotes et les gens du pays, qui devraient le mieux connaître les localités, ignoraient la chose la plus simple du monde. Si pourtant, comme je le croirais volontiers, le timonnier a raison, et que les deux écueils soient voisins et non en face l'un de l'autre, la géographie dément de toute éternité un proverbe dont on se servira toujours en dépit d'elle.

C'est un moment pénible que celui d'un débarquement.

8.

Chacun se précipite sur ses bagages. Il y a des gens pressés qui heurtent les autres, comme si la terre ferme pouvait leur échapper. Celui à qui on parlait tout à l'heure sur le ton de l'intimité ne vous connaît plus, et jette autour de lui des regards farouches en pressant dans ses bras un sac de nuit. Au milieu du désordre, miss Nancy garda sa présence d'esprit. Elle descendit dans la dernière barque de transport, et cette circonstance, légère en apparence, me confirma dans l'idée que cette jeune fille avait à débattre de trop grands intérêts avec la vie pour s'émouvoir des petites choses.

Le *cameriere* de l'hôtel de la Victoire, en m'installant dans une bonne chambre, ouvrit d'abord la fenêtre et plaça une chaise sur le balcon. A Messine et dans toute la Sicile, le balcon est une pièce importante de l'appartement. On y met des fleurs, on y porte de petites tables ; on travaille, on lit, on passe une partie de la journée sur ces boudoirs aériens. Il va sans dire qu'on cause avec le voisin, et il est impossible que l'amour par les fenêtres ne soit pas une chose fréquente. Dans les villages, la plus pauvre paysanne a un balcon pour prendre l'air pendant la nuit. Les chansons populaires de la Sicile sont des sérénades, ce qui prouve bien que les amoureux rôdent souvent sous les fenêtres, et que leurs belles viennent volontiers au balcon.

Tandis qu'on préparait le dîner, je pris mon chapeau pour aller voir l'aspect général des rues, chose de conséquence et sur laquelle je décide à l'instant si une ville aura l'avantage de me plaire. Le port de Messine est le meilleur et le plus vaste de la Méditerranée. Par sa position, il devrait être le dépôt d'un commerce immense, et cependant on y remarque à peine quelques navires étrangers qui viennent chercher des oranges. La ville est belle et régulière, traversée dans sa longueur par deux grandes rues parallèles. Avant d'atteindre au bout de la rue Saint-Ferdinand, j'étais frappé de l'aspect morne et décoloré de Messine. Il y a d'autres villes malheureuses en Sicile, ou plutôt cette Irlande silencieuse du Midi ne sera jamais heureuse tant qu'elle restera dans les conditions où elle se trouve ; mais Messine paraît arrivée à un découragement complet. On n'y essaye même plus le commerce en détail. On se console du repos forcé en dormant nuit et jour. Pour obtenir d'un marchand qu'il veuille bien vous vendre sa marchandise, il faut saisir le joint et lui demander audience à l'heure qui lui convient, sans quoi il ne se dérangera pas d'une minute pour vous servir. En sortant de Naples, où la population turbulente ferait dix lieues pour un baïoc, la transition est sensible. Du reste, point de monuments ni de musée ; rien qui intéresse les arts à Messine ; elle n'a plus que son beau nom et son admirable climat, ce qui est bien quelque chose. Les rues n'y ont pas été balayées depuis le temps des premières colonies grecques. Jamais je n'ai vu tant de poussière, de brins de paille et de papiers volants. Si on y regardait bien, je gage qu'on trouverait des manuscrits sur papyrus parmi ces feuilles vagabondes. Elles produisent des bruits étranges quand le vent les fait courir, et, dans quelques siècles, il faudra tirer Messine du fond des vieux papiers comme Pompeïa des cendres du Vésuve.

Souvent il m'arrive de laisser dans mon portefeuille les lettres de recommandation pour les riches banquiers, mais je ne manque jamais de porter celles qui sont adressées à des artistes. J'avais deux hommes de talent à voir dans Messine, Aloysio, graveur distingué qui était parti depuis peu pour la France, et Panebianco, jeune peintre que je trouvai à l'ouvrage. Panebianco est auteur d'un fort beau dessin contenant quatre cents personnages, et qui représente l'entrée du roi de Naples à Messine en 1837. La gravure en est commandée à Aloysio, qui voyage pour se perfectionner dans son art avant d'entreprendre cette grande tâche. Outre ce dessin, Panebianco me montra des projets de tableaux qui ne seront jamais mis sur la toile, entre autres un combat de chrétiens et de Sarrasins d'une vigueur remarquable. Je fus surtout charmé d'un gros cahier in-folio dans lequel étaient deux ou trois cents compositions à la plume représentant des groupes d'enfants et des sujets où l'imagination du peintre s'est livrée à toutes sortes de caprices. Dans son isolement, cet artiste éprouve souvent un doute cruel de lui-même. Il sent avec amertume la triste situation de l'homme de talent qui n'a pas de public, et il continue à produire, avec une constance digne d'éloges, une quantité d'ouvrages qu'on ne verra peut-être pas de son vivant. Je l'engageai à quitter Messine pour venir chercher à Paris les succès et le bien-être qu'il mérite; mais il me montra par sa fenêtre le ciel superbe du détroit, et il me répondit avec émotion qu'un bon Sicilien vivait et mourait dans son pays.

En rentrant à la Victoire, je vis miss Nancy parée d'une robe blanche et semblable à un ange de lumière. Elle avait parcouru la ville avec son père, et, n'y ayant rien trouvé de beau que le climat, elle appuya de toutes ses forces ma proposition de partir pour Taormine et Catane. Nous dînâmes tous trois ensemble à l'hôtel. La jeune personne se retira dans sa chambre au dessert, afin de laisser à son père le loisir de se griser, ce dont il s'acquitta d'une façon homérique, tandis que je faisais marché avec un loueur de carrosses pour le départ du lendemain.

A cinq heures du matin, mon gros Anglais se tira du lit péniblement, et nous montâmes en voiture, le père encore troublé de l'excès de la veille, la jeune fille ravie de voir un pays nouveau, et moi satisfait de l'assurance d'obtenir dans le cours du voyage la confiance de miss Nancy et le récit de ses amours.

La route de Messine à Catane réunit tout ce que la nature peut offrir de plus riche et de plus varié pour l'œil du voyageur. Située sous le même degré que Tunis, elle échappe à l'aridité de l'Afrique par le vent de la mer et le voisinage des montagnes. Sur la gauche, elle côtoie sans cesse le rivage, et à droite elle est coupée par des torrents. D'un côté on voit la ville de Reggio sur la pointe de la botte italienne, et de l'autre la tête blanche de l'Etna. Les orangers donnent une ombre noire que le soleil ne perce jamais, et répandent au loin une odeur délicieuse. Les chênes-verts, les tulipiers, les myrtes et les catalpas, qui semblent vulgaires aux gens du pays, ont pour l'étranger un air de luxe qui change les bois en jardins et en parcs. Le chemin est entièrement bordé par ces énormes cactus qui portent la figue d'Inde et ressemblent plutôt à des excroissances qu'à des plantes. Ces cactus poussent dans la pierre, sur les murailles, au milieu de la lave ; il ne leur faut que de la chaleur, et, comme ils en ont de reste, ils se multiplient et produisent sans culture. Les plus grands ont jusqu'à douze pieds de hauteur. Ils entremêlent leurs énormes raquettes en formant des groupes bizarres, tantôt rampant sur la terre comme des serpents, tantôt dressés en l'air et tordus par des convulsions. Souvent ils se rangent en bataille, et tout à coup ils s'entassent par pelotons dans un espace étroit, où ils figurent une mêlée grotesque. Les paysannes qui font sécher leur linge sur les figuiers d'Inde leur prêtent encore des vêtements fantastiques dont le hasard les affuble aussi bien que Callot l'aurait pu faire. C'est, du reste, une plante fort utile que le cactus ; elle ramène la terre végétale sur la lave, où elle seule parvient à prendre racine pendant un siècle entier avant que d'autres plantes y puissent venir, et elle prodigue par millions ses gros fruits succulents à la portée de toutes les fortunes.

Avant d'arriver au village appelé les Jardins, la voiture s'arrêta, et le postillon, nous montrant un sentier qui grimpait à travers les rochers, nous apprit que c'était la route de Taormine. Un enfant nous servit de guide, et nous montâmes intrépidement malgré le soleil quelque peu africain qui nous tombait sur les épaules. Les Grecs, qui avaient choisi cette roche escarpée pour y construire une ville de luxe, n'étaient pas gens à se contenter d'un chemin praticable pour les ânes et les chèvres. Il a vraisemblablement existé une grande route de Taormine creusée dans la pierre, et que les éboulements auront détruite. Miss Nancy courait comme une biche dans le sentier escarpé ; l'Anglais, à l'abri sous un vaste parasol, commença bientôt à pousser des gémissements douloureux. J'avais peine à m'empêcher de rire en voyant cet Alcide se donner des airs de petite maîtresse ; mais, en m'approchant de lui, je reconnus que des gouttes de sueur lui coulaient sur le front ; sa pâleur était effrayante et la contraction des muscles du visage prouvait que sa détresse n'était pas une feinte. Le désordre quotidien que la boisson apportait dans ses organes ne lui laissait plus de force pour les exercices du corps, et le moral même était singulièrement abattu ; la peur et le découragement le prenaient pour une simple demi-heure de marche par une chaleur encore supportable. L'Angleterre périra par l'intempérance, comme Alexandre le Grand. Quelque jour les cent millions d'Indiens qu'elle domine se lasseront d'obéir, et le capitaine d'artillerie qui gouvernera la première province insurgée sera averti trop tard par un envoyé ivre. Il aura besoin lui-même d'un délai de douze heures pour cuver le punch de la veille. Son courrier, gonflé de liqueurs fortes, crèvera au soleil sur la route de Calcutta, et quand la nouvelle parviendra enfin au palais du gouverneur général, elle le trouvera sous la table.

L'antique Taormine était placée sur l'un des grands pains de sucre qui servent d'avant-garde à l'Etna. Les guides vous montrent avec soin des débris d'aqueducs fameux qui avaient jadis quatorze milles de longueur, des restes de temples, de piscines et de naumachies dont on voit à peine quelques pierres ensevelies dans la terre ; mais le morceau le plus curieux et le seul vraiment beau est un théâtre grec, dont le pareil n'existe nulle part. Les colonnes, la scène, les couloirs, sont encore debout, et les gradins sont prêts à recevoir des spectateurs. Sauf les réparations et les légers changements faits par les Romains, le monument est entièrement dorique. Sa position au sommet le plus élevé de la montagne l'a préservé de l'enterrement sous les décombres des constructions voisines ; il domine la ville et les autres montagnes, à l'exception de Sainte-Marie-de-la-Roche et du château-fort. Comme dans tous les théâtres grecs, le fond de la scène est à jour ; la décoration, qui se composait du paysage même, est par conséquent à sa place. Les spectateurs de droite avaient pour horizon la vallée des Jardins et la pleine mer ; ceux de gauche, l'Etna et la chaîne de lave que le volcan dirige sur Catane, comme un grand bras noir suspendu au-dessus de cette éternelle victime de sa colère. C'était par cette coulisse qu'Hercule arrivait chez Alceste, et que Thésée faisait son entrée en revenant de ses voyages.

Une fois qu'on a regardé ce théâtre et ce point de vue unique au monde, on n'a plus d'yeux pour les maisons d'architecture normande. Quant aux églises et couvents, nous aurions eu fort à faire pour les examiner, car Taormine, moins grande que Saint-Cloud, renferme trente-neuf édifices consacrés à la religion.

De Taormine à Catane, l'Odyssée pourrait servir de guide en Sicile. Vous passez devant la caverne de Polyphème, la grotte de Galatée, le puits de Vénus, les écueils des Cyclopes, et enfin la plage d'Ulysse, où ce Grec malencontreux vint aborder pour son malheur.

De quelque part qu'on fasse son entrée dans Catane, on traverse des déserts de lave. Le fléau a souvent passé près de sa victime sans l'atteindre. Il s'y reprend à plusieurs fois avant de la frapper, et depuis qu'elle existe, il n'y a encore réussi que quatre ou cinq fois. Ces déserts ont un aspect sinistre. La lave est venue souvent livrer bataille à la mer. Comme la Méditerranée ne pouvait pas avoir le dessous, il fallait bien que le fleuve de métal bouillant finît par s'éteindre ; mais son agonie a été terrible. La lave saisie par l'eau a fait des bonds et des écarts prodigieux ; elle a parsemé la mer de cônes, de champignons volcaniques et de petites îles où la végétation revient peu à peu. Ce passage dangereux empêche les bateaux à vapeur d'aborder à Catane tant que la saison n'est pas parfaitement sûre, et l'originalité du pays n'y a rien perdu. Au bout de ces champs désolés, on trouve tout à coup une ville riche et bien construite.

On ne sait pas au juste combien de fois Catane a été dévastée. Elle le fut probablement à des époques très reculées. Le tremblement de terre de 1169 n'en laissa pas une pierre debout, et quinze mille habitants périrent sous les ruines. Dans la fameuse éruption de 1669, elle fut enveloppée entre deux torrents de lave d'un mille de largeur, qui en consumèrent une partie. Le terrain de la montagne s'abaissa d'une centaine de pieds, et se releva au bout de deux heures avec une forme nouvelle. Cette étrange convulsion n'atteignit que faiblement Catane, et d'ailleurs le fleuve de lave s'arrêta par miracle devant les murs du couvent des Bénédictins. Un peintre calabrois, appelé Mignémi, a représenté ce phénomène avec une grande fidélité dans une fresque placée sur le mur de la sacristie du Dôme. Le mal n'était pas grand, et on l'avait promptement réparé, lorsqu'en 1693 un nouveau tremblement de terre acheva la destruction de Catane en quelques minutes.

La ville nouvelle ne date que de 1713, vingt ans suffirent pour la reconstruire. Dans plusieurs quartiers, la lave même a fourni des fondations très solides. Les rues sont larges et pavées en dalles, et tout y a l'air neuf et riche, sauf quelques palais lézardés avant l'âge par le dernier tremblement de terre de 1819, car la ville n'en a pas fini avec son voisin. En regardant, de la place du Dôme, la pente rapide qui descend de l'Etna, et qui semble faite exprès pour conduire la lave dans l'intérieur de Catane, on s'étonne du courage et de l'insouciance d'une population qui n'a pas voulu s'éloigner de quelques lieues pour vivre paisiblement hors des atteintes du volcan. Mais si on gravit la montagne, et qu'on regarde Catane des hauteurs où Empédocle laissa ses pantoufles, en voyant la ville comme un point perdu dans l'espace, on se rassure, et on comprend combien il faut que le hasard se donne de peine pour la frapper. Il est certain cependant que l'existence de Catane est éternellement suspendue à un calcul de probabilités qui doit finir par amener son anéantissement, et que cinquante mille habitants jouent leur vie sur une martingale qu'ils perdent toujours une fois environ en quatre siècles.

Aujourd'hui, c'est une grande rareté en voyage que de rencontrer des costumes, et vraisemblablement dans quelques années il n'y en aura plus nulle part, même en Chine, où les Anglais sauront bien introduire l'ingénieuse queue de morue et le chapeau de carton. Les femmes de Catane ont pourtant un costume particulier qu'elles n'ont jamais voulu quitter, malgré l'empressement du reste de la Sicile à adopter les modes du continent. Les Catanaises portent une grande mante de soie noire qui les enveloppe entièrement comme un domino. On ne leur voit que le visage et le bout des pieds. Celles qui sont bien faites savent habilement marquer la taille, en croisant leurs bras par-dessous cette mante, et comme la jeunesse et la beauté sont choses de résistance, on les distingue aisément à travers les plis de ce vêtement mystérieux. De loin ces femmes semblent aller en procession au convoi des générations englouties par les catastrophes; mais elles n'ont de funèbre que l'écorce; au fond de leurs capuchons brillent des yeux sarrasins dont les paupières ne s'abaissent jamais, et qui lancent des feux volcaniques comme ceux de l'Etna. Elles vous regardent l'étranger avec un air intrépide que les organisations de l'Occident ne supportent pas sans peine. La jeune fille catanaise ne s'arrête pas à une modestie de convention. Pour peu que vous excitiez sa curiosité, elle la satisfait, dût-elle pour cela braquer sur vous ses prunelles siciliennes pendant un quart d'heure. Après avoir été déconcerté plusieurs fois, je voulus un jour prendre mon grand courage, et mesurer jusqu'où irait la force du regard d'une jolie dame assise à son balcon. Je jouai le même jeu qu'elle. Nous nous regardâmes indéfiniment, et nous y serions encore si une autre personne ne fût venue se mettre en tiers sur le balcon. Il m'eût été plus facile de faire baisser les yeux au lion du Jardin des Plantes. L'apparence monacale du vêtement ajoute encore à la puissance du regard des Catanaises; on s'approche avec un certain respect, comme si on voyait une nonne de quelque ordre austère, et au lieu de la pudeur religieuse, on trouve l'air ouvert et peu farouche d'une héroïne de Boccace.

Les tremblements de terre n'épargnant pas plus les édifices grecs que les modernes, il ne reste à Catane d'autres antiquités que les vestiges d'un théâtre ; encore faut-il les examiner de près au fond d'un souterrain. Avec les débris des morceaux les meilleurs, on a formé plusieurs musées assez beaux. Celui du prince Biscari est le plus complet. Le couvent des Bénédictins contient aussi des richesses en tableaux, statues, vases grecs, bas-reliefs, sculptures de Gaggini, le Michel-Ange de la Sicile, ce qui veut dire que la Sicile n'a pas de Michel-Ange. Les jardins de ce couvent sont délicieux ; l'orgue de l'église, qui passe pour le premier de l'Europe, est l'ouvrage d'un moine calabrois qui vint mourir à Catane dans le siècle dernier. Ce bon moine, homme simple et plein d'humilité, n'était pas seulement un ouvrier de génie, il composait de la musique sacrée, et jouait admirablement de cet orgue pour lequel il avait la tendresse d'un père. On l'enterra au pied de son chef-d'œuvre ; il s'appelait Donato del Piano. La ville de Catane est éminemment musicienne ; on y compose, comme à Naples, une foule de chansons populaires qui se répètent partout avec une espèce de fureur, et qui vivent quelques semaines.

Miss Nancy aimait passionnément la musique ; mais le ciel ne l'avait pas favorisée d'une voix juste ; elle ne put jamais apprendre l'air qui était en vogue pendant notre séjour. Après avoir chanté faux trois jours durant, avec cette grâce angélique que les jeunes filles savent mettre à tout ce qu'elles font, elle y renonça en riant de tout son cœur.

Bellini était de Catane. Un loueur de carrosses à qui j'avais affaire, me montra une maisonnette dans une rue détournée :

— Monsieur, me dit-il, c'est ici que demeurait notre Bellini. Avant de partir pour Naples, il n'était pas bien riche. Nous l'aimions beaucoup, sans savoir que ce fût un grand homme. Tous les ans, au mois d'octobre, il me demandait un carrosse avec trois chevaux, pour aller aux fêtes de l'Etna, et il en ramenait quelque petite *innamorata*, qui s'attachait à lui pour une couple de mois. Au lieu de courir après la gloire et la fortune, s'il fût resté dans son pays, il irait encore aux vendanges, et ne se serait pas fait vendanger lui-même.

Au balcon de la chambre qu'avait occupée Bellini était un écriteau où on lisait : « *Si loca.* » Je rentrai en songeant à la fin prématurée de cet aimable compositeur, et dans mon attendrissement je ne pouvais m'empêcher de savoir mauvais gré à miss Nancy de sa voix fausse. C'est une prévention injuste ; elle avait assez de goût pour aimer et sentir la musique, il n'en faut pas davantage. Le lendemain, qui était le jour de Pâques, nous allâmes écouter l'orgue des Bénédictins ; les voûtes de l'église frémissaient. L'âme de Donato del Piano voltigeant dans les tubes ajoutait ses inspirations au faible talent de l'organiste. Les sons étaient si beaux, qu'il n'importait guère que le morceau fût bien ou mal choisi. Il m'a toujours semblé que la symphonie et les orgues donnaient une espèce d'ivresse intellectuelle. Si on pense aux personnes qu'on aime, on les aime davantage ; si on se rappelle une circonstance de sa vie, elle vous revient à la mémoire si vivement, qu'on ne distingue plus le passé du présent. Les émotions se succèdent rapidement, et quelquefois elles suivent par une espèce de logique la marche du morceau, comme si dans votre âme certains sentiments répondaient à chaque modulation harmonique. C'est un état délicieux où on voudrait demeurer longtemps ; mais ordinairement, une fois le calme revenu, on se retrouve plus faible qu'auparavant. Miss Nancy était de mon avis, et me confessa qu'elle avait été fort remuée par l'orgue des Bénédictins.

— La musique, lui dis-je, n'est pas la seule chose qui puisse ranimer agréablement les souvenirs. Il peut suffire de la compagnie d'une personne amie dont l'intérêt réponde à votre confiance, comme nos imaginations répondaient aux accords de l'orgue. Racontez-moi vos pensées et vos peines ; j'aurai le plaisir de l'auditeur, et vous celui de l'organiste.

— Eh bien ! je vous promets de vous les raconter.

— Mais quand donc ?

— A la première occasion.

Miss Nancy se rapprocha de son père. Cette promesse lui était échappée sous l'influence de la musique et du bel orgue de Donato del Piano. Au lieu de rechercher l'occasion, elle parut la craindre et la fuir. Je me dépitais, lorsque je vis entrer dans ma chambre le curé de la paroisse, en surplis, et suivi d'un enfant de chœur portant l'eau bénite. Je m'attendais à quelque demande d'aumône. Le curé se tourna vers le lit, l'aspergea copieusement, et fit voler en l'air l'eau bénite, dont une large goutte tomba sur mon papier à lettres.

— Signorino, me dit le bonhomme, excusez-moi ; c'est l'usage dans notre pays de porter dans les maisons, une fois par an, les bénédictions de l'Église.

— Que je vous excuse, monsieur le curé? Cette parole me fait de la peine. Vous avez donc cru voir de l'étonnement sur mon visage, peut-être de l'ironie? Vous vous êtes trompé ; je ne repousse les souhaits bienveillants de personne ; je suis même superstitieux sur cet article.

Le curé me souhaita toutes sortes de prospérités avec un sourire paternel. Je croirais volontiers que sa visite m'a porté bonheur.

De grands événements ont souvent de petites causes. Pascal l'a dit dans ses *Pensées*, et quelques philosophes de l'antiquité l'avaient déjà remarqué. Miss Nancy prétexta, le soir, un mal de tête et ne vint pas dîner. Une indisposition de femme peut avoir plusieurs sens différents, comme l'oracle de Delphes. Que celle-ci exprimât la peur, l'hésitation ou la modestie alarmée, j'y répondis par le chagrin, et je résolus, dans ma sotte colère, de mettre un départ improvisé en balance avec cette migraine. Je descendis sur la place de l'Éléphant, où se tiennent les voiturins, pour m'informer des moyens de faire une excursion à Syracuse. Les seuls modes de transport de Catane à la capitale de l'ancienne civilisation en Sicile, sont les mulets ou la *letiga*, à moins qu'on ne préfère se servir de ses jambes, ce qui est 'expédient le plus prudent et le seul vraiment sûr.

N'ayant pas reçu de la nature un appareil locomoteur assez puissant pour entreprendre une course de quarante-quatre milles, dans un jour, je me déterminai en faveur des mulets. Un étranger qui voulait aussi partir le lendemain me proposa de l'accompagner. Il est inutile de dire que c'était encore un Anglais.

On nous éveilla de bon matin. Mon compagnon perdit une heure à lacer ses souliers, une autre à demander du lait chaud. Huit heures sonnaient quand il parut enfin. Le guide nous conduisit à pied jusqu'à la porte de la ville, à cause du pavé trop glissant. Aussitôt que le seigneur anglais fut perché sur sa mule chargée de bagages, il fut saisi d'une frayeur mortelle et déclara qu'il ne pouvait pas aller ainsi. De mon côté, le regret me prenait à la gorge ; je voyais l'image de la jeune miss qui me disait adieu pour toujours.

— Signori, nous cria le guide, vos excellences n'auront pas fait cinquante pas qu'elles ne voudront plus descendre de la journée, tant mes mulets ont le pied doux.

— Voulez-vous essayer ? dis-je à l'Anglais.

— Essayons, j'y consens. Bon Dieu ! je ne trouve pas mon équilibre. Holà ! muletier, je vous offre une piastre pour rompre notre marché.

— Comme il vous plaira, Excellence.

Pendant ce temps-là les mulets avançaient toujours.

— Tenez, Monsieur, repris-je, remettons notre décision à la volonté du hasard. Jetez une piastre en l'air ; la *face* sera pour le départ, et la *pile* pour le retour à Catane.

La piastre tomba pile, comme on dit au collège.

— Le ciel soit loué ! s'écria l'Anglais, nous restons. Cependant je dois avouer que l'assurance me revient et qu'on n'est pas trop mal sur ce mulet.

— Eh bien ! il faut jouer le coup en partie liée. Jetez la piastre une seconde fois, et nous tirerons ensuite pour la *belle*.

La piastre tomba encore pile.

— Nous devons rester, dit l'Anglais ; si nous partons, il nous arrivera quelque malheur.

Deux pigeons traversèrent la route et se perchèrent sur un mur. En bon langage d'augures ils m'engageaient à retourner en arrière ; mais qui est-ce qui retourne jamais en arrière après avoir marché un demi-mille?

— Qu'en pensez-vous? demandai-je à l'Anglais?

— Nous ferons ce que vous voudrez.

Mon mulet avait de grandes oreilles à poils ras qui ressemblaient à du beau drap de paletot. Ces oreilles d'un aspect confortable, l'air calme et assuré de l'animal, me firent plaisir à voir.

— Le sort en est jeté, m'écriai-je, j'irai à Syracuse.

— Et moi aussi ; mais il faut arriver ce soir. Vous entendez, muletier? nous ne voulons pas coucher dans un village.

— Excellence, vous êtes le patron, c'est à vous de commander.

— Nous voulons dormir cette nuit à Syracuse.

— Je comprends très bien. Si les bacs sont prêts pour passer l'eau, si nous trouvons un bateau à Lagnone, si le pont n'est pas rompu et que les torrents ne soient pas trop enflés, il suffira que nous allions bon train pour trouver les portes ouvertes.

— Comment? est-ce qu'on ferme les portes?

— Excellence, oui. Tous les soirs, au coucher du soleil ; mais on les ouvre le matin. *Chéragouse* est place de guerre ; belle forteresse! beaux remparts! il faut voir cela.

— Nous sommes perdus, Monsieur, dit l'Anglais; nous dormirons dans quelque village abominable.

— Excellence, non. Nous avons le bourg de Priolo, où l'on trouve une auberge, de bons lits, du poulet, du pain pour les seigneurs étrangers. En marchant bien, nous pouvons être à Priolo avant la nuit.

La perspective se rembrunissait à chaque parole de notre guide ; mais, fût-elle devenue plus noire que l'enfer, nous n'aurions plus reculé. La route était charmante, égayée par les groupes comiques des cactus, et animée par la fièvre chaude du printemps de la Sicile. Le zéphir mélangeait les parfums des citronniers et des genêts d'Espagne. Les lézards couraient entre les pieds des mulets, qui faisaient sortir de chaque touffe d'herbe des alouettes et des essaims d'insectes. Les bœufs, couchés dans les bruyères, sonnaient leurs clochettes. On entendait d'un côté le bruit régulier des vagues sur le rivage, et de l'autre les sons languissants des cornemuses avec lesquelles de pauvres paysans savent prouver qu'ils ont le goût de la musique.

Après avoir passé très lentement deux rivières dans des bateaux avariés, et traversé le village de Lagnone, composé de six maisons, nous perdîmes de vue toute trace de chemin. Nous marchâmes pendant trois heures, tantôt dans l'eau de la mer, tantôt à travers champs dans les landes, les joncs ou les broussailles. Un pont cassé nous arrêta. Il fallut descendre au bord d'un torrent et le sonder avec des perches. Nous prenions patience en écoutant des rossignols qui faisaient assaut de chansons. Tout à coup mon compagnon poussa un cri et se trouva étendu dans l'herbe. Son mulet l'avait déposé mollement par terre et se roulait sur le dos. Le seigneur anglais, indigné de ce procédé, ne voulait pas se relever que le guide ne l'eût vu dans la position fâcheuse où l'avait mis *cette vilaine animal*. Sauf ce petit accident, beaucoup de retards imprévus, assez de fatigue, et un soleil accablant, le voyage alla le mieux du monde jusqu'à Priolo, où nous entrâmes à la nuit.

Il faut avoir dormi sur les routes de la Sicile pour bien savoir ce que c'est qu'une mauvaise auberge. On nous offrit d'abord pour chambres deux cabanes sans fenêtres dont tout l'air respirable avait été absorbé. Le thermomètre y eût marqué plus de trente degrés, et je doute qu'une chandelle y eût trouvé assez d'oxygène pour rester allumée.

— Nous avons bien le salon, dit l'hôtesse ; mais nous ne le louons pas à moins de trois carlins.

— Donnez-nous le salon. Nous payerons les trois carlins, bien que cela fasse vingt-sept sous de France.

Le salon était un garde-meuble, cuisine à deux lits, encombré de caisses, de vieux bâts d'âne, de harnais, de tonneaux et de chaudrons. Des hardes, des broches et des fouets pendaient aux murailles. On avait fait d'un mauvais fourneau le magasin d'avoine. Deux tréteaux de bois vermoulu surmontés de matelas crevés, d'où sortait de la filasse de chanvre, portaient effrontément le nom de lits. Des chats campaient au milieu de ce chaos; il fallut un combat à outrance pour les expulser. La patronne d'auberge tira d'une commode des draps chiffonnés et d'une propreté plus que suspecte, qu'elle nous montra fièrement en demandant si nous avions jamais vu de la *biancheria* aussi ragoûtante que celle-là. Cette admiration pour son galetas me découragea complètement et coupa court à toute réclamation.

Le souper, composé d'un poulet dur, d'une omelette et d'un bon fromage appelé *ricotta*, nous parut délicieux. Tandis que mon compagnon se mettait au lit résolument sans rien examiner, je m'installai sur la table pour passer la nuit à lire à la clarté d'une mauvaise lampe. Le seigneur anglais s'endormit profondément.

J'avais un exemplaire d'un roman qui a fait quelque bruit à Naples, et dont la police avait arrêté la publication. L'auteur, M. Ranieri, jeune homme de mérite, a été un moment emprisonné. Une dame qui ne le connaissait pas fut assez généreuse pour s'intéresser à son malheur, et obtint sa mise en liberté. Il ne faut pas oublier de dire que cette dame est une Française. J'ouvris le roman de *Ginevra*, prévenu en faveur de l'ouvrage par les infortunes de l'auteur.

L'héroïne est un enfant trouvé; on la maltraite à l'hospice, quoique douce et gentille. A l'âge de quatre ans, elle est adoptée par une vieille femme qui en fait une gardeuse de dindons. Elle tombe ensuite entre les mains d'une mendiante qui la martyrise horriblement. A sept ans, la pauvre fille devient la servante d'une vieille locandière chez qui habitent des étudiants misérables et voraces. Battue par la locandière, rudoyée par les sauvages étudiants, et contrainte à des travaux au-dessus de ses forces, l'héroïne se trouve dans un état de souffrance et d'abjection qui finit par fatiguer le lecteur. Il ne me semble pas naturel qu'une petite fille jolie et bonne ne rencontre que des oppresseurs et jamais un visage ami. Il n'est pas vrai que tout le monde s'entende contre l'enfance et la faiblesse ; l'auteur me paraît avoir accordé une trop grosse part au mal. Cependant les tableaux de la vie des étudiants contiennent des détails très curieux. L'intérieur crapuleux de la locanda est peint avec un véritable talent. On peut reprocher seulement au romancier un défaut qu'il partage avec beaucoup d'écrivains italiens, celui de déclamer et de donner des réflexions qui devraient être laissées au lecteur. En voyant comme Ginevra excite la pitié du narrateur, celui qui tient le livre ne se sent plus autant d'envie de s'apitoyer. Cette forme pleureuse est précisément l'antipode de la méthode française, qui veut de la concision et de la sobriété. D'ailleurs l'institution des enfants trouvés, qui est attaquée outrageusement dans cet ouvrage, n'en demeure pas moins un établissement philanthropique d'une utilité incontestable, dans un pays où, s'il était supprimé, une foule de nouveau-nés périraient infailliblement.

Un rat qui était venu manger les restes de notre souper fut la cause de ces critiques, auxquelles je n'aurais pas pensé s'il ne m'eût dérangé dans ma lecture.

Ginevra, parvenue à l'âge de quinze ans, finit par aimer et par être séduite. Elle tente de se noyer ; on la sauve, et, après bien des aventures, un beau jour son lâche amant veut la tuer pour se débarrasser d'elle. — Que va-t-il arriver, grand Dieu !

Un gémissement douloureux répondit à cette exclamation. Mon voisin sauta hors du lit ; une bête venimeuse l'avait mordu au front. Après examen, il fut décidé entre nous que ce devait être un millepieds ou une araignée. L'Anglais, dans une pose dramatique, faisait la grimace, et montrait avec emphase des insectes énormes qui couraient sur les murs :

— Je vous le disais bien, monsieur le Français, qu'il fallait rester à Catane...

9.

Mais tirons un voile sur les calamités de la Sicile, et fermons le livre de *Ginevra*. Les mauvais jours ne sont rien en voyage auprès des mauvaises nuits. La scène se termina par un serment solennel de ne jamais coucher ailleurs que dans les grandes villes, serment qu'on oublie aussitôt que le jour paraît.

A peine grimpés sur nos mulets, nous ne pensions plus qu'à jouir de l'air du matin et à regarder le soleil sortir du sein de la mer pour embraser à la fois le ciel et l'eau. Des fragments de colonnes et des traces d'une voie antique éveillèrent notre curiosité. Après deux heures de marche nous nagions dans la joie au milieu des débris de l'ancienne Syracuse. Nous passâmes les ponts-levis et les fortifications de la ville nouvelle, et, avant le moment de la chaleur, nous étions à l'*albergo del Sole*, où nous avions des chambres très propres, de bons lits, et de l'eau fraîche venant de la fontaine Aréthuse. L'Anglais eut seulement un retour de désespoir, parce qu'on lui servit par mégarde du café à l'eau de mer. Ce fut notre dernière mésaventure. L'auberge *del Sole* n'a qu'un petit défaut, c'est qu'on n'y mange pas. Les garçons vous regardent avec calme lorsque vous demandez à déjeuner, et vous répondent que vous n'êtes point chez un traiteur. Un pas de plus, et vous auriez le caravansérail oriental avec ses quatre murs tout nus.

En Italie, le caractère de la population change d'une ville à l'autre. La transition n'est pas moins sensible en Sicile. Syracuse est une des villes les plus réellement antiques qui soient au monde. Les habitants n'ont plus la pétulance moderne de ceux de Catane. La blancheur des visages, la hauteur des tailles, et surtout le type grec des traits, prouvent que le sang de la Sicile antique a résisté à l'occupation des Sarrasins. Les physionomies sont intelligentes et un peu dédaigneuses. On reconnaît volontiers le public indolent qui raillait les philosophes et couronnait les poètes. On retrouverait encore les descendants de ces soldats syracusains qui rendirent la liberté à des prisonniers athéniens en leur entendant réciter des scènes d'une pièce nouvelle d'Euripide.

Le profil bien connu des médailles de Syracuse se rencontre à chaque pas sur les épaules des femmes du peuple. Les jeunes filles, en allant deux par deux chercher de l'eau, s'appuient l'une sur l'autre et portent des vases sur leurs têtes avec une grâce qu'elles n'ont pourtant pas étudiée sur les bas-reliefs antiques. Les laveuses de la fontaine Aréthuse, presque entièrement nues, sont défendues par cette pudeur et cette dignité qui vous obligent à regarder chastement la Vénus capitoline et celle de Milo. Il faut avouer que les hommes sont moins beaux que les femmes à Syracuse ; mais toujours la nature a fait des nez écrasés. Nous savons par Socrate que tout le monde, à Athènes, n'était pas favorisé de la mine d'Alcibiade : Philopœmen, le dernier héros de la Grèce, avait les jambes beaucoup trop longues, comme l'a dit Plutarque, et les historiens n'ont pas mis en note tous les gros ventres et les dos voûtés qui se promenaient sous les portiques.

Selon Strabon, Syracuse renfermait jadis deux millions d'habitants, et sa circonférence était plus grande que n'est aujourd'hui celle de Londres. La ville moderne se compose seulement du quartier appelé autrefois *Ortigia*. Elle contient dix-huit mille habitants, c'est-à-dire la centième partie de la population du temps de Hiéron.

Les ruines sont hors des portes. Un aqueduc fonctionne encore. On voit les carrières où Philoxène aimait mieux retourner que d'applaudir les vers du tyran. La plus curieuse, celle qui fait l'admiration des étrangers, est l'oreille de Denis, qui présente un phénomène d'acoustique très mystérieux pour les Grecs, mais facile à comprendre pour un innocent candidat à l'école Polytechnique. Le plus léger son parti du fond de cette caverne devient un grand bruit par la répercussion de tous les points de la voûte. Le gardien en renouvelle sans cesse l'expérience, et vous régale de l'échelle ascendante des échos, depuis le froissement d'un morceau de papier jusqu'à la détonation d'un pistolet, qui ressemble à un coup de tonnerre. Il suffit d'avoir fréquenté la classe de mathématiques au collège, pour reconnaître que la voûte est taillée en forme de parabole, et que, par conséquent, tous les sons qui la frappent sont renvoyés en lignes droites parallèlement à l'axe de la courbe. Denis s'amusait, dit-on, à écouter les soupirs et les monologues de ses prisonniers d'une loge secrète, découverte depuis peu. Quoique ses vers fussent mauvais, j'ai peine à croire que ce tyran rimeur et romanesque fût absolument méchant. Une partie de ces *latomie* appartient au marquis de Cassale, qui en a fait des jardins charmants. Les papyrus y viennent avec la canne à sucre, préservés de la sécheresse et du vent par des remparts de rochers. Le reste dépend du couvent des capucins, et le jardin de ces heureux cénobites ne le cède que de fort peu à ceux du marquis pour le luxe et la variété des plantes.

Jusqu'alors le seigneur anglais n'était pas encore persuadé que nous en eussions fini avec notre mauvais génie. Il fallait une bonne fortune inespérée pour lui rendre sa confiance en son étoile. Cette bonne fortune nous tomba tout à coup du ciel. Au milieu de l'ancienne ville, entre le théâtre grec et l'amphithéâtre romain, est un petit village appelé San-Nicolao, dont l'église champêtre et recouverte de joncs, semble une plante sauvage sortie des ruines de la splendeur antique. Nous étions au 20 avril, qui est le jour de la fête à San-Nicolao. Vers deux heures après midi, tandis que nous tâchions fort gravement de déchiffrer des fragments d'inscriptions, nous vîmes arriver de plusieurs côtés des bandes de jeunes gens et de fillettes, violons et guitares en tête. En un moment le désert de marbre se peupla et retentit de cris joyeux ; les tarentelles s'établirent sur les plates-formes des tombeaux. Du chemin creux de la nécropole, où nous étions assis à l'ombre, on voyait se détacher sur un ciel d'airain les couples de danseurs et les pieds nus des jeunes filles. Le seigneur anglais tira ses crayons avec le plus grand calme et se mit à dessiner, en déclarant qu'il était satisfait et payé de ses infortunes. Les danses terminées, on mangea, non sur l'herbe, mais sur les pierres et dans les *latomie*. Un bon père de famille, qui dînait avec ses enfants à l'entrée de la tombe d'Archimède, m'offrit une tranche de jambon et un verre de *moscatella* que j'acceptai avec empressement. La fête dura jusqu'au soir. Nous rentrâmes tous à la ville une demi-heure après le coucher du soleil, les uns à pied, le plus grand nombre sur des ânes, le seigneur anglais et moi sur nos mules, car il n'existe à Syracuse que trois carrosses, et j'ignore sur quels chemins ils peuvent rouler. Nous ne sommes pas au temps d'Agathocle, dont l'habitation est aujourd'hui en fort mauvais état. Quant au célèbre temple de Diane, qu'on venait voir du fond de la Grèce, il en reste deux colonnes qui passent dans une armoire où un notaire met ses vieux souliers. Pour la faible rétribution de cinq sous, la cuisinière vous montre les deux colonnes, et les souliers par-dessus le marché.

Cette dernière merveille une fois examinée avec le soin qu'elle méritait, il ne nous restait plus qu'à retourner à Catane. Le seigneur anglais me déclara nettement qu'il ne ferait pas la route à cheval, pour des raisons à lui connues. Nous montâmes donc dans une *letiga*. La letiga est une boîte étroite et longue, à deux places, portée par deux brancards dont les extrémités reposent sur les dos des mulets. On est ainsi suspendu en l'air, et soumis aux vicissitudes des deux animaux qui vous soutiennent. S'ils tombent, vous tombez avec eux. Le mouvement contrarié de leurs pas forme une combinaison de petites secousses sur laquelle le savant M. Poinsot pourrait ajouter un beau problème à son *Traité des Forces*. On doit se tenir bien droit sous peine de faire chavirer la machine, et comme les mulets ont chacun une vingtaine de clochettes au cou, il est inutile de pousser des cris que personne n'entendrait. Entre le procédé des chemins de fer et cette façon de voyager du temps de la bataille de Lépante, il y a quelques échelons à franchir. Notre letiga, du reste, était belle, quoique très vieille et toute fendue. On l'avait ornée au dehors d'un papier peint, et l'intérieur contenait des tapisseries d'un âge respectable. Elle avait dû servir aux courtisans de don

Juan d'Autriche, et depuis au grand Caraccioli, lorsqu'il vint en Sicile abolir l'Inquisition.

Les mulets, liés entre eux par les brancards, se gênaient l'un l'autre dans leur marche. Au bout de trois lieues, ils avaient déjà fait une douzaine de faux pas. Le guide qui nous avait amenés nous ayant rejoints avec ses deux mules, je repris ma monture de la veille, et je laissai le seigneur anglais dans sa boîte. J'arrivai de bonne heure à Catane, cherchant une excuse à donner à miss Nancy pour mon absence de trois jours, et ne trouvant que des raisons détestables. Je courus à l'hôtel de la Couronne. Le patron m'apprit qu'un bateau à vapeur était venu la veille à Catane, et que la jeune miss s'était embarquée pour Malte avec son père.

— Cette aimable demoiselle, ajouta ce maudit homme, a écrit un beau certificat de contentement sur le livre de mon auberge.

— Donnez-moi vite le livre, que je voie ce certificat.

Il était impossible qu'il n'y eût pas quelque petit mot dont le véritable sens ne devait être intelligible que pour moi. J'ouvris le registre d'une main tremblante. Une page entière était couverte de cette écriture gracieuse et penchée que possèdent toutes les jeunes filles de la Grande-Bretagne. Miss Nancy commençait par louer le zèle et les soins de M. Abate, le patron de la Couronne. Ensuite elle se plaignait de n'avoir point trouvé de beurre frais depuis sa sortie de Naples ; puis elle terminait le morceau par cette réparation éclatante faite à la Sicile, et que je transcris textuellement :

« *I beg to recommand in very strong terms the ricotta of the country. In many parts of Italy, it is preferable to the butter, and if fresh, is always excellent ; but as prepared by signor Abate's direction it is supra excellent, and would be an cceptable addition to any English breakfast-table.* »

Avec de la bonne volonté, j'aurais su découvrir une allusion très-fine dans cet éloge pompeux du fromage blanc, une intention romanesque dans cette *supra-excellence* de la *ricotta* préparée à la Couronne, un mystère délicatement déguisé sous cette *acceptable addition à toute anglaise, table de déjeuner*. Il ne me fallait qu'une heure ou deux de méditation, et j'étais au moment de saisir le mot de l'énigme, lorsqu'un incident grave vint me tirer de ma rêverie. En me promenant sur la place, je me trouvai face à face avec le muletier de la letiga. Cet homme, qui s'appelait don Trajano, et qui portait bien son nom, ne s'émouvait jamais de rien, et ne répondait que dans un jargon moitié italien moitié sicilien.

— Eh bien ! lui dis-je, où donc est le signor anglais ?
— *E cascatu.*
— Comment ? il est tombé !
— *Già ; a Lagnone.*
— Dans le précipice de Lagnone ?
— *Già.*
— Il s'est tué ?
— *Gnor, no.*
— Dieu soit loué ! Il s'est cassé un membre ?
— *Gnor, no.*
— Que s'est-il donc fait ?
— *È un pò sbalurditu.*
— Il est étourdi du coup ? Et où l'avez-vous laissé ?
— *L'avemo lassatu a Lagnone.*
— Comment cela est-il arrivé ?
— *Il mulo non avea ben magnatu.*
— C'est que vous ne nourrissez pas assez vos mules.
— *Già.*

Lagnone n'est qu'à huit milles de Catane. Nous y allâmes plusieurs personnes ensemble. Le seigneur anglais était debout, un peu troublé de la secousse, la caisse de la letiga ayant roulé sur un penchant de trente pieds environ. Il n'avait aucune fracture et ne se sentait pas malade ; mais il ne voulait plus entendre parler ni de letiga, ni de mulets, ni d'aucun moyen de transport quelconque par les chemins siciliens, dont il appréciait la juste valeur. Il ne restait donc absolument que ses jambes qui n'eussent pas perdu sa confiance. Au bout de trois jours passés à Lagnone dans un cabaret, où il ne put fermer l'œil un instant, il se crut suffisamment reposé. On le vit arriver à Catane le bâton à la main. Deux heures après, il était dans le courrier de Messine, et le lendemain sur le bateau postal de Naples, bien décidé à ne plus voyager que sur des routes royales.

XIII

HISTOIRE D'UNE TOPPATELLE

Celui qui aime véritablement à voyager se considère comme en partie de plaisir par cela même qu'il voit du pays, et alors il peut lui arriver d'être aussi sastisfait de retomber dans l'isolement que de rencontrer de la compagnie ; c'est précisément ce que j'éprouvai lorsque tous mes Anglais furent partis de Catane. Ce qui augmentait ma résignation à supporter la solitude, c'était l'assurance d'avoir bientôt un Français aimable pour compagnon de voyage. Le comte de M..., attaché à l'ambassade de Naples, homme instruit et poète, m'avait annoncé par une lettre qu'il viendrait me prendre pour aller avec moi jusqu'à Palerme. Pendant les trois jours que j'avais encore à attendre, je m'abandonnai à cette paresse méridionale qu'on respire avec l'air de ce beau pays, et dont l'exemple des Napolitains m'avait appris à goûter le charme. Je passerais donc sur cette lacune pour achever le récit de mon excursion, si le hasard n'eût fait venir à ma connaissance une histoire populaire que je vous transmets, telle qu'on me l'a racontée sur le lieu même de la scène.

Dans toute la Sicile on se sert beaucoup des ânes. On attache sa modeste monture dans la cour d'un palais magnifique, et on la reprend lorsqu'on a fini sa visite. Le matin, de beaux messieurs gantés de blanc s'arrêtent devant un café pour boire une limonade sans descendre de leur âne. On parcourt le *Journal des Deux-Siciles*, on s'informe des nouvelles, et on se disperse au trot du vertueux et simple animal sur lequel Notre-Seigneur ne dédaigna pas de monter pour faire son entrée dans Jérusalem. Un usage général ne saurait paraître ridicule ; c'est pourquoi j'avais fini par adopter comme tout le monde cette manière de circuler, pendant mon séjour à Catane. Pour la somme de trente sous, j'avais un grand âne, sobre et infatigable comme un Sicilien. Il me portait toute la journée, et nous allions paisiblement en bonne intelligence par les rues et les chemins, sans qu'il fût besoin, comme à Castellamare et à Sorrente, de ces âniers toujours pressés qui vous suivent en poussant des cris sauvages, et qui tirent la pauvre bête par la queue pour la faire courir au galop.

Un jeune Sicilien avec qui j'avais voyagé sur le bateau à vapeur, m'avait offert de me présenter à quelques personnes aimables de son pays. Il vint un matin me chercher, monté sur son âne ; je pris aussi le mien, et nous partîmes, ainsi équipés, pour aller faire des visites de cérémonie. En passant sur la place de l'Éléphant, nous nous arrêtâmes pour regarder les dames qui sortaient de l'église. Elles étaient toutes enveloppées de ces mantes noires dont j'ai parlé, et qui donnent aux rues de Catane l'apparence d'un cloître ou d'un foyer de bal masqué, selon la disposition d'esprit où l'on se trouve.

— Savez-vous, me dit mon compagnon, comment nous appelons les femmes qui portent ce grand voile noir ? On les nomme *toppatelles*. Ce mot vient de *toppare*, qui veut dire *cacher*, ou de *topo*, qui signifie *souris ;* choisissez entre ces deux étymologies celle que vous voudrez. Nos jeunes filles possèdent l'art de draper à leur avantage ce vêtement funèbre. Il ne faudrait pas se fier à leurs airs de nonnes, car elles ressemblent à l'Etna, qui sommeille jusqu'au jour où l'éruption éclate. Une fois qu'elles sortent de leur indolence, rien n'arrête leurs petites passions. Si vous étiez venu ici en 1840, vous auriez vu la plus belle personne qui ait jamais porté le voile de soie noire. Celles-ci ne sont rien en comparaison. Hélas ! la pauvre Agata, elle est perdue pour nous !

— Son histoire doit être intéressante, répondis-je. Contez-la moi, je vous prie. Allons au bord de la mer ; nous ferons nos visites demain.

Mon compagnon rapprocha son âne du mien. Nous sortîmes ensemble de la ville par la rue du Corso, et le Sicilien commença en ces termes l'histoire de la *belle toppatelle :*

J'ai connu Agata quand elle n'avait que quatre ans. Jamais il n'y eut de petite fille aussi aimable. Ses yeux parlaient avant que son esprit fût développé, comme s'ils eussent deviné ce qu'ils auraient à exprimer un jour. Elle avait l'air de songer à quelque chose de sérieux qu'on ne savait pas et qu'elle n'aurait pas pu dire elle-même. Sa mère, qui était une franche Sarrasine, lui avait transmis un sang brûlant comme la lave, et recouvert d'une peau brune et veloutée comme le fruit rare et beau qu'on nomme le brugnon. La petite Agata n'était ni farouche ni caressante ; lorsqu'on voulait l'embrasser, elle vous faisait une révérence et vous demandait la permission d'aller à ses affaires avec le ton d'une personne raisonnable. A douze ans elle était grande et bonne à marier. Si vous l'eussiez vue marcher dans la rue en balançant sa longue taille, si du fond de son capuchon noir elle eût tourné sur vous ses yeux brillants surmontés d'un front jaune et frais comme la nèfle du Japon, monsieur le Français, je vous assure qu'elle vous eût fait perdre la tête. Elle portait la mante noire avec une grâce qu'on ne connaît plus à Catane, et, pour cette raison, nous l'appellions la belle Toppatelle. Dans ses premières années de jeunesse, elle avait je ne sais quelle fantaisie de faire la méchante et de maltraiter ses amoureux. Les garçons n'y prenaient pas garde, et continuaient à rimer pour elle plus de mauvais vers qu'il n'y a d'étoiles au firmament ; car les drôles devinaient bien que sous cette cendre froide dormait un feu caché qui ne pouvait manquer de s'allumer tôt ou tard. Lorsqu'elle travaillait à l'aiguille, auprès de son père, qui était tailleur, on inventait cent prétextes pour entrer dans la boutique ; mais les jeunes gens les plus beaux ou les plus riches, et les étudiants de l'université eux-mêmes, ne réussissaient pas à la distraire de son ouvrage. Le soir, si elle entendait une guitare sous sa fenêtre, elle éteignait aussitôt sa lumière, et renonçait à respirer sur son balcon, de peur des sérénades, ce qui est le plus grand sacrifice que puisse faire une Catanaise.

Cette indifférence lui dura jusqu'à quinze ans ; c'est le bel âge pour les filles de la Sicile, et celui où la nature les mène souvent comme il lui plaît. En face de la maison du petit tailleur était le palais d'une signora fort élégante, qu'on eût appelée une *lionne* si on eût connu ce mot-là. Un soir d'été, il y avait un bal chez la signora, et comme dans ce pays-ci le bon ton n'oblige personne d'arriver le dernier, les calèches commencèrent à entrer dans la cour du palais à vingt-trois heures, c'est-à-dire une heure avant le coucher du soleil. Une troupe de curieux s'était amassée devant la porte. Agata elle-même parut à son balcon pour regarder les toilettes des belles dames.

Parmi les curieux se trouvait un garçon de dix-huit ans qu'on appelait Zullino, surnom qui dérive, je ne sais comment, de Vincenzo, car il n'y a rien d'arbitraire ni de capricieux comme nos diminutifs. Zullino était un Sicilien de race normande. Il avait l'esprit gai, le cœur fier et les bras très robustes. Pour éviter l'affront d'un refus, il n'avait jamais parlé plus tendrement à Agata qu'aux autres jeunes filles, et se tenait pour dit qu'elle ne voulait pas d'amoureux. En regardant la fille du tailleur, Zullino s'aperçut qu'elle avait mis des roses dans ses cheveux.

— Donna Gattina, lui dit-il, je sais bien pourquoi vous vous couronnez de fleurs.

— Eh ! pourquoi cela, don Zullino ?

— Parce que vous seriez bien aise d'aller au bal avec toutes ces belles dames qui vous passent devant le nez. Ne pouvant pas le faire, vous vous parez toute seule, et il y a fête dans votre chambrette.

— J'en conviens, don Zullino. Je n'ai jamais vu le bal, et j'imagine que ce doit être une chose bien divertissante.

— Invitez-moi donc à votre petite fête. Votre mère jouera du tambour de basque, et nous danserons ensemble une tarentelle à réveiller les morts.

— Eh bien ! je vous invite ; allez chercher vos castagnettes.

Le tailleur ne s'opposa point au désir de sa fille. Il ferma sa boutique. On mit de l'huile dans sa lampe, dont on alluma, pour cette fois, les deux mèches. La mère fit ronfler le tambour et sonner les grelots, tandis que le père frappait en cadence avec une clef sur un poêlon. Au bruit de cette musique improvisée, les deux jeunes gens dansèrent avec une ardeur que vous autres habitants du Nord vous ne portez pas dans le plaisir, mais que vous retrouvez, dit-on, les jours de bataille. Zullino bondissait à deux pieds de terre, Agata voltigeait comme un oiseau. Tantôt il se poursuivaient, tantôt ils se rapprochaient, les bras étendus, main contre main, et le pied de l'un reculant quand le pied de l'autre avançait. Les castagnettes marquaient la mesure. Zullino se déhanchait à se rompre l'échine, et Agata, la tête presque en arrière, faisait voler en l'air son tablier. Au bout d'une demi-heure, ils dansaient plus vigoureusement que jamais, et les yeux de la toppatelle lançaient des lueurs comme des épées de combat. Les joyeux instruments de musique finirent par tomber des mains de l'orchestre, et les danseurs s'aperçurent alors de la fatigue. Agata se jeta sur une chaise, et Zullino se coucha tout de son long sur la table.

— Seigneur, dit la jeune fille, après vous avoir donné le bal, il faut vous offrir aussi le souper. Voici d'abord une nappe blanche, un bon morceau de pain, des amandes, une flasque de vin *del Greco*, et tout à l'heure je vous servirai une salade que je vais chercher au jardin.

— Signora, répondit le garçon, si vous cueillez la salade vous-même, et si vous versez le vin dans mon verre, le roi ne soupera pas si bien que moi.

On se mit à table, et on mangea de bon appétit. Les jeunes gens, animés par le plaisir, jouèrent à cette guerre d'esprit qui a du piquant dans notre dialecte, et où l'amour suit quelquefois la malice de fort près. Agata riait de ce rire qui enivre les fillettes, et qui a donné lieu au proverbe : Bouche qui rit veut un baiser. Zullino n'eut cependant pour toute faveur qu'une rose portée par sa danseuse, et on se sépara vers le carillon de minuit.

Ce n'était pas un grand seigneur que le bon Zullino. Son père, fort mauvais menuisier, n'avait pu faire de lui qu'un ouvrier peu habile. Quelques baïocs, péniblement gagnés à raboter des bancs et de méchants escabeaux, les menaient tous deux à la fin de chaque semaine ; le bout de l'année se trouvait ainsi arrivé sans qu'on pût dire comment. La pauvreté ayant toujours été leur fidèle associée, ils étaient habitués à sa compagnie, et ne se doutaient pas qu'elle fût considérée par certaines gens comme un malheur. Le lendemain du bal improvisé, Zullino était à l'ouvrage dès le point du jour, et chantait en taillant une planche. Agata passa devant sa boutique en allant à la messe.

— Vous chantez de bon cœur, lui dit-elle ; on voit bien que vous n'avez pas de soucis.

— Voilà comme vous êtes, vous autres jeunes filles, répondit le garçon ; vous parlez de tout sans rien savoir. Apprenez que je chante pour m'étourdir et ne pas songer à mes peines ?

— Quelles peines avez-vous donc ?

— J'ai de l'amour pour vous depuis hier, et comme vous ne voulez pas qu'on vous aime, je tâche de vous oublier. Demain, si je n'y ai pas réussi, je m'en irai à Lentini chez mon oncle le tonnelier.

— Le mauvais air règne à Lentini ; vous y gagnerez la fièvre.

— Mieux vaut la fièvre que d'aimer qui ne vous veut pas de bien. Je prétends mener ma tendresse pour vous comme ceci, à coups de maillet.

Zullino frappa si fort sur ses planches, qu'Agata effrayée recula d'un pas ; mais il se trouva que ce coup de maillet venait d'enfoncer l'amour dans le cœur de la toppatelle.

— Vous êtes un fou, dit-elle. Quand on aime une fille, on ne s'embarrasse pas de tous ces discours ; on lui déclare poliment ce qu'on éprouve, et on va la demander en mariage à ses parents tandis qu'elle est à la messe.

Il n'y avait plus à hésiter. Zullino courut chez le petit tailleur, et lui demanda la main de sa fille.

— Mais, dit le père, si je te donne ma fille, comment la nourriras-tu ?

— En travaillant.

— Et si tu as des enfants ?

— Je les élèverai comme vous avez élevé votre fille.

— J'aurais préféré un gendre plus riche que toi ; cependant j'en parlerai à Agata, et nous verrons quelle sera son opinion.

Agata pensa qu'un mari jeune et laborieux n'a pas besoin d'être riche, et qu'un morceau de pain se mange avec plaisir en compagnie d'une personne qu'on aime. Ces idées peuvent vous sembler étranges, monsieur le Français, à vous qui venez d'un pays où ce sont les fortunes qui se marient plutôt que les personnes, et où le beau mot d'*intérêts matériels* a remplacé tous les sentiments ; mais il faut considérer que nous sommes sous le trente-septième degré, dans la patrie de Théocrite et d'Archimède, et par conséquent bien éloignés des lumières. Le père ne trouva donc pas d'objections à faire, quoiqu'il en eût grande envie ; Zullino vint assidûment passer les soirées auprès de sa maîtresse, et on s'apprêtait à publier la nouvelle du mariage prochain, lorsqu'un petit incident dérangea les projets.

En face de la boutique du tailleur demeurait un homme

qui s'était enrichi dans le commerce de soieries de Catane. Cet homme découvrit à quarante ans qu'il lui fallait une femme pour mener sa maison. Don Benedetto, c'est ainsi qu'on le nommait, mit un pantalon de nankin tout neuf, prit sa montre à breloques, et sortit de chez lui en manches de chemise, avec un chapeau de soie bien luisant à la façon de Paris. Dans cette toilette d'un négligé savamment mélangé de luxe, il vint poser ses deux coudes sur le bord de la fenêtre où travaillait le petit tailleur.

— Savez-vous, dit-il, ce que j'ai fait depuis dix ans que je tiens mon commerce? Non, mon voisin, vous ne le savez pas. Regardez-moi un peu là, entre les deux yeux. Vous voyez un homme qui a gagné plus de vingt mille, plus de trente mille écus, et davantage. Cette année, je voulais avoir une maison dans la montagne pour la villégiature : j'ai fouillé dans la sacoche, et j'ai eu la maison. Demain, si je voulais avoir un cheval, je fouillerais à la sacoche, et je l'aurais. Ma cuisinière me fait le dîner à midi : quatre plats, les pâtes, les légumes, l'*humide* et les fruits ; eh bien ! quand je me sens de l'appétit le soir, je vais à la *locanda* et je mange. Comment appelez-vous un homme qui vit de la sorte ?

— Je l'appelle un homme heureux, répondit le tailleur, et de plus un homme riche.

— Cela n'est pas mal répondre ; je suis riche, en effet. Pensez-vous que je le sois assez pour demander une fille en mariage ?

— Vous pouvez demander la fille d'un corroyeur, la fille du patron d'une *speronara*, celle du directeur des postes ; enfin toutes les filles que vous voudrez.

— Eh bien ! je vous demande la vôtre. Voyons un peu si vous me la refuserez.

— Que le bon Dieu m'en garde ! je vous l'accorde tout de suite. Il y a bien Zullino qui lui fait la cour avec ma permission ; mais je dirai à Zullino que vous m'avez favorisé d'une demande, et il comprendra qu'il ne doit plus songer à ma fille.

Zullino ne comprit pas la chose aussi facilement que le père se l'était imaginé. Il se plaignit du manque de parole, et voulut au moins recevoir son congé de la bouche d'Agata elle-même. On fit venir la jeune fille, et on lui expliqua ce qui arrivait.

— Mon père, dit-elle, il serait indigne d'un galant homme de retirer sa promesse pour quelques écus. Vous m'avez accordée à Zullino : je serai sa femme.

— Tu ne seras pas sa femme ! s'écria le père. Je défends à Zullino de remettre les pieds chez moi, et demain, si tu ne fais pas bon visage au seigneur Benedetto, je te corrigerai avec une baguette. Vive Dieu ! Cela n'a pas encore ses dents de sagesse, et cela veut raisonner !

— Zullino, reprit la toppatelle, tu as entendu : je suis ta femme. Je te regarderais comme un indigne si tu renonçais à ma main. Retire-toi pour ne pas avoir de querelle avec mon père, et compte sur ma parole. Notre mariage n'est que différé.

Après le départ de l'amoureux, il y eut du vacarme dans la maison du tailleur. Le père cria sans savoir ce qu'il disait. La mère cria et pleura pour apaiser son mari. Agata prit sa quenouille et fila paisiblement comme si tout ce bruit ne l'eût regardée en rien. Quand don Benedetto arriva dans sa riche parure, un bouquet à la main, la jeune fille lui tourna le dos et monta majestueusement dans sa chambre, où elle s'enferma. Il fallut pourtant apprendre au prétendu que la toppatelle avait disposé de son cœur.

— Je comprends, dit le marchand de soieries, elle est *demi-folle* pour ce Zullino ; mais je lui ferai un cadeau, et la raison lui reviendra.

Il n'y a pas de gens plus passionnés que nous autres Siciliens, et nous ne parlons jamais des passions. Elles nous entraînent si loin de notre état de nature, que nous les considérons comme une maladie à laquelle on donne le nom de demi-folie. Avec ce mot-là, on ne s'étonne plus de rien. Le jaloux qui tue sa femme, l'amant qui enlève sa maîtresse, sont des demi-fous. On les craint et on s'en écarte lorsqu'ils sont dangereux ; mais on les plaint, et une fois que leur mal est passé, on leur pardonne.

J'ai vu un jour Agata au bord de la mer demeurer assise pendant une heure, si parfaitement immobile que vous l'eussiez prise pour une statue. Des vieilles femmes, qui l'avaient vue comme moi, s'en allèrent conseiller au père de prendre garde à sa fille, en disant que cette enfant était travaillée par quelque demi-folie. Le père, trop brutal et trop borné pour user de ménagements, défendit à la pauvre fille de sortir seule et la menaça de coups de bâton. Pendant la nuit suivante, on entendit Agata marcher à grands pas dans sa chambre. Elle ouvrit sa fenêtre et chanta une chanson sicilienne que tout le monde connaît ici, et dont les paroles disent :

> Ce que je voudrais te donner
> Comme un gage de mon amour
> Que tu puisses conserver,
> C'est le cœur qui est dans mon sein.

Zullino, ayant reconnu la voix de sa maîtresse, fut bien vite sous le balcon. Il apporta une échelle qu'on y trouva le lendemain. Les deux oiseaux prirent leur volée pour Lentini, sans songer que la route est de vingt milles. Un Anglais qui allait à Syracuse permit à la toppatelle de s'asseoir sur le mulet aux bagages, et nos amoureux arrivèrent ainsi chez l'oncle de Zullino, qui les reçut à merveille.

La folie d'Agata ne l'empêcha pas de sentir la nécessité de mettre son honneur en sûreté par un mariage. Lorsque le curé de Lentini refusa d'unir ensemble deux jeunes gens qui ne pouvaient satisfaire à aucune des formalités préalables, la fille du tailleur se trouva un peu déconcertée. Heureusement ce curé était un homme bon et indulgent qui prit en compassion cette brebis égarée. Il lui conseilla de ne point demeurer sous le même toit que son amant, et la recueillit chez lui, en promettant de travailler à une réconciliation générale. Agata se plaisait beaucoup à Lentini. Elle tenait compagnie à Zuilino, qui travaillait avec ardeur à fabriquer des tonneaux pour la vendange prochaine. On parlait peu, on se regardait souvent, et on chantait des barcaroles à deux voix. Un beau jour, le petit tailleur, sur un avis du curé, partit de Catane et se présenta tout à coup devant sa fille.

— Ingrate, lui dit-il, tu ne reviendrais donc jamais si je ne courais après toi ?

La toppatelle se rappela aussitôt qu'elle avait des parents. Elle se jeta dans les bras du tailleur en s'écriant :

— Emmenez-moi, cher père : je ne veux plus vous quitter. Ah ! que je suis heureuse de vous revoir et de retourner à la maison !

— Ce n'est pas tout, reprit le père ; il faut encore renoncer à ce coquin de ravisseur.

— Hélas ! puisque personne ne veut me marier au pauvre Zullino, je suis bien forcée de renoncer à lui, mais je ne serai jamais la femme d'un autre.

— C'est ce que nous verrons. Monte sur ton âne et partons.

Agata courut embrasser son amant, revint caresser son père, puis elle sauta sur son âne et prit la route de Catane, où elle fit son entrée avant la nuit. Ainsi finit son premier accès de demi-folie ; mais, de même que le grand don Quichotte de la Manche, elle avait encore de fort belles aventures à courir.

En me racontant l'histoire de la toppatelle, le jeune Sicilien avait dirigé notre promenade vers l'Etna. Nous quittions le bord de la mer pour entrer dans la montagne. Nous traversions des vignes, des jardins d'orangers, la plupart ouverts à tout le monde, quelques-uns gardés par des bataillons carrés de *cactus* qui présentaient aux passants leurs grosses raquettes armées d'épines.

— Ce n'est pas sans dessein, me dit le Sicilien, que je vous ai conduit de ce côté. La seconde partie de notre histoire s'est passée dans la montagne, et vous aurez ainsi le lieu de la scène sous les yeux. L'Etna embrasse, comme vous le voyez, un rayon considérable. En comptant Catane et Taormine, il contient quatre cent mille habitants, c'est-à-dire le quart de la population de la Sicile entière. Cela ne doit pas vous étonner. Cette montagne est très peuplée, tandis que le reste de notre pays, où il y aurait place pour six millions d'hommes, est dans une décadence qui approche du néant, mais qui cessera quelque jour. L'Etna se divise en trois parties : la région basse, où nous sommes, qui est très riche et très bien cultivée ; la région du milieu, qu'on appelle le *Bosco*, parce qu'elle est couverte de bois ; et enfin le sommet, qui appartient au volcan, et dont la neige et le feu se disputent la possession. Le Bosco est habité par quelques montagnards d'une force athlétique, à qui les convulsions de l'Etna ne font pas peur et qui rient lorsque le terrain tremble sous leurs pieds. Afin de n'avoir pas à réparer leurs maisons, ils dorment sur le sol. On ne les voit qu'au mois d'octobre, où toutes les populations se réunissent pour les fêtes de la vendange. C'est un beau moment que celui-là, et qui mérite qu'on vienne exprès à Catane. Vous en jugerez par l'histoire de la toppatelle, que nous allons reprendre.

Une fois de retour au logis paternel, Agata devint sage et docile comme un agneau. Tout le monde se remit à l'aimer et à l'admirer comme si elle n'eût jamais donné de prise à la médisance. Zullino ne manqua pas de venir rôder sous les fenêtres de sa maîtresse. La première fois qu'elle l'aperçut, elle lui jeta un regard de tristesse et se mit à soupirer ; la seconde fois, elle ne soupira plus, et la troisième, ses yeux demeurèrent si calmes, que le pauvre amoureux y lut clairement la ruine de ses espérances.

De son côté, don Benedetto gagnait du terrain. Il se faisait raser chaque matin pour avoir le visage frais, et portait une royale sans moustaches, ce qui lui allait à ravir. Son chapeau de soie brillait d'un lustre sans égal, et la veste ronde en velours vert lui rajeunissait la taille de plusieurs mois. Mais ce qui fit surtout souffler le bon vent dans ses voiles, ce fut un cadeau de boucles d'oreilles en argent, valant deux piastres, qu'il offrit lui-même en se servant de phrases très polies. Il fallait voir cet homme favorisé du ciel se promener les mains dans ses poches, disant à ceux qu'il rencontrait :

— Quand je me suis mis une chose dans la tête, on peut la regarder comme faite et terminée, car j'aime les entreprises difficiles.

Ce langage assuré pénétrait les auditeurs d'un profond respect.

Sur ces entrefaites, arrivèrent le mois d'octobre et les vendanges. Il y a tant de raisins mûrs, que tout le monde est mis à contribution pour les cueillir. Vieux et jeunes, paysans et citadins courent à la montagne, le panier sous le bras et le couteau dans la poche. Les toppatelles font semblant de travailler, mais leur occupation est de manger du raisin en attendant les danses. Aussitôt que la dernière grappe est cueillie, et que les cuves sont pleines, on se met en fêtes pour un mois entier. Chaque propriétaire donne à son tour un dîner suivi d'un bal, où l'on peut venir sans invitation. Riches et pauvres, étrangers et gens du pays, sont admis indistinctement, et ce n'est pas en cérémonie, pour quelques heures, qu'on les reçoit ; c'est pour un jour et une nuit, et avec la cordiale hospitalité des anciens temps. Une bonne partie des convives ne sait pas le nom de l'amphitryon. Vous passez par là, vous entendez des rires, du bruit ou des violons ; vous entrez et vous prenez place à table par droit de présence. On mange comme des héros d'Homère, et puis on saisit les castagnettes et on se trémousse ; ceux qui préfèrent se griser, chanter ou dormir, sont parfaitement libres. La verte jeunesse ne connaît que deux choses, danser et faire l'amour, et je vous assure qu'elle s'en acquitte bien. Pendant la première semaine, on se divertit modérément ; il y a de l'hésitation. A peine si les violons et les tambourins vont jusqu'à l'aurore. Les toppatelles font encore les renchéries. Elles se promènent ensemble par bandes compactes, et les

10.

garçons feignent de jouer entre eux ; mais au bout de huit jours les bataillons sont entamés, les deux camps se confondent, et c'est alors qu'on babille et qu'on rit à faire trembler la montagne. La fillette taciturne, qui n'a pas dit quatre mots dans l'année, donne de l'exercice à son gosier pour le temps perdu. Celle qui a fait la sourde oreille aux propos galants en écoute autant qu'on lui en veut dire. La demi-folie s'en mêle, et, quand les fêtes sont finies, il ne rentre pas dans la ville un seul cœur qui ne soit au moins troublé, pas une cervelle qui ne soit à l'envers. Messieurs les étrangers payent leur tribut comme les autres. Combien en ai-je vu venir en spectateurs, le sourire sur les lèvres et le lorgnon sur l'œil, s'asseoir à table pour se montrer bons princes, et finir par faire le pied de grue dans les rues de Catane, sous le balcon de quelque brunette ! Il y a temps pour tout, et la méthode est chose bonne. On change de domestiques à la Saint-Jean ; les termes de loyers sont fixés au 4 de mai, et ce jour-là l'Italie et la Sicile entière déménagent : mais dans l'Etna, au mois d'octobre, c'est l'échéance des amours. Les couples se forment au milieu des plaisirs, et quand sonne la cloche de la Toussaint, les curés ont de la besogne pour marier nos barbes rousses avec leurs amoureuses. Ce n'est pas que tous ceux qui reviennent des vendanges deux à deux s'en aillent droit à l'église. Si on traîne jusqu'à Noël, adieu les sacrements pour cette anné-là ! L'amour va vite, et ne mène pas toujours les filles où elles voudraient aller ; mais on est indulgent, et s'il arrive malheur à une danseuse, les bonnes gens secouent la tête en disant : Que voulez-vous ? c'est la vendange.

Don Benedetto, qui possédait un grand clos de vignes dans l'Etna, voulut en faire les honneurs à sa fiancée et à ses amis. Il s'en alla d'abord se divertir chez les voisins avec la famille d'Agata, et promit un dîner cyclopéen pour la seconde semaine. Notre toppatelle bouda contre le plaisir pendant huit jours. Elle ne dansait que du bout des pieds et penchait l'oreille sur son épaule d'un air distrait, tandis que toutes les bouches se fendaient à force de rire.

— Tant mieux! disaient les jeunes gens. Elle pouvait avoir un beau garçon à qui elle avait donné parole ; elle a voulu épouser un clos, une maison et un comptoir ; elle y mourra d'ennui.

Cependant, lorsque le futur époux paya son tribut aux vendangeurs, il fit les choses en grand seigneur, et ferma les bouches des mauvais plaisants à grands coups de quartiers de bœuf. Le luxe ajouta son prestige aux douceurs de la bonne chère. La salle à manger fut ornée de fleurs. La cuisine et la cave vomirent une armée de plats et de bouteilles dont la tenue imposante éblouit tous les yeux. On était au milieu du repas, lorsqu'un convive nouveau entra dans la maison, son bonnet à la main, et fit un salut au maître du logis. C'était don Zullino.

—Seigneur Benedetto, dit-il, vous avez remporté la victoire ; je ne vous en aime pas davantage ; mais, avant de quitter la Sicile, je viens faire mes adieux à ceux qui ont eu jadis de l'amitié pour moi. Nous nous séparerons le verre en main. Donnez-moi une place à votre table, et qu'on me verse à boire.

— Soyez le bienvenu, répondit l'amphitryon ; je conçois que vous ne devez pas m'aimer beaucoup. Lorsque vous serez aussi riche que moi, vous épouserez à votre tour une belle femme, et vous pourrez donner à manger à vos amis. Je vous souhaite un heureux succès dans vos voyages.

— Et moi, si vous n'étiez pas mon hôte en ce moment, je vous souhaiterais, de ramasser un scorpion toutes les fois que vous laisserez tomber un de ces écus dont vous êtes si fier. Allons, vous autres, emplissez mon verre, cela vaudra mieux que de nous quereller.

Zullino, qui avait déjà la tête échauffée, se la mit en combustion par quelques rasades des vins capiteux de l'Etna ; mais comme les convives voulaient se divertir, ils ne firent pas grande attention à lui. Agata seule devint rêveuse pendant le repas. En sortant de table, on passa au jardin, où les violons, qui avaient la patte bien graissée, firent un vacarme d'enfer. La masse des danseurs fut bientôt serrée et embrouillée comme un écheveau de fil. Dans cet instant la belle Agata vint aborder son ancien amoureux.

— Vous voulez partir, lui dit-elle ; où irez-vous ?

— A Malte, prendre du service comme matelot ou comme soldat.

— Si c'est à cause de moi que vous faites ce coup de tête, je vous supplie d'y renoncer.

— Tenez votre parole et soyez ma femme ou bien je pars.

— Eh ! comment puis-je être votre femme, si personne ne veut nous marier ?

— C'est-à-dire que vous désirez épouser ce vilain marchand, et me forcer encore d'être le témoin de vos noces ; mais demain à cette heure, regardez la mer de ce côté ; vous verrez là-bas une voile qui me mènera bien loin de vous et pour toujours. On dit qu'il y a du bruit aux Indes, j'irai me faire casser la tête au service du roi des Anglais, et vous pourrez dire avec fierté à vos amis qu'un homme est mort pour vous. Ne parlons plus de cela, et dansons ensemble pour la dernière fois.

Zullino saisit Agata par la taille et l'entraîna dans le tourbillon, où ils dansèrent tous deux avec tant de grâce et de gentillesse, qu'on ne les eût jamais pris pour des amants au désespoir. Quand la tarentelle fut achevée, notre amoureux pressa la main de sa maîtresse infidèle, puis il enfonça son bonnet sur ses yeux et sortit à grands pas. Il était à peine dans la rue, qu'il s'entendit appeler. Une jeune fille, entièrement voilée de sa mante noire, vint lui prendre le bras, et une voix émue qu'il connaissait bien lui dit tout bas :

— Je n'y tiens plus ; emmenez-moi où vous voudrez.

La seconde évasion de la toppatelle ne troubla les fêtes de la vendange que pour le petit tailleur et son futur gendre. Les autres continuèrent à s'amuser.

— Voilà ce que c'est, disait-on, que d'avoir voulu marier

par force une jolie fille avec un être qu'elle n'aime pas.

Don Benedetto fit battre le pays par ses amis et ses serviteurs. Des bûcherons assurèrent avoir vu dans les bois plusieurs couples d'amoureux qui allaient dans toutes sortes de directions En poursuivant Agata on interrompit d'autres entretiens, et on remit dans leur chemin quelques toppatelles égarées, mais on ne trouva pas celle qu'on cherchait. Nos jeunes gens s'étaient enfoncés dans le plus épais du Bosco et vivaient paisiblement chez des charbonniers. Ils y étaient depuis trois jours, oubliant l'univers entier, lorsque le hasard fit passer par là le vertueux curé de Lentini, monté sur son âne et accompagné d'un guide.

— Mes enfants, leur dit-il, que faites-vous ici, loin de vos parents? On vous cherche et on vous pleure.

— Nous nous cachons, monsieur le curé.

— Cela est fort mal. Votre réputation en sera perdue, ma chère Agata.

— Ah! mon Dieu! s'écria la jeune fille, que vais-je devenir si ma réputation est perdue?

— De plus, reprit le curé, vous vivez en état de péché mortel.

— Pour cela, non, monsieur le curé, dit Agata, je n'ai rien fait de mal; j'irai entendre la messe à Nicolosi dimanche prochain, et d'ailleurs je vais profiter de votre passage ici pour me confesser à vous.

— Il faudrait, avant de recevoir l'absolution, commencer par vous repentir de vos fautes et les réparer. Vous voyez bien cette charbonnière d'où il sort une fumée si noire : si vous mouriez demain, vous brûleriez dans un feu mille fois plus terrible, et pendant l'éternité.

— Hélas! sainte Vierge! brûler pendant l'éternité! Je ne le veux pas, Zullino. Je dois me repentir et mériter l'absolution ; il faut que ma réputation soit sauvée ainsi que mon âme.

— Vous n'avez qu'un seul moyen d'obtenir tout cela ensemble, dit le curé. Retournez à Catane avec moi sur-le-champ. Rentrez chez votre père : je vous donnerai un nouveau confesseur qui vous dirigera bien et vous raccommodera avec le ciel, avec votre conscience, et peut-être aussi avec le monde. Et vous, jeune homme, allez à votre maison, et ne détournez plus cette enfant de ses devoirs. Vous mériteriez d'être excommunié.

— Excommunié ! pensa Zullino saisi d'effroi : je suis donc un monstre, moi qui ne croyais être qu'un amoureux bien à plaindre ?

— Monsieur le curé, dit Agata tout en pleurs, ne m'abandonnez pas ; menez-moi au couvent si vous voulez. Partons bien vite. Adieu, cher Zullino ; va, je penserai à toi ; je prierai le bon Dieu qu'il te rende encore plus heureux que je ne l'aurais pu faire en t'aimant.

Sans perdre une minute, Agata partit avec le curé, dont elle écouta si attentivement les réprimandes pendant le chemin, qu'elle arriva parfaitement convertie chez son père. Cette réaction subite dans les idées de la toppatelle mit fin au second accès de demi-folie. Il me reste à parler du troisième et dernier, qui se termina plus tristement que les deux autres.

Depuis longtemps, la paix était signée entre le ciel et Agata par les soins d'un nouveau confesseur. Elle avait déjà été admise à communier, après une pénitence sévère. Cependant ce n'était pas assez pour la tranquillité de sa conscience. Le feu sombre de la charbonnière ne lui sortait pas de l'imagination. Elle se recommandait à tout le paradis, et particulièrement à sainte Agata-la-Vetera, sa patronne, dont les reliques ont sauvé Catane des fureurs de l'Etna. Pendant des heures entières la toppatelle restait prosternée au pied de la châsse où dorment ces reliques, et ne sortait de la chapelle que par force. Le jour la surprenait en prières, le crucifix à la main, et les pages de l'Imitation de Jésus-Christ étaient trempées de ses larmes. Au bout d'un mois elle priait avec plus de passion que jamais, et voulait se couper les cheveux pour prendre le voile.

Auprès de la maison du tailleur demeurait une bonne

femme qui avait des filles mariées et une légion de petits-enfants. Un jour, en revenant de l'église, Agata vit cette grand'mère caressée et lutinée par un bambin de jolie figure auquel elle souriait avec tendresse. A côté de la vieille était une jeune femme qui berçait un enfant à la mamelle, tout en faisant réciter le *Pater* à une fille de six ans dont les yeux pétillaient d'intelligence et de vivacité. Par une fenêtre ouverte on apercevait la servante qui préparait le couvert pour cette nombreuse famille. Agata n'eut besoin que de jeter un regard sur ces gens heureux pour sentir un vide affreux dans son âme.

— Voilà, dit la grand'mère, une belle toppatelle qui, à mon âge, saura ce qu'il en coûte de donner sa vie au ciel par dépit.

— Elle n'est pas encore donnée, murmura la fille du tailleur.

Dans la disposition d'esprit où elle était alors, Agata eût peut-être épousé don Benedetto lui-même, pour avoir le plus tôt possible de jolis enfants à bercer. A force de confiance dans son mérite, le marchand de soieries accoutumait les gens à tolérer une sottise dont il ne pouvait rien rabattre. Sa fiancée le voyait souvent et n'avait personne à lui comparer, excepté par souvenir. L'envie de se marier colora de rose tout ce qui avait d'abord choqué la toppatelle. Finalement on prit un matin le chemin du Dôme, et, en quelques minutes, le destin d'Agata se trouva lié pour la vie à celui d'un *sposo felicissimo*. Il fallait entendre don Benedetto dire avec orgueil à ses amis :

— Vous savez bien cette fille si intraitable, qui me détestait, qui était amoureuse folle d'un autre, qui s'est enfuie deux fois avec son amant et qui a pensé se faire religieuse plutôt que de m'épouser ? eh bien ! la voilà pourtant ma femme.

Tout alla le mieux du monde dans la maison de cet heureux mortel pendant douze heures entières. Agata parut enchantée de l'appartement, du mobilier et du jardin. Pour sa bienvenue, elle voulut que le patron donnât une gratification à ses commis. Elle fit bonne mine aux servantes et caressa le chien du logis ; mais le lendemain des noces, la signora avait le visage sombre et ne voulait plus ouvrir la bouche, ou si elle répondait aux questions de son mari, c'était comme au sortir d'un rêve et avec si peu d'à-propos qu'autant eût valu ne rien répondre du tout. A la suite d'une petite explication, Agata prit son grand courage pour avouer à don Benedetto qu'elle était au désespoir de l'avoir épousé.

— C'est que vous ne m'aimez pas encore, dit le marchand de soieries. Un peu de patience, cela viendra.

Au bout de huit jours Agata l'aimait encore moins, et ne pouvait plus le regarder en face sans être dévorée de regrets.

De son côté Zullino était fort malheureux, et ne savait que faire pour se distraire de son chagrin. Un capitaine napolitain, le voyant plongé dans la mélancolie, lui conseilla d'embrasser la carrière des armes. Il lui promit les épaulettes d'argent pour l'année suivante et lui montra dans l'avenir son ingrate maîtresse étonnée de son uniforme et de sa belle tenue, après cinq ans de campagnes glorieuses. Il parla des magnificences de la ville de Naples, nouvellement éclairée par une lumière sans huiles ni mèches; il appuya beaucoup sur la considération du peuple pour les militaires, et sur les délices de la musique du régiment, qui jouait la cavatine de l'opéra en vogue. Ces récits merveilleux, accompagnés des fumées du vin, entraînèrent le pauvre Zullino. Après quelques rasades, il posa sa signature sur un morceau de papier, en vertu de quoi on l'expédia sur le continent aux troisièmes places du bateau postal, entre des volailles et des thons salés. Le pauvre garçon ne fut pas plutôt incorporé dans un régiment d'infanterie, livré aux sergents instructeurs, et soumis à une discipline inflexible, qu'il comprit sa faute et pleura sa liberté. Il s'en alla dicter une lettre pathétique à l'un des écrivains publics de la place du Castello, pour demander à ses oncles de lui acheter un remplaçant ; mais il fallait deux cents piastres, et toute la famille n'en possédait pas cinquante.

Agata n'ignorait pas le malheur de son ancien ami. Le commis-voyageur de la maison avait rencontré Zullino à Naples. Soit par intérêt pour le sort de ce jeune homme, soit pour se donner de l'importance, le commis assura que Zullino n'avait pas longtemps à vivre. Agata prit aussitôt sa chaîne d'or, ses pendants d'oreilles et ses bracelets. Un bijoutier lui offrit du tout ensemble vingt-cinq piastres, et après cette expédition infructueuse elle rentra chez elle dans un état violent de chagrin et d'impatience. Don Benedetto, la plume à la main, calculait ses bénéfices, lorsqu'il vit entrer la signora dans son bureau.

— Est-il vrai, lui dit-elle, que vous soyez le plus riche marchand de Catane?

— Qui pourrait en douter?

— A quelle somme, je vous prie, se monte votre fortune?

— Je n'en sais trop rien; peut-être à soixante mille écus.

— Eh bien! faites-moi le plaisir de me donner deux cents piastres.

— Bagatelle! vous ne savez pas ce que c'est que deux cents piastres. Il n'y a pas d'ajustement de femme qui coûte cela, si ce n'est la dentelle, et vous n'en avez que faire.

— Ce n'est pas pour acheter de la dentelle. Donnez-moi ces deux cents piastres; vous me rendrez un véritable service.

— Par Bacchus! ne dirait-on pas que les piastres poussent comme les pois chiches, et qu'il suffit de se baisser pour en prendre! J'en ai quelques-unes, il est vrai, mais je les ai gagnées par mon travail, et je ne les donne pas à poignées.

— Ainsi vous me refusez l'argent dont j'ai besoin? C'est donc pour cela que l'on m'a fait épouser un homme riche?

La signora lança au marchand de soieries un regard de mépris si accablant, que, malgré sa vanité, il sentit pour un instant qu'il n'était au fond qu'un pauvre sire, et de plus un pince-mailles. Tandis qu'il faisait d'utiles réflexions sur ce sujet, Agata prit sa mante et sortit précipitamment de la maison.

Il y avait alors sur les côtes de Sicile un embaucheur turc qui venait pour séduire et acheter de belles filles dont il faisait des esclaves en leur assurant qu'elles seraient libres dans un temps déterminé. C'était toujours le sérail délicieux d'un bey ou d'un pacha qu'il offrait en perspective, et lorsqu'on arrivait sur l'autre rive de la Méditerranée, les filles enlevées étaient probablement vendues sur le marché aux esclaves. Ces spéculations lucratives sont heureusement fort rares, à cause du contre-poids de la potence. Le hasard et l'appât du gain avaient amené ici un de ces séducteurs mystérieux. Il déguisait son trafic sous le titre de marchand d'ambre et de corail. La police avait les yeux sur lui, et les jeunes filles riaient à ses dépens lorsqu'il traversait la ville avec ses bottes à l'européenne, son carrick jaune et son turban ; mais celles qui étaient belles et pauvres savaient que sous ses habits délabrés, il portait une ceinture garnie de pièces d'or. Agata courut impétueusement jusqu'au môle, où cet homme se promenait souvent pendant le jour. En arrivant à lui, la toppatelle écarta brusquement sa mante noire pour montrer sa taille.

— *Signora, très belle*, dit le Turc dans son jargon.
— Voulez-vous de moi?
— *Signora, mi pauvre négociante corail.*
— Deux cents piastres, et je pars avec vous.
— *Grosse somme.*
— Pas un carlin de moins.
— *Mi partir demani per Tunis.*
— Où est votre vaisseau?

Le Turc étendit son bras vers les écueils où l'on voyait passer entre les cônes de lave le bout d'un petit mât.

— A quelle heure? reprit Agata.
— *Milieu de nuit.*
— Je viendrai. Donnez-moi l'argent.

— *Signora, est contraire aux principes; si mi donner et vous pas venir?*

Agata gratifia le mécréant du regard terrible dont elle avait déjà honoré son mari; mais le Turc rusé devina mieux que don Benedetto ce que la toppatelle avait dans l'âme.

— *Signora*, dit-il, *porter une quelque chose sainte à son cou?*

— Oui, ce chapelet est bénit.

— *Eh bien! une petite serment là-dessus.*

— Je jure sur ce chapelet et cette croix de revenir à minuit et de partir avec toi pour Tunis.

— *Mi avoir jamais eu cette confiance pour nessune. Voici l'argent tout subite. Signora pas oublier de venir au bord de la mer, dans cette lave. Il y a qu'un seul sentier; pas d'erreur.*

— Ne crains rien, au bord de la mer, dans cette lave, à minuit. Vite l'argent.

Le Turc compta les deux cents piastres en sequins d'or, et la toppatelle disparut.

Il faut avoir essayé de pénétrer dans les champs de lave de l'Etna pour bien comprendre ce que c'est. Le fleuve bouillant a conservé ses ondulations en se refroidissant; on y peut à grand'peine faire quelques pas hors des sentiers, en grimpant comme une chèvre, ou en sautant d'un bloc sur l'autre; mais il serait impossible d'y marcher en droite ligne, et si on veut suivre les petites vallées que forment entre elles les vagues de métal, on s'égare infailliblement au bout d'une minute. Si vous voulez retourner en arrière, vous ne reconnaissez plus les défilés où vous avez passé; si vous en choisissez d'autres, vous ne pouvez prévoir quelles seront leurs sinuosités, et si vous tâchez de vous orienter, les quatre points cardinaux ne servent qu'à vous faire voir clairement combien le labyrinthe est inextricable. En outre, il ne faut pas être sujet aux vertiges pour grimper dans ces déserts, car il se présente souvent des trous où un faux pas vous ferait tomber. Les aspérités du métal exercent l'action d'une râpe sur vos chaussures, et les mettent en charpie si vous n'avez eu soin de les choisir épaisses et solides. Mais ce qui rendrait surtout dangereuse une excursion nocturne dans la lave qui borde le port de Catane, c'est la mer où cette lave descend, et la hauteur des cônes qui se sont pressés les uns contre les autres au moment de l'éruption, à cause de la pente du terrain et de la lutte entre l'eau et le feu. Il n'y a dans ce champ de lave qu'un petit sentier, comme le Turc l'avait fait remarquer à Agata. Ce sentier conduit au bord de la mer après avoir traversé le désert dans toute sa largeur, qui est d'un mille sicilien, c'est-à-dire un peu moins d'une demi-lieue. Pendant le jour, on reconnaît aisément le passage de l'homme, dont les pas ont produit quelque chose de semblable à de la terre végétale ; mais pendant la nuit on s'y égarerait facilement, pour peu qu'on manquât de prudence ou d'attention.

Vers minuit, à l'heure indiquée par le Turc, des jeunes gens qui jouaient à la porte du grand café virent passer une toppatelle enveloppée jusqu'aux yeux et dont la mante flottante ne marquait plus la taille, comme à l'église ou à la promenade. L'un de ces jeunes gens, frappé de l'air mystérieux que trahissaient à la fois la toilette et la démarche, laissa ses amis pour suivre cette dame. Il la vit traverser la place du Dôme, passer sous les arbres qui bordent le port, franchir la planche qui sert de pont au ruisseau des laveuses, et entrer dans le champ de lave. L'obscurité était profonde, et il était difficile de reconnaître le chemin. Le jeune homme s'arrêta de peur de s'égarer, et se mit à l'entrée du sentier, persuadé que la dame inconnue y reviendrait bientôt. Au bout d'un quart d'heure, il entendit plusieurs cris auxquels répondit une voix d'homme. Il lui sembla ensuite que pendant longtemps encore la voix d'homme avait seule appelé sans recevoir de réponse ; mais la mer qui se brisait sur les écueils produisait des bruits si confus, qu'il ne put avoir aucune certitude.

Le lendemain, la fuite d'Agata causa dans la ville une sensation que le récit du jeune homme augmenta encore.

On parcourut le champ de lave dans toutes les directions. Bien loin du sentier praticable, on trouva un soulier de femme entièrement déchiré. Plus loin était un bassin formé par la mer, et on en retira une mante noire de toppatelle qui flottait sur l'eau. On sonda ce bassin, qui n'était pas très profond ; mais on n'y découvrit point le corps, qui aurait dû pourtant s'y trouver. Les uns ont cru que le Turc avait laissé derrière lui ces indices d'une fausse catastrophe, afin de détourner les soupçons ; les autres pleurèrent Agata et portèrent son deuil. Les pêcheurs de corail qui vont en Afrique affirment souvent à leur retour qu'ils ont vu la belle Catanaise, couverte de pierreries, épouse légitime d'un chef barbaresque puissamment riche. Ceux qui passent à minuit près du champ de lave entendent distinctement la voix de la défunte toppatelle qui demande du secours.

Zullino avait reçu à Naples les deux cents piastres désirées. Il acheta un remplaçant et revint dans son pays. Après avoir bien pleuré sa maîtresse, il épousa la fille d'un muletier. Les bonnes femmes disent que son infidélité lui a porté malheur, parce qu'il a perdu son premier enfant et que sa femme a été défigurée par la petite vérole.

Quant au *sposo felicissimo*, il continue à vendre des soieries et à se croire l'homme le plus fortuné et le plus important de la Sicile, c'est-à-dire de l'Europe entière.

XIV

PALERME

Le lendemain du jour où me fut racontée l'histoire de la belle toppatelle, j'eus le plaisir de voir arriver à Catane mon ami le comte de M... J'avais quitté l'hôtel de *la Couronne*, malgré le grand cas que la jeune miss dont j'ai parlé faisait du patron de cette auberge et de son fromage blanc. Je me trouvai beaucoup mieux à l'hôtel de *l'Etna*, où l'on m'avait donné une immense chambre à coucher et un salon orné de fresques, dans lequel auraient pu tenir deux cents personnes, le tout pour un prix si modique qu'on aurait peine à m'en croire. Le comte de M... partagea mon appartement, qui sans lui m'eût paru d'une grandeur à donner le cauchemar. Nous employâmes notre première soirée à faire des projets de voyage. J'étais pressé de voir Palerme, et M... ne songeait encore qu'à Syracuse. Il me fallut lui donner un congé de deux jours pour satisfaire son envie. Comme il était bon marcheur, il crut parer à l'inconvénient des mauvais chemins par l'excellence de ses jambes. Il n'écouta mes avertissements que d'une oreille, et aussitôt qu'il eut acheté une paire de gros souliers bien larges, il se mit à tourner rapidement autour de la chambre en s'écriant qu'il voulait partir. Midi venait de sonner quand il sortit de Catane à pied, suivi d'un enfant de douze ans monté sur un mulet. C'était s'embarquer trop tard de six heures pour arriver à Syracuse avant la clôture des portes. Des nuages s'amoncelaient sur les montagnes et promettaient de la pluie. Le souvenir des gîtes siciliens me revenant à l'esprit, je tremblai pour l'imprudent M..., et je comptai sur ce petit voyage pour calmer son humeur vagabonde et le remettre à mon niveau.

Si par hasard on m'a soupçonné d'exagération dans le récit de mes infortunes, on verra, par les aventures du comte de M..., ce que c'est qu'une excursion à Syracuse. A peine l'intrépide marcheur eut-il passé le village de Lagnone, qu'il reçut une de ces averses méridionales où le ciel semble vouloir écraser la terre. Ce sont des revanches que prennent les nuages après de longs intervalles de chaleur et de sécheresse. M..., résolu à ne s'effrayer de rien, franchit comme un trait buissons, fossés, rochers et bras de mer, toujours infatigable et de plus en plus enchanté de ses souliers. Cependant la nuit la plus obscure vint se joindre au mauvais temps pour rendre la situation tout à fait périlleuse. De Lagnone à Priolo la distance est de quinze milles, et on ne trouve pas un abri dans ce désert. Ne voyant plus où il posait le pied, M... s'enveloppa de son manteau et monta sur le mulet avec le petit guide en croupe. Bien lui prit de s'être confié à l'instinct de sa monture, car, sur un pont en réparation, le mulet s'arrêta court au moment de tomber dans le torrent. Un pas de plus, et ils disparaissaient tous trois. Le petit guide, qui n'était pas venu depuis longtemps à Syracuse, reconnut, en se traînant sur ses genoux, que le pont était rompu, et il se mit à pleurer en poussant des cris lamentables. M..., percé jusqu'aux os par la pluie et tremblant de froid, ne songea plus qu'à chercher un asile. Vers minuit, ayant perdu son chemin, il voulait sérieusement éventrer son mulet avec un couteau pour se réchauffer dans le sang de ce malheureux serviteur, lorsqu'il aperçut à deux pas de lui quelque chose de semblable à un bâtiment. Le hasard l'avait conduit à une écurie appelée le *Fondaco della Palma*, et qui sert de refuge aux muletiers pendant la mauvaise saison, M... frappa contre la porte à coups redoublés. On lui ouvrit après un long pourparler dans lequel il tâcha de prouver qu'il était bien un homme de chair et d'os. Les bons muletiers s'empressèrent alors d'allumer du feu, firent sécher les habits du *signor* français, lui donnèrent pour lit une auge garnie de filasse, lui souhaitèrent une bonne nuit, et se rendormirent. A peine l'écurie fut-elle retombée dans l'obscurité, que les insectes accoururent par escadrons. Des rats se joignirent à eux. Un coq, grimpé sur le pied de l'auge, célébrait par ses chants la marche des heures. Deux pourceaux et une chienne suivie de ses petits voulaient absolument dévorer la provision de bouche enfermée dans le sac de nuit dont M... s'était fait un oreiller. La nuit entière se passa en combats contre toutes sortes d'ennemis. Le soleil parut enfin. M... dit adieu aux muletiers, et comme il ne croyait pas les revoir sur cette terre, il leur promit de les remercier encore de leur hospitalité dans le paradis, ce qui étonna beaucoup ces braves gens à qui on avait assuré que les Français suivaient la religion musulmane.

Le peuple de la Sicile a d'excellentes raisons de ne pas nous connaître. Les traités de poste nous interdisent toute communication directe avec cette île. Nos bateaux à vapeur qui sillonnent la Méditerranée passent en vue des côtes sans y aborder. Un privilège accorde aux seuls bateaux napolitains le droit d'entrée dans les ports, ce qui constitue un blocus permanent dont on comprend aisément les conséquences. Les idées de l'Occident peuvent aller où il leur plaira, jamais elles ne mettront le pied en Sicile sans permission. Il ne serait pas vrai de dire que ce pays soit arriéré d'un siècle; il a marché de son côté sans le secours des autres, aidé faiblement par les reflets que Naples lui envoie. A force d'intelligence, la Sicile supplée à ce qui lui manque, et son originalité se soutient tandis que tout se façonne sur le même modèle dans le reste de l'Europe. En allant de Saint-Jean-d'Acre à Moscou, l'aigle de Napoléon a volé par-dessus la Sicile, et le regard du conquérant ne s'est point arrêté sur cette île magnifique en examinant la carte d'Europe. Il y eût songé plus tard, s'il ne se fût égaré dans les neiges de la Russie. Le bruit de nos guerres n'a porté à Palerme que des échos ; on s'y souvient mieux de Charles d'Anjou, et on juge notre caractère par l'éternelle histoire des vêpres siciliennes, dont on est très fier, quoique je n'aie jamais bien compris ce qu'il y avait de si glorieux à égorger des gens sans défense après leur avoir fait prononcer en italien le mot *pois-chiche*. Sur ces renseignements, qui datent de 1282, il n'est pas étonnant que le vulgaire ne connaisse pas parfaitement les Français, et si en enseignant le catéchisme, on dit aux enfants et aux bonnes gens que nous sommes des Turcs, il n'y a là personne pour prouver le contraire [1].

Le comte de M... eut soin cependant d'apprendre aux muletiers que nous sommes chrétiens, et les quitta fort touché de leurs bons procédés. En arrivant à Syracuse, il oublia comme moi ses infortunes devant les tombeaux antiques et devant la statue de Vénus. Sans être à la hauteur des quatre Vénus les plus célèbres, cette statue porte encore le cachet de l'art grec. Les bras manquent, mais un petit morceau de marbre placé sur le sein gauche, et destiné à servir d'appui à la main droite, montre que la pose était celle des deux Vénus de Médicis et Capitoline. Le dos et les épaules sont d'une beauté parfaite ; les jambes seules, qui pèchent par trop de force et de roideur, gâtent l'ensemble du morceau et le rejettent parmi les ouvrages de second ordre.

Le soir du troisième jour, M... rentra dans Catane exténué de fatigue. Une fois qu'il se fut donné la satisfaction de me raconter ses vicissitudes en face d'un poulet rôti, sa

---

[1]. Il ne faut pas oublier que ceci a été écrit en 1843.

bonne humeur lui revint, et nous entrâmes en grande conférence au sujet du voyage à Palerme. Il s'agissait de traverser la Sicile entière. Les deux seuls points intéressants qui se trouvassent sur notre chemin étaient Girgenti et les ruines de Sélinunte. Un guide fameux nous proposait de faire cette tournée en onze jours à dos de mulet. Le célèbre Luigi était porteur de certificats les plus honorables, attestant ses connaissances archéologiques et culinaires. Notre patron d'auberge assurait que nous ne trouverions jamais une aussi belle occasion de voyager agréablement. Nous hésitions : une mauvaise nuit est bientôt passée ; mais onze nuits mauvaises et consécutives méritent bien qu'on délibère. Nous allions entrer dans le mois de mai, le soleil prenait tous les jours une force effrayante. Les symptômes de la grande chaleur commençaient à paraître. Des mille-pieds longs de deux pouces couraient sur les murs avec une agilité merveilleuse ; les *scarafones* sortaient de leurs trous par bataillons, et il n'y avait qu'à soulever des pots de fleurs pour y trouver des couples de scorpions entourés de leurs nombreuses familles. Le vent maintenait bien un peu de fraîcheur dans l'air ; mais, depuis le matin, il tournait au sirocco, et, pour peu qu'il se fixât au sud, la Sicile pouvait devenir tout à coup une vaste fournaise.

— Puisque vos seigneuries, disait Luigi, ont déjà vu Syracuse, nous ne ferons que la traverser, et nous irons coucher le second jour à Noto, où l'auberge est bonne.

— Et pourquoi ne parlez-vous pas de la première nuit ? demandai-je au guide.

— Si je n'en dis rien à vos excellences, c'est qu'elle sera parfaite. Nous la passerons dans la jolie petite locanda de Priolo.

— Priolo ! m'écriai-je ; vous appelez cela une jolie petite locanda ? Revenez demain, Luigi, je veux réfléchir encore.

— Et pendant l'heure de la chaleur, demanda M..., où nous reposerons-nous ?

— Dans un endroit délicieux fait exprès pour le *rinfresco,* et qu'on nomme le *Fondaco della Palma.*

— Revenez demain, Luigi, revenez demain.

Le lendemain, une affiche étalée sur les murs de notre hôtel annonçait que le bateau à vapeur *le Duc de Calabre* ferait, dans la nuit du 3 au 4 mai, le trajet de Messine à Palerme. Notre parti fut pris aussitôt. Nous renonçâmes aux ruines de Sélinunte et aux temples de Girgenti. Le courrier nous mena lestement à Messine, et, le 3 mai au soir, nous étions à bord du *Duc de Calabre,* fort enchantés de convertir un voyage de onze jours en une promenade agréable de dix heures. On sortit du détroit avant l'*Angelus,* et nous vîmes bientôt les Iles Lipari. La nuit était belle. Un passager napolitain, excellent musicien, prit une guitare et nous chanta des romances populaires et des fragments d'opéra. Le temps s'écoula ainsi trop vite à notre gré. Les phares du cap Roland et du port de Cefalù brillèrent comme des étoiles filantes, et les premières lueurs du matin vinrent nous montrer au loin Palerme, entourée par le collier de montagnes qui lui a fait donner le surnom poétique de Coquille d'or.

Le cap Zaferano et le mont Pellegrino, placés en sentinelles avancées, forment les deux extrémités du collier qui encadre la baie, et le fond des montagnes sert de repoussoir aux tours blanches et aux dômes de la ville, qu'on embrasse d'un seul coup d'œil. Palerme a sur Naples l'avantage d'être de trois degrés plus au sud, ce qui fait une différence notable dans l'éclat de la lumière et la précision des contours. La teinte bleue qui colore l'île de Capri serait faible à côté du bleu foncé de Palerme, et c'est une jouissance que de se sentir plus voisin du soleil.

La Sicile est constituée pour former un pays peuplé, heureux et recherché. C'est comme une terre promise. Celui qui vient du Nord, en pensant à son pays natal, ne le retrouve plus dans sa mémoire qu'enveloppé de frimas et de brouillards. L'Italie elle-même a les pâles couleurs, et la France paraît cristallisée au fond d'une glacière. Assurément nos campagnes sont florissantes, elles produisent tout ce que le sol peut donner ; il y a même tel département, dépouillé de ses arbres par la spéculation, que la charrue, la bande noire et les usines convertissent en mine d'or, et qui nourrit et enrichit les êtres inquiets et ambitieux qui le pressurent ; mais on n'y verra bientôt plus une branche d'arbre où reposer ses yeux, ni une toise carrée de mousse pour s'asseoir. Tandis que la France devient nue à force de travail, la Sicile reste un désert par inertie ; elle en souffre, elle en gémit, et elle a raison ; cependant, si jamais le vent de l'exploitation sèche ses marais, abat ses bois et ses châteaux, divise ses grands domaines en petites propriétés, aussitôt, avec le triomphe des intérêts matériels, entreront par la même porte, comme chez nous, la figure blême de l'ennui et le suicide silencieux, son pistolet à la main ; car la triste condition de l'homme est de n'atteindre jamais un bien sans faire sortir de terre un mal auquel il n'a pas songé. En attendant, la Sicile a fort à faire avant de souffrir les mêmes maux que nous. Elle fermente sans pousser les clameurs légales de l'Irlande, et le caractère de ses habitants est très porté au changement. Le Sicilien est intelligent, fier et passionné. Il méprise injustement le Napolitain, qui lui serait au moins égal s'il avait plus de dignité naturelle. Les deux peuples pourraient se convenir et s'aimer, ils se détestent de tout leur cœur ; et comme ils ne tiennent compte tous deux que des sympathies et antipathies, il n'y a pas de raisonnement à leur faire. On ne voit guère un Sicilien et un Napolitain se donner la main. En allant à Messine, nous étions avec quatre habitants de Catane qui n'ouvrirent pas la bouche, parce que le courrier était napolitain ; ils se bornèrent à causer par les regards, les signes et les jeux de physionomie ; c'est un mode de converser qu'ils poussent à un degré de perfection qu'on ne peut bien apprécier si on ne les prie de traduire avec la parole tout ce qu'ils ont échangé ainsi. Jamais il n'y eut de gens mieux organisés pour la conspiration. L'œil le plus sagace ne saurait pénétrer jusqu'à la pensée qu'ils veulent tenir secrète.

Malgré cette dissimulation profonde, ils sont ouverts, francs et gracieux pour les personnes qu'ils aiment, et surtout pour les étrangers, dont ils n'ont aucune raison de se défier. Ils disent leurs espérances, leurs projets, leurs désirs, à un inconnu, qui les croirait volontiers imprudents ou légers, parce qu'il ne sait pas avec quel admirable coup d'œil un Sicilien devine les sentiments de celui à qui il parle.

Lorsqu'un préjugé s'est établi dans une tête sicilienne, il n'en veut plus sortir. En 1837, le choléra fit d'horribles ravages à Palerme. Toute la population fut atteinte, et le tiers en mourut. On s'imagina que l'eau et les aliments étaient empoisonnés. D'où pouvait venir le poison, si ce n'est de Naples? J'ai vu des hommes éclairés qui croient encore à cette fable.

Tout le monde a des défauts; celui du Sicilien est la jalousie. Cette sombre passion plane sur l'île entière comme un oiseau sinistre. Les villes se portent envie entre elles; Messine est jalouse de Palerme, Catane est jalouse de Messine, Syracuse est jalouse de Noto. Palerme, plus belle, plus riche et plus lumineuse que toutes les autres, s'abaisse encore à la jalousie. Les hommes de talent, qui auraient tant besoin de s'unir pour briser le cercle qui les renferme et rappeler sur leur pays oublié l'attention dont il est digne, s'isolent et se nuisent réciproquement. Notre premier soin, en arrivant à Palerme, fut de porter à son adresse une lettre d'introduction auprès d'un jeune écrivain de mérite, M. Linarès, qui a publié en 1842 un petit recueil de légendes siciliennes. La première édition de ces nouvelles avait été épuisée en peu de jours; elles sont écrites avec grâce, et n'ont d'autre défaut que le manque de sobriété, qui est un travers inhérent à la nature italienne, et dont l'organisation plus forte du Sicilien aurait dû préserver l'auteur. Un jour que M. Linarès avait laissé sa carte de visite à notre hôtel, le patron d'auberge, don Fernando, espèce de cyclope, nous dit en apportant cette carte:

— En voici un qui a été bien persécuté depuis un an qu'il a écrit son ouvrage. Tout le monde lui a fait la guerre, et je ne m'étonnerais pas qu'il fût obligé de quitter le pays.

— Comment ! demandai-je à don Fernando, il a donc attaqué les gens dans son ouvrage ?

— Attaqué les gens ! il n'aurait plus manqué que cela ! On s'en serait bien réjoui, car c'eût été une excellente raison de se défaire de lui. Non vraiment ; il n'a parlé que des choses du temps passé ; mais il a eu du succès, et c'est assez pour qu'on le déteste. Celui qui a plus d'esprit que les autres est leur ennemi.

Il y a une autre jalousie plus noble, que le Sicilien pousse à un degré qui s'appellerait de la folie en France: c'est celle causée par l'amour. Dans l'intérieur des terres il n'est pas rare de voir le mari jaloux tuer sa femme, et cela ne fait aucun bruit. Les jeunes gens se défient si bien d'eux-mêmes sur ce point, que, pour se divertir en bonne intelligence, ils vont de leur côté, et laissent les femmes ensemble. Il suffirait de deux beaux yeux pour changer la partie de plaisir en querelle et brouiller mortellement les amis. Aussi voit-on dans les fêtes des bandes de garçons qui jouent dans un coin ou boivent sous une treille, tandis que les jeunes filles dansent entre elles, ce qui paraîtrait fort étrange à notre jeunesse galante et peu jalouse, pour qui toute partie de plaisir est insipide quand les femmes n'en sont pas.

Après avoir parcouru un pays éteint, nous eûmes un grand plaisir à nous retrouver dans une capitale riche et animée. Palerme est la tête de la Sicile. C'est là que se retirent l'âme et la force de l'île entière. La ville est une des plus séduisantes du monde. Deux grandes rues qui se croisent à angle droit la partagent en quatre triangles égaux, ce qui permet à l'étranger d'y reconnaître aisément son chemin, sans causer pourtant une régularité fastidieuse. L'une de ces rues porte le nom de Tolède, et il faut que Tolède soit une ville bien splendide pour que les Espagnols aient donné partout son nom aux belles rues. Le Tolède de Palerme n'est pas aussi bruyant que celui de Naples, qui est le lieu le plus tumultueux de la terre ; mais il n'en est que plus agréable. On y circule à l'abri sous de larges auvents garnis de festons que l'air agite gaîment. On s'y croirait dans l'ancienne Bagdad du calife Haroun, avec cette différence que les femmes n'y sont pas voilées. Les Palermitaines vont partout la tête découverte, parées seulement de leurs magnifiques cheveux. Lorsqu'elles passent au soleil, elles se couvrent avec leur châle jaune, qu'elles rabaissent sur les épaules aussitôt qu'elles arrivent à l'ombre, et dans ce mouvement, qui se répète souvent, elles ont beaucoup de grâce. Je ne parle point ici des *belles dames*, qui suivent de loin les modes de Paris, et qui se coiffent de l'ustensile informe appelé chapeau.

La véritable Palermitaine est svelte comme la Vénus de Syracuse ; mais elle a comme elle les jambes et les pieds un peu forts. Il est superflu de la citer pour la grandeur extraordinaire des yeux, car il n'y a pas dans toute la Sicile une paire d'yeux petits. Ceux de Palerme ont une douceur particulière et un air de bienveillance qui, m'a-t-on dit, trompe rarement. Les traits sont en général réguliers, la démarche est nonchalante, et, dans la physionomie, on distingue au plus haut degré tous les instincts de la femme par excellence. En Sicile, la légèreté de tête et la coquetterie ne sont pas un badinage comme dans le Nord, à cause de la sensualité antique qui les soutient et derrière laquelle arrivent la chaleur du sang et les passions africaines ; ce qui constitue un ensemble intéressant sorti du mélange des races grecque et sarrasine. La Palermitaine s'attache vite et fortement. C'est toujours une chose grave qu'une affaire de cœur avec elle. Des étrangers s'y sont trouvés pris comme Renaud dans les filets d'Armide, et n'en seraient jamais sortis si l'infidélité de l'enchanteresse ne les eût délivrés. D'autres ont fini moins heureusement et portent sur la figure ou entre les côtes des traces de la jalousie sicilienne. Pour être juste, il faut considérer comme circonstance atténuante de la jalousie des hommes le penchant des femmes pour une galanterie suivie de passion. Ce sont, de part et d'autre, des naturels énergiques, qui ne sentent rien à demi.

On ne trouve à la rigueur dans Palerme que deux édifices vraiment sarrasins ; mais il est à remarquer que les artistes normands ou espagnols, en apportant un goût nouveau, ont cependant adopté aussi celui de leurs prédécesseurs. La cathédrale ressemble aux monuments les plus élégants et les plus gracieux que la main des Maures ait jamais produits ; la porte de Charles-Quint, élevée en mémoire de la défaite des Arabes, se prendrait pour l'ouvrage des Arabes eux-mêmes. Beaucoup de maisons construites dans le XVIe siècle ont des fenêtres ornées du trèfle et du fer de lance. Les visages bruns qui paraissent à ces fenêtres ne sont pas moins sarrasins que le cadre qui les entoure.

Don Fernando, notre patron d'auberge, nous avait pris en amitié. C'était un géant borgne, dont la figure était capable de faire mourir une femme en couches. En le voyant horrible la serviette à la main, je le devinais sublime le mousquet sur l'épaule, défendant le passage d'une montagne, et je l'aimais d'autant plus sous cette perspective, que dans son corps de mastodonte habitait l'âme d'un mouton. Un jour que le soleil était resplendissant, don Fernando entra de bon matin dans notre appartement, et réveilla tout doucement le comte de M... pour lui conseiller d'aller voir la fête de la Bagheria, qui est la plus belle des environs de Palerme. Nous envoyâmes aussitôt un exprès à M. Linarès, afin de changer le programme de la journée, et il vint au bout d'une heure nous chercher avec un carrosse de louage. Tout Palerme était déjà sur la route. La Bagheria est un joli village situé près du cap Zaferano, d'où on aperçoit la mer de deux côtés à la fois. Les plus riches maisons de campagne entourent ce Saint-Cloud de la Sicile ; quoiqu'elles fussent habitées dans ce moment, les portes étaient ouvertes aux curieux, et la foule entrait partout. On voyait sur les balcons des groupes de femmes coiffées en cheveux et d'une beauté redoutable pour les yeux des gens du Nord. Nous visitâmes la célèbre villa Palagonia, qui paraît consacrée au culte de la laideur. Une centaine de sculptures grimaçantes et monstrueuses gardent la cour et toutes les issues du palais, qui est lui-même une construction bizarre, où les règles de l'architecture sont bravées hardiment. Malgré le luxe prodigieux de ses marbres, les dorures de ses décors, et ses plafonds en glaces, la villa Palagonia prouverait, si on pouvait douter, que la recherche du beau est la seule recette pour composer un ouvrage aimable. La villa Valguarnera, beaucoup moins riche que l'autre, nous plut davantage, surtout à cause des jardins et des points de vue, qui égalent les sites les plus vantés de Sorrente et de Capri.

Lorsque nous eûmes employé la moitié de la journée à parcourir les maisons de campagne, nous entrâmes dans une *locanda*. Tout le monde voulait dîner à la fois. Le cuisinier, au milieu de ses aides, se multipliait comme le prince de Condé au combat de la porte Saint-Antoine. En un clin d'œil, toutes les tables furent dressées et couvertes de plats fumants. On nous servit en plein air, sur une terrasse où l'odeur des citronniers en fleurs se mariait avec les parfums plus robustes de la cuisine. Le comte de M... et moi, nous fîmes une pauvre figure vis-à-vis du macaroni, que M. Linarès engloutissait en véritable indigène ; mais nous prîmes notre revanche au dessert, avec deux saladiers de fraises qui eussent bien coûté quarante francs selon la carte de Véry ou du *Rocher de Cancale*. A côté de nous, une douzaine d'hommes, qui avaient un peu abusé de la bouteille, chantaient des *popolane*, accompagnés par un violon et une flûte. Ils s'amusaient de tout leur cœur, sans faire aucune attention à leur entourage, ce qui nous mit à notre aise pour nous approcher d'eux et les écouter. Par leur caractère sérieux et mélancolique, ces chansons paraissaient d'origine espagnole, et différaient du genre de morceau appelé spécialement *Sicilienne*. Quelques-unes commençaient dans un ton et finissaient dans un autre ; il y en avait une d'un rhythme bizarre, où la mesure à quatre temps alternait avec celle à trois. Le mode était toujours mineur. Le violon accompagnait en syncope, c'est-à-dire en marquant les temps faibles et non le temps fort, ce qui donnait au morceau un accent *agitato* fort agréable. La flûte jouait habilement les ritournelles à l'octave au-dessus du ténor, car cette voix, si rare dans notre pays, est commune en Sicile ; une basse-taille ne se hasarderait pas à faire la première partie, et on ne chanterait pas s'il n'y avait point de ténor dans la bande. Parmi nos voisins étaient deux personnages d'une majesté imposante, qui représentaient la Grèce et Carthage, puisque l'un s'appelait Agatocle et l'autre Magone.

— A présent, disait don Agatocle, cordonnier de son état il nous faudrait la sœur de don Magone pour chanter de sa voix de clochette l'*Abeille* du divin Meli.

Meli, le Théocrite moderne de la Sicile, écrivait dans le siècle dernier. Il n'y a pas un homme du peuple à Palerme qui ne sache par cœur quelques-unes de ses poésies.

— Don Magone, dit un des convives, où est donc ta sœur.

— Elle est à la danse, répondit le seigneur Magone, mais je vais l'appeler.

Le Carthaginois se mit à une fenêtre qui donnait sur la rue, et cria de toutes ses forces :

— Barbara, viens ici chanter l'*Abeille* de Meli.

Au bout de cinq minutes arriva sur la terrasse une grande brunette essoufflée par la danse, avec des cheveux d'ébène et des yeux pleins de phosphore. Le violon et la flûte jouèrent aussitôt la ritournelle, et Barbara se mit à chanter d'une voix forte et argentine. La jeune fille promenait sur l'auditoire des regards doux et assurés, tandis que les hommes, au contraire, tenaient leurs yeux baissés. Cependant, lorsque la romance fut achevée, ils applaudirent avec frénésie. Nous admirions l'instinct musical de ces gens sans éducation, et nous étions stupéfaits de voir combien le peuple du Midi est plus civilisé que nous, malgré ce qu'en disent les commis-voyageurs, qui mesurent le degré de civilisation par le poli industriel d'une lame de rasoir.

La jeune chanteuse restait debout, attendant les ordres de son frère.

— Voilà qui est fini, lui dit don Magone. Va-t-en à la danse et laisse-nous boire paisiblement.

Donna Barbara sortit, non sans décocher quelques œillades infructueuses à un beau garçon qui ne voulut pas y prendre garde.

L'hôtelier nous reconnaissant pour des Anglais, avait doublé à notre intention le prix de la carte à payer. M. Linarès exigea un rabais considérable et lui reprocha sa mauvaise foi. Le patron nous fit de grandes excuses et nous baisa la main en signe de réconciliation ; puis il appela sa femme, qui arriva, toujours courant, nous baiser aussi la main, ce dont nous nous gardâmes bien de rire.

La rue du village était encombrée. Des chevaux libres, lancés au galop, excités par les cris et les pétards, traversaient une foule compacte qui s'écartait devant eux et se refermait après leur passage ; ils atteignirent ainsi le but sans accident. Les balcons, les lucarnes et les corniches des maisons étaient garnis de curieux. Les femmes dansaient entre elles, devant l'église, sous les tonnelles et jusque sur les toits. La circulation étant difficile, nous nous étions arrêtés pour fumer un cigare : le brancard d'une charrette nous servait de siège. Le comte de M... engagea la conversation avec une charmante personne assise près de nous. C'était une jeune fille de Messine qui venait à Palerme pour se divertir. Sa tante, vieille dame d'une figure fort honnête, écouta d'abord ce que nous disions à la nièce, nous regarda fixement, et se retira ensuite à l'écart ; d'autres femmes de la même compagnie s'éloignèrent aussi pour nous laisser causer en liberté avec celle que nous avions distinguée et choisie.

— D'où vient cela ? demandai-je à notre guide.

— Rien de plus simple, me répondit-il : ces bonnes gens voient que vous êtes des étrangers ; ils comprennent que vous n'avez pas de mauvaise intention, et trouvent naturel que vous parliez à une jolie fille. C'est un honneur que vous leur faites, et ils en sont flattés. Il serait mal d'en abuser.

— Que Dieu m'en garde! cette bienveillance est d'un grand prix pour moi. Il n'y a rien qui mette plus à l'aise que de se sentir à l'abri sous le proverbe : Honni soit qui mal y pense.

Cependant quelqu'un y pensait mal à deux pas de nous. A peine avions-nous quitté la réunion de la charrette, qu'un Mercure mystérieux vint nous offrir ses services auprès de la belle Messinienne, qui, disait-il, ne serait peut-être pas fâchée de recevoir de notre part un *piccolo complimento*. Le Mercure, honni pour avoir mis en doute la pureté de nos intentions, ne se déconcerta pas, et nous pria de lui donner une autre fois la préférence sur ses confrères. Les messagers de cette espèce sont d'une audace et d'une habileté remarquables à Palerme. L'étranger, déjà ébloui par les beaux yeux qui brillent du haut des balcons et dans les rues, tombe dans les embûches des Circé du trente-huitième degré. Sous ce rapport, Palerme est une capitale des plus civilisées. Je ne conseillerai jamais à une belle dame d'y envoyer ses amoureux : ce serait infailliblement autant de perdu.

Le lendemain de la fête, nous étions invités à dîner chez le prince P..., et, en sortant de table, nous nous promenions dans son beau jardin dont il nous fit l'historique tout en cueillant des nèfles du Japon. Il y a trois ans, on y voyait à peine une douzaine d'arbres. Les plantations n'étaient pas encore commencées, lorsqu'une procession, sortie de la petite église voisine de Saint-François de Paule, fit demander la permission d'entrer dans le jardin. Le prince n'ayant rien à craindre pour ses plates-bandes, ouvrit ses portes. La procession entra, musique en tête, accompagnant la statue en argent du saint, et suivie d'une grande foule de peuple. Avant qu'on eût achevé le tour du jardin, les assistants virent clairement la statue lever son bras et donner sa bénédiction à la maison, au terrain, et sans doute aussi au complaisant propriétaire. On parla beaucoup de ce miracle, et on pensa que l'hôtel du prince P... s'en trouverait bien. En effet, en moins de trois ans, la place fut remplie de plantes rares et précieuses, d'arbres de tous les pays, de fruits succulents et de fleurs délicieuses. Tout cela sortit de la terre bénite en profusion pour en faire le plus riche parterre de Palerme. Personne n'a de doute à ce sujet, excepté le prince, qui m'a paru soupçonner son jardinier et les sommes énormes qu'il a dépensées, d'avoir aidé puissamment saint François de Paule dans ses bonnes intentions.

Le soir, nous allâmes au théâtre Ferdinando, où une troupe fort mauvaise jouait une comédie nouvelle si médiocre que ce n'est pas la peine d'en parler. L'Opéra, dont notre ancienne connaissance Ivanoff avait fait les beaux jours pendant la saison d'hiver, était fermé depuis les fêtes de Pâques. J'ai regretté plus encore le Paschino de Palerme, qu'on dit aussi comique et aussi amusant que les polichinelles napolitains, ce qui me semble difficile à croire. Paschino faisait un tournée dans la province.

Étant obligés de renoncer à voir ces acteurs spirituels qui reproduisent les mœurs du peuple, nous prîmes le parti de rendre une visite au peuple lui-même. Un matin après déjeuner, nous sortîmes par la porte Maqueda en passant devant le consulat de France, et nous nous enfonçâmes dans un quartier peu connu qu'on appelle le Borgo, où demeurent les mariniers et les pêcheurs. On y rencontre à chaque pas des figures un peu farouches, mais belles et de nature à frapper vivement l'imagination d'un peintre comme Léopold Robert. Les habitants du Borgo portent une veste ronde en velours vert appelée *bonacca*, et à laquelle ils doivent leur nom de *bonacchini*, qui répond à peu près à celui de lazzaroni. Le bonacchino est moins aimable, moins insouciant et moins gai que le lazzarone ; mais il a plus de noblesse d'âme, autant d'intelligence et autant de goût pour la musique, la poésie et les récits merveilleux. Son délassement préféré quand il a fini sa journée, est d'écouter les *contastorie* raconter des histoires de naufrages, des voyages fabuleux, des légendes diaboliques, ou des amours traversées, toujours terminées par un mariage. Il entend avec plaisir des *sonetti d'amore* de Meli ou de Tempio. On se groupe autour de l'orateur avec une attention pleine d'avidité. Le théâtre est précisément comme à Naples, le bord de la mer et les environs du môle, et on y sent combien il y a de points de ressemblance entre l'auditoire de Palerme et celui de Naples. Les passions du bonacchino sont plus dangereuses que celles du lazzarone ; les *contastorie* siciliens exercent une certaine influence sur leur public, et pour cette raison il leur faut la patente en vertu de laquelle ils racontent *con privilegio*.

Depuis le règne de Murat, les lazzaroni, qui avaient autrefois une législation particulière, sont retombés sous les lois et la surveillance générales. Les bonacchini ont gardé quelques-unes de leurs anciennes coutumes. Les mariniers élisent un chef qui exerce une autorité contre laquelle on ne se révolte jamais. Ce chef juge les différends. Il impose des amendes et accorde des dommages-intérêts. Une querelle apaisée par sa médiation ne doit plus avoir de suites ; mais la vengeance a tant d'empire dans l'âme d'un Sicilien, que le pouvoir du chef échoue quelquefois sur ce point. Comme il faut que l'arbitre des mariniers jouisse de la considération publique, il prélève un tribut sur la pêche, qui lui assure un revenu. La répugnance du peuple pour la justice ordinaire date de la domination espagnole ; il lui fut particulièrement sensible alors de voir le bonnet espagnol remplacer sur la tête des juges celui auquel ses yeux étaient accoutumés. Ce fut une grande imprudence que commit un vice-roi, car il eût mieux valu mettre des juges étrangers sous le bonnet du pays, que de mettre un bonnet venu d'Espagne sur la tête des juges siciliens.

La violence, la jalousie et la superstition, règnent dans le Borgo plus qu'en aucun autre lieu du monde. A part ses défauts, la population est d'ailleurs honnête et laborieuse. Le vrai bonacchino ne tuerait pas un homme par un vil motif d'intérêt, et il renierait avec indignation l'industrie peu exemplaire qui consiste à donner des *taillades* ou des coups de stylet pour de l'argent. Dans le quartier qui s'étend au pied du mont Pellegrino, on trouve quelques bonnes âmes désœuvrées de jour, et d'une activité dangereuse les soirs de nouvelle lune, qui vous débarrassent d'un ennemi à un prix modéré, je dirai même chétif, si on le compare aux anciens tarifs.

Michel Cervantès nous apprend, dans son histoire de *Rinconète et Cortadillo*, que de son temps la *tagliada* se payait, à Séville, cinquante ducats, qui en valaient plus de cent d'aujourd'hui. L'homicide devait au moins coûter le double. La vengeance était, comme on le voit, à un prix énorme en Espagne ; elle a subi un rabais à Palerme. D'honnêtes gens qui l'avaient apparemment marchandée, m'ont assuré que pour la bagatelle de cinq piastres on pouvait faire *tailler* un homme. Ce n'est vraiment pas la peine de s'en passer. Ils ne m'ont point dit ce que coûtait le meurtre, et je ne voudrais pas risquer d'en indiquer un faux prix, de peur que ceux qui se trouveraient induits en erreur ne vinssent à me reprocher une inexactitude.

Il n'y a pas longtemps qu'un Français voyageant en Sicile devint amoureux d'une belle dame de Palerme. L'histoire ne dit pas s'il parvint à plaire. Soit que la dame eût cédé à ses vœux, comme on dit, soit que le mari, aveuglé par la jalousie, se considérât mal à propos comme offensé, ce mari partit pour Naples, d'où il écrivit aux frères de sa femme, en déclarant qu'il ne rentrerait pas chez lui tant qu'on ne l'aurait pas vengé. Toute la fortune du ménage appartenait au jaloux ; la position de la femme devenait fort précaire par cette rupture. Les frères tinrent conseil et résolurent de donner satisfaction à leur beau-frère. Le duel leur semblait un procédé hasardeux ; d'un autre côté, la France n'aime pas qu'on lui tue ses nationaux au coin d'une borne, et comme elle a des ambassades à cet effet, le meurtre d'un étranger pouvait offrir quelques inconvénients.

On pensa que la *tagliada* serait un terme moyen de nature à contenter tout le monde. L'amoureux français, en rentrant chez lui le soir, fut heurté violemment dans la rue par un homme du peuple, et frappé au visage. Il y porta les mains, et se sentit inondé de sang. Le coup avait été donné avec une lame de rasoir, qui avait séparé en deux morceaux l'une des joues et la lèvre supérieure. Il en demeura deux mois au lit, et s'en releva balafré pour la vie. Le consulat de France jeta feu et flammes; mais il ne put obtenir que cette réponse : Que voulez-vous ? c'est une affaire de femmes. Le mari, satisfait de cette réparation délicate et gratuite, rentra chez lui, et fut un époux adoré comme auparavant.

La pêche du thon se fait à Palerme vers le milieu du mois de mai. C'est un moment de fête et de fortune pour les pêcheurs. Depuis plusieurs jours, une croisière de barques était établie en observation le long des côtes et au cap de Gallo. D'immenses filets étaient déjà tendus jusqu'au fond de la Méditerranée, à l'endroit où les pauvres bêtes passent tous les ans, et se laissent toujours prendre. En avant de la caravane des poissons, il y a des éclaireurs qu'on aperçoit à une grande profondeur, et on envoie aussitôt un courrier à Palerme pour avertir de la venue des thons. Ce courrier arrive ordinairement vers minuit ; à deux heures, la population des pêcheurs se met en marche. Nous étions couchés lorsqu'une rumeur semblable à celle d'une émeute populaire nous fit sauter hors du lit. Le Borgo était déjà parti en masse, et les carrosses allaient à sa poursuite. Les voitures de place s'étaient munies d'un troisième cheval orné de grelots. Nous conclûmes notre marché avec un de ces fiacres, et nous nous mîmes en route. Des charrettes emplies de monde et d'instruments de pêche couraient le train de la poste, au moyen de chevaux de relais. On aurait cru volontiers que les habitants de Palerme s'enfuyaient à l'approche des Normands ou des Barbares. Les hommes du peuple avaient laissé la bonacca pour la veste de toile. A la pointe du jour, on arriva sur la plage, où un grand nombre de barques attendaient les acteurs et les curieux. Les bateaux formèrent bientôt un demi-cercle en bataille à l'entour des filets, au pied desquels les thons dormaient sans doute encore. Le thon, quoique fort gros, n'est pas doué de beaucoup d'intelligence ; il obéit à des instincts simples et innocents. Celui de l'émigration le mène à sa ruine, à cause de sa routine habituelle et de la méchanceté des hommes. Lorsqu'il vient donner de la tête dans les filets qui lui barrent le passage, le pauvre animal n'a pas l'idée de retourner en arrière et de fuire un détour. Il veut passer au-dessus de l'obstacle, et nage en montant jusqu'à la surface. C'est là que son ennemi l'attend, averti par l'écume et les bouillonnements de l'eau.

Aussitôt que le bataillon des thons paraît, les pêcheurs frappent et percent à grands coups de crocs et de piques de fer. Plus on en tue, plus il se présente de victimes. En un clin d'œil, la scène n'est plus qu'une mer de sang ; les curieux eux-mêmes en sont inondés. Des cris féroces annoncent la joie des exécuteurs. Le massacre est effroyable. Quelques barques sont renversées par les coups de queue et les convulsions des poissons ; c'est là le seul danger que courent les assassins. On ne songe d'abord qu'à faire le plus de morts possible. Dans le désordre du désespoir, les thons restent assez longtemps à portée des barques, puis ils essayent de s'enfuir et plongent en cherchant une autre voie. Ceux qui n'ont pas été frappés s'échappent ; d'autres, blessés mortellement, s'en vont expirer en pleine mer ; la plupart restent éventrés sur le champ de bataille ; et quand on ne voit plus rien à tuer, on ramasse les cadavres et on les tire dans les barques, d'où on les charge sur les charrettes qui rentrent triomphalement à Palerme. De jolies dames, avides de ce spectacle, retournent à la ville les joues enflammées, avec des éclaboussures qui en feraient de bons modèles pour représenter Judith sortant du lit d'Holopherne ; et, à ce propos, je regrette qu'Allori n'ait pas mis sur la belle robe de la Judith du palais Pitti quelques grosses traces de son meurtre. Lorsqu'on vient d'égorger un homme, fût-ce avec la permission de

Dieu, la vraisemblance veut qu'on en porte la souillure.

Le retour à Palerme, au milieu de la bande ensanglantée des bonacchini, hurlant et chantant, les manches retroussées et les yeux flamboyants, nous parut moins gai que le départ. Une horreur invincible m'a toujours éloigné des gens abandonnés par nature ou par métier à l'instinct de la destruction. Le bonacchino nage dans la joie lorsqu'il a du sang jusqu'aux oreilles, et j'avoue que le jour de la pêche du thon il ne se montre pas sous des couleurs aimables. Je n'engage donc pas les lecteurs sensibles à rechercher ce triste spectacle, à moins qu'ils n'aient le système nerveux confectionné en barres de fer. Cela est bon pour les Anglais, qui ne s'émeuvent pas d'une bagatelle ; aussi n'en manque-t-il pas un, de ceux qui se trouvent en Sicile, au carnage de la pêche des thons.

C'est un grand plaisir que de rencontrer en voyage des gens éclairés qui discernent la vérité, s'amusent du pittoresque et sentent la poésie ; de ces gens dont la conversation vous épargne du temps et des recherches.

La veille de mon départ de Palerme, je me trouvais auprès d'une personne obligée par état de s'entendre à juger les hommes, à étudier les mœurs et à deviner les caractères. Je pensai que j'allais recueillir, en causant, de bons renseignements sur le pays. Nous parlions du miracle de la statue de saint François de Paule, et je disais que le sentiment religieux est profondément établi dans le cœur des Siciliens.

— C'est une erreur, me répondit-on. Ils sont superstitieux et non religieux. Il y a plus de religion en France.

— Tâchons de nous expliquer, repris-je. Qu'est-ce que le sentiment religieux, selon vous ?

— C'est la morale.

Les bras me tombèrent d'étonnement. Je pensai cependant qu'une personne d'esprit peut avoir un moment d'aberration, et je repris courage.

— Excusez-moi, répliquai-je ; il me semble que vous vous trompez. La morale s'apprend, et le sentiment religieux est inné. Un philosophe est quelquefois un homme fort moral et manque de religion.

— Moi, je l'appelle un homme plus religieux que le dévot sans morale.

— Vous le pouvez ; cela ne fait de mal à personne ; mais les mots ont un sens qui leur appartient en propre et dont on ne les déshérite pas sans qu'ils l'aient mérité.

J'attaquai mon homme sur un autre chapitre, ne pouvant me résoudre à croire que sa conversation ne fût d'aucun fruit.

— Les Siciliens, lui disais-je, ont un caractère fier qui ressemble à celui des Espagnols du beau temps du marquis de Pescaire.

— De la fierté ? me répondit-on ; où avez-vous pris cela ? Ils reçoivent un affront sans dire mot.

— Fort bien : leur point d'honneur n'est pas le nôtre. Cela n'empêche pas la fierté du caractère.

— Sans point d'honneur, où est la fierté ?

Il devenait impossible de nous entendre. J'entamai un troisième chapitre.

— Du moins, repris-je, vous ne nieriez pas qu'ils sentent vivement une injure, et qu'ils s'en vengent d'une manière ou d'une autre. Que pensez-vous de l'affaire de la tagliada ?

— Que c'est une insigne lâcheté que de faire blesser un homme pour de l'argent.

— Vous avez raison ; mais ces gens-là sont passionnés, et avec des passions bien dirigées on peut accomplir de grandes choses. Il ne faudrait qu'un moment d'accord et d'énergie aux Siciliens...

— De l'énergie ! ils n'en ont aucune. De la passion, pas davantage. Ce sont des paresseux.

— Paresseux à certaines heures. Quand il s'agit de pêcher le thon, ils déploient une activité terrible.

— Parce qu'ils en ont besoin pour vivre.

— Et de l'intelligence ; vous leur en accorderez, j'espère.

— L'esprit n'est pas leur fort. Dites-leur une plaisanterie ; vous verrez qu'ils la prendront au sérieux.

J'avoue que la pointe, le jeu de mots et le calembour ne sont pas de leur goût. Sans perdre le temps à distinguer l'esprit de l'intelligence, je vous demanderai plutôt ce que vous pensez de l'aptitude du peuple pour les arts.

— Elle est nulle. Il n'y a pas ici un seul peintre.

— Vous êtes bien sévère. On ne voit pas d'écoles, il est vrai ; quelques talents isolés vont à l'aveugle sans guide, sans public et sans encouragement ; mais en musique on a vu Bellini.

— Le premier chanteur de l'Opéra, cet hiver, était un Russe.

— Le dernier des pêcheurs et des facchini a une belle voix, sait par cœur des morceaux de théâtre, et chante avec un goût extraordinaire.

— Oui, pour un pêcheur et un facchino.

— Leurs instincts sont très civilisés.

— Comment cela? Ce sont des barbares. Ils s'éclairent avec de l'huile d'olive et ne savent ni fabriquer un chapeau de soie, ni faire un vol-au-vent à la Béchamel.

— Aimez-vous la musique?

— Passionnément.

— Sauriez-vous chanter l'air de la Niobé de Paccini ?

— Non, j'ai malheureusement la voix fausse.

— Il en est de la voix comme du jugement.

Ainsi un homme obligé par état de connaître les gens qui l'entourent nie que les Siciliens aient de la religion, et il les voit en foule aux églises ou au pied des madones; de la fierté, et il les voit traiter les Napolitains avec un mépris injuste ; de l'énergie et des passions, et il les voit donner des taillades et des coups de stylet par jalousie ; de l'intelligence, et il voit leurs progrès malgré le blocus de la Sicile ; de l'aptitude pour les arts, et il les entend chanter un chœur sous ses fenêtres, lui qui ne pourrait pas mettre Malborough sur l'air ; des instincts civilisés, et il les voit écouter les vers de Meli et les récits des *contastorie* avec un recueillement et une admiration antiques, lui qui n'a jamais eu de sa vie une idée poétique dans la cervelle.

Tant il est vrai qu'avec de l'esprit, un jugement faux et une organisation vulgaire, on demeure dix ans dans un pays sans le connaître ! On fait des jeux de mots, on décoche la fine malice avec agrément, on traite les autres de barbares, et on n'est soi-même qu'un Béotien et un sauvage, ce qu'on serait bien étonné d'apprendre.

XV

LA FÊTE DE LA MADONE DELL'ARCO

La route la plus fréquentée des environs de Naples est celle de Portici. Jour et nuit, une immense population va et vient pour ses affaires ou ses plaisirs. Les *corricoli* se croisent au galop, et soulèvent des nuages d'une poussière insupportable ; mais, après avoir passé le pont de la Madeleine, lorsque vous arrivez au carrefour appelé l'*Éperon*, si vous prenez une petite route située à votre gauche, vous n'avez plus ni foule ni poussière. Vous entrez dans une espèce de verger, où la vigne puissante du Midi grimpe à une hauteur prodigieuse, et va d'un arbre à l'autre en formant des arceaux gracieux et des ombrages épais. La culture y est belle, et le même champ produit à la fois la triple récolte du blé, des fruits et du raisin. Devant les maisons sont des tonnelles de feuillage où des femmes et des enfants se reposent. Malgré la proximité de Naples, la plupart de ces bonnes gens ne vont pas souvent à la ville, et conservent les habitudes et le costume de leur village. Cette route conduit à la Madone dell'Arco et à Sainte-Anastasie.

Après une heure de marche, vous arrivez à une église d'un extérieur fort simple, mais qui, au dedans, présente un coup d'œil unique. Du haut en bas, les murs sont entièrement couverts par les offrandes des fidèles, les *ex-voto* et les preuves matérielles des miracles opérés, telles que les béquilles des boiteux et les modèles en cire des diverses infirmités guéries. Plusieurs milliers de petits tableaux représentent des naufrages, des incendies, des chutes, des malades alités, des poitrinaires qui vomissent le sang, des hommes assassinés, écrasés par des voitures ou emportés par des chevaux. Enfin tout l'attirail des crimes, des accidents et des maladies s'y trouve reproduit par des pinceaux qui ont plus de foi que de talent, et toujours l'image de la Vierge, à qui le donateur a dû la vie, occupe le sommet de ces naïves compositions. Des navires apportés par les marins sont suspendus au plafond. Il y a jusqu'à des squelettes d'animaux rendus par les gens possédés dont un vœu fervent a délivré l'estomac ou les entrailles. La Madone ne refuse aucune offrande.

Au milieu de l'église, sur un autel à part, on voit la célèbre image. C'est une peinture sur bois du XIIe siècle ; il ne reste plus que la tête de la Madone et celle à demi effacée de l'enfant Jésus. Sur le tableau était jadis un autre personnage armé d'un arc. Pendant longtemps cette image fut exposée en plein air. Des joueurs étant venus un jour s'établir au dessous d'elle, l'un d'eux, qui perdait son argent, blasphéma contre la sainte Vierge, et, dans un transport de fureur, il lança une pierre qui atteignit la Madone à l'œil droit. Aussitôt le sang coula, l'œil enfla, et la figure de la mère du Christ exprima la douleur et la colère. Le joueur impie se corrigea et fit pénitence dans un cloître. Une église a été bâtie sur le lieu de cette scène miraculeuse ; et, pour attester l'exactitude de la chronique, l'œil de la Vierge est resté malade et enflé. Un second miracle ne tarda pas à révéler la puissance de cette image. Dès lors, les gens en peine ou en danger l'adoptèrent de préférence pour adresser leurs vœux à la mère du Sauveur, et le nombre prodigieux des témoignages de gratitude qui tapissent cette église prouve qu'ils s'en trouvèrent bien. Celui qui, par accident ou autrement, se voit à deux pas de la mort, a des chances d'échapper au danger s'il trouve le temps de faire un vœu à la Madone dell'Arco. C'est dans ce petit village, au pied du Vésuve et au milieu de ces bosquets de vignes, que la sainte Vierge aime à guérir et à consoler.

La fête a lieu le lundi de la Pentecôte. Les jeunes filles du pays attachent tant de prix à cette journée, qu'elles exigent l'insertion aux contrats de mariage d'un article spécial portant que l'époux s'engage à conduire tous les ans sa femme à la fête de la Madone dell'Arco. Voilà du moins une précaution qui permet d'espérer qu'une coutume aussi solidement établie ne s'en ira pas de longtemps rejoindre tant d'autres vieux usages perdus et regrettables.

Pendant plusieurs jours à l'avance, on se prépare à cette partie de plaisir. On reconnaît dans Naples beaucoup d'habitants des provinces ; les bateaux à vapeur venant de la Sicile regorgent de passagers ; on entend dans les tavernes ou au bord de la mer les chansons populaires des villages des environs. La nuit qui précède la fête offre un spectacle pittoresque : un mouvement inaccoutumé se remarque, principalement sur les quais ; des bandes de paysans portant divers costumes bivouaquent pêle-mêle au bord de la mer, à Chiaia et à Sainte-Lucie ; une rumeur sourde annonce pour le lendemain le débordement de la joie napolitaine. Enfin l'aurore commence à peine à paraître, que l'explosion se fait entendre ; les quais, ordinairement très bruyants, le sont trois fois davantage ; les charrettes sont attelées avec de grands cris ; on les décore de feuillages, et on orne les chevaux de plumes de paon. Il y a place pour dix dans la voiture, on s'y entasse une vingtaine. Tout ce que Naples possède de véhicules est mis à contribution ; les calèches et *corricoli* se mettent à rouler sur la dalle aussi vite que peuvent aller les chevaux et les bœufs. Oh ! la rude journée pour les bêtes de somme ! Un pauvre âne traîne plusieurs familles, plusieurs étages d'une maison !

Un coup de canon, tiré devant la porte, annonce à l'univers le départ de chaque voiture, car on fait tout avec emphase à Naples.

Quelques jeunes gens robustes regardent comme un devoir de danser tout le long du chemin, et forment une escorte agréable aux charrettes de feuillages, ainsi que l'a représenté le malheureux Léopold Robert. Les chants, les rires, le tambour de basque, le fifre et les castagnettes produisent un mélange de bruit qui porte la gaieté dans les cœurs les plus tristes, et provoque le sourire sur les visages les plus sombres. Ceux qui n'ont pas même un âne mesurent intrépidement la distance avec leurs jambes. Dans les haltes, on mange et on danse pour se remettre de la fatigue, et quand on se sent mieux, on reprend sa course avec une nouvelle ardeur. Par la route de Castellamare arrivent les bandes de Capri, d'Amalfi et de Sorrente, qu'on reconnaît à la haute taille et à la beauté des jeunes filles. Par Chiaia, on voit passer les femmes de Procida, qui portent des robes ouvertes et des souliers garnis de clinquant ; celles d'Ischia, coiffées d'un turban oriental. Les populations de Baia et de Pouzzoles se mêlent en bataillons nombreux ; celles de Capoue et d'Averse débouchent par la porte Capuane. Bientôt la petite route de la Madone dell'Arco, ordinairement si fraîche et si paisible, est ensevelie sous un tourbillon de poussière et encombrée de voitures qui s'accrochent et versent le mieux du monde dans les fossés. Mais enfin on arrive, et il y a place pour tous à l'entour de l'église.

La journée se partage entre deux occupations distinctes, la dévotion et le plaisir. Avant de s'amuser, on commence par écouter la messe. On s'unit par la prière à ceux qui viennent remercier ou implorer la sainte Vierge, et dans cette foule animée se heurtent les sentiments les plus opposés. Tandis que les gens favorisés adressent leurs actions de grâce et déposent leurs offrandes, d'autres moins heureux postulent et supplient avec des sanglots ; d'autres encore exhalent leurs plaintes avec une amertume déchirante.

La Madone n'exauce pas tous les souhaits : elle est sourde ou impuissante pour quelques-uns. La volonté de Dieu passe avant la sienne ; elle ne peut que protéger et recommander ceux qu'elle aime. Les malheureux pour qui ses prières n'ont rien obtenu finissent par s'en prendre à elle de son peu de crédit et lui reprochent sa dureté en termes hardis. La Madone reçoit certaines apostrophes qui sembleraient injurieuses si le désespoir ne leur servait d'excuse. Des femmes qui ont apporté déjà leur enfant malade l'année précédente le rapportent plus pâle et plus languissant encore, le montrent à la Vierge et demandent d'où vient qu'elle n'a rien fait pour elles. Des orphelines échevelées gémissent au pied de l'autel. Des paysans parlent à l'image avec une éloquence sauvage et passionnée. J'ai vu une femme du peuple lever en l'air un enfant de cinq ans contrefait et rachitique, fondre en larmes et s'écrier avec une voix touchante : « Hélas ! divine Marie, tu as fait des miracles pour tant de monde, tu as guéri et sauvé tant de gens, qu'on ne peut plus les compter, et tu ne veux rien faire pour mon pauvre garçon ! »

Un vieux paralytique, porté sur les larges épaules de ses deux fils, tâchait de séduire la Madone par l'offre d'un superbe cadeau : « Tu ne songes donc pas, lui disait-il, que je t'ai promis deux chandeliers d'argent ? Je voulais te les donner du poids d'une demi-livre, et tu sais bien que je ne suis pas assez riche pour y mettre davantage ; cependant, puisque tu n'es pas contente, j'irai jusqu'à une livre d'argent pour les deux chandeliers. »

Au milieu de l'église est un petit sentier de marbre gris sur lequel la foule s'abstient de marcher. Des pèlerins se traînent sur les mains et les genoux, depuis la porte jusqu'à l'autel, en baisant et léchant ce sentier de marbre, conduits en laisse par un ami qui les guide avec un mouchoir ou une corde.

Pendant ce temps-là, on entend au dehors les cris de joie, les rires, les danses, la musique et les détonations d'armes à feu. Vous sortez de l'église ému par des scènes pathétiques, et vous tombez au milieu du tumulte et de la folie. Des marchands forains entourent la place. Sous les arceaux de verdure s'élève la fumée des cuisines en plein vent. Des cercles de mangeurs sont assis sur l'herbe et ce qu'ils absorbent de macaroni est impossible à calculer. Le vin ne jouit pas d'une grande faveur ; le peuple de ce pays-là ne recherche pas cette gaieté factice qui tourne en brutalité, trouble la cervelle et prépare à la tristesse pour le lendemain. Je ne connais rien d'entraînant et de communicatif comme la joie du Napolitain ; elle est franche, saine et naturelle. Jamais elle n'est gâtée pas ce sentiment honteux de haine et d'envie que le peuple du Nord porte souvent aux gens plus riches que lui. Les barrières de Paris ne seraient pas sûres pour tout le monde un jour d'orgie ; dans les fêtes de Naples, au contraire, vous trouvez partout des visages qui sourient et répondent par de la cordialité à votre propre bienveillance. Si vous vous approchez des danseurs, on s'écarte pour vous donner la meilleure place. La tarentelle allait finir : on la prolonge afin d'amuser l'étranger. Si vous allez vers les mangeurs, ils vous offrent du macaroni, un verre d'eau à à la neige ou de limonade ; si vous prenez place à leur festin, ils sont charmés de votre compagnie, et s'écrient avec leur accent exagéré que vous êtes *sympathique*, sans songer que ce sont eux qui font tous les frais de sympathie et brisent votre glace parisienne. Le plaisir vous gagne : vous regrettez de ne pas porter leur caleçon de toile et leur bonnet rouge, de ne pas savoir leurs danses pittoresques ni leur dialecte expressif, pour dire comme eux de ces mots moitié comiques et moitié tendres qui font naître l'amour avec le rire dans les yeux noirs de leurs fillettes.

Il faut que le Napolitain soit heureusement né pour jouir si bien d'une vie bornée de tous côtés par la misère ! Nous autres, gens chagrins qui le plaignons, nous ferions mieux peut-être d'épargner nos frais de pitié mal placée. On dort sur la paille à Naples ; on ne possède qu'un *grano* pour la nourriture de toute la journée ; mais jamais vous n'entendez parler d'un suicide. Ce n'est pas la crainte de la mort qui retiendrait les Napolitains ; leur terrible résistance aux armes de Championnet a prouvé qu'ils savaient mourir intrépidement. Chez nous, on a du pain, des habits propres, un bon lit, un avenir à peu près assuré, et puis un beau jour on se tue sans daigner dire pourquoi. Lequel a donc vécu heureusement, ou de celui qui, sans chemise, l'estomac à demi plein de quelques brins de pâte et d'un peu d'eau, ne songe qu'à chanter, prier Dieu et se divertir ensuite, ou de celui qui, vêtu de drap d'Elbeuf et gorgé de bonne chère, se pénètre de sa dignité d'homme, et se pend à l'espagnolette d'une fenêtre bien calfeutrée ?

Ce n'est pas sans raison que les jeunes filles de Naples imposent à leurs prétendus la condition de retourner tous les ans à la Madone dell'Arco. Elles y trouvent ce que les femmes aiment et recherchent : des garçons en belle humeur, de petits cadeaux de fête, des fleurs et des danses. L'enivrement de la *tarentelle* leur sied à ravir. Ces bras un peu forts, ces tailles un peu larges prennent de la souplesse et de l'élégance au milieu des passes et des évolutions. Les moins belles, une fois animées par le plaisir, sont encore agréables à regarder. Les pieds nus surtout ont une grâce particulière qui rendrait rêveuses les sylphides chaussées de satin de nos ballets. Ces pieds-là n'ont jamais subi les tortures de la mode et n'ont pas la moindre difformité : ils fonctionnent au grand jour et s'embellissent du mouvement et des ressorts de la vie. Et comme on s'amuse de bon cœur ! Comme on se trémousse vigoureusement ! Comme on sait bien faire ronfler les castagnettes, se déhancher à propos, et ranimer par un regard malin ou une attitude voluptueuse le danseur qui se fatigue ! Comme le plaisir vous sort par tous les pores ! Comme on quitte la partie à regret quand on a perdu l'haleine et les forces et qu'il faut se reposer sous peine de tomber par terre ! Si les œillades s'enflamment un peu et si on répond en riant à quelque galanterie, le mari n'est pas là pour vous gronder. Il a bien autre chose à faire que de courir après sa femme ; d'ailleurs on se surveille réciproquement, et si l'herbe est glissante, l'impossibilité de tomber autrement qu'en public est la meilleure garantie des ménages.

La fête de la Madone dell' Arco ne dure pas longtemps. Le soleil n'est pas encore couché lorsque le défilé des voitures commence. L'usage veut que chacun rapporte un trophée composé d'une branche d'arbre et y suspende une image de la Madone, autour de laquelle on groupe avec plus ou moins de goût de petites corbeilles d'osier rouge, de petits seaux en bois blanc d'une forme gracieuse, des chapelets de noisettes et des oriflammes de papier doré. Le partage de ces richesses est destiné à faire le bonheur des enfants qui n'ont pas été du voyage. Les charrettes qui en sont hérissées prennent au retour une apparence tout à fait triomphale. Le 5 juin dernier, pour ne rien omettre, je construisis mon trophée comme les autres ; je rentrai bravement dans Naples, ma branche d'arbre sur l'épaule, avec deux pouces de poussière sur mes habits, et les aimables enfants de la comtesse de M... me débarrassèrent de mes acquisitions avec une joie aussi pétulante et aussi vraie que celle du peuple napolitain.

Dans tous les pays on trouve de ces gens réduits par la mode et le bon ton à vivre dans une cage. Nous en voyons à Paris qui ne se hasardent pas au delà du boulevard Montmartre. La capitale a sept lieues de circonférence, et ils n'en connaissent qu'un demi-kilomètre. A Naples, il y a quelques élégants qui se croiraient déshonorés s'ils sortaient de Tolède et du jardin de la Ville-Reale, qui est une espèce de boulevard de Gand. On tâche de se croire au bois de Boulogne en passant la grotte de Pausilippe ; on honore le tombeau de Virgile par un habit imité de Schwartz : on entend les vagues de la mer sans les regarder, et si l'on daigne un instant considérer le Vésuve, c'est à travers un lorgnon fixé dans l'orbite de l'œil par une étude approfondie. Le soir, en revenant de la Madone dell' Arco, je ne trouvai personne dans ce monde creux qui eût seulement connaissance de la fête populaire. Les uns s'étonnèrent beaucoup d'apprendre que je m'étais lancé dans ce tumulte, les autres me demandèrent avec une ironie accablante si j'avais mangé le macaroni sur l'herbe ; à quoi je répondis en leur riant au nez, car j'étais encore heureux de m'être si bien diverti. Dans le moment même, les charrettes de feuillages passaient le long des grilles de la promenade, au son des fifres et des tambours de basque ; mais on se garda de quitter d'une semelle le point précis où il convient de marcher dans l'allée du milieu de la Villa-Reale, sous peine de ne pas être aussi fashionable que les habitués du boulevard de Gand. Et voilà ce que c'est que d'être *lion* à Naples !

XVI

CAPOUE — TERRACINE — VELLETRI

Mon entrée à Naples au mois de février, au milieu d'un cortège de gamins exaltés, avait mérité le beau nom de marche triomphale. Quelle différence à la sortie ! Figurez-vous un vieux coche encombré de bagages ; sur le devant on avait bâti un demi-cabriolet, semblable par sa forme étique à ces petits chapeaux castors dont se coiffent les héroïnes des romans anglais. Sur quatre roues qu'il possédait, une arquée, une autre cagneuse. Et l'attelage, bon Dieu ! trois grands fantômes de chevaux qui paraissaient morts depuis longtemps : deux au timon et le troisième en arbalète, à dix pas en avant des autres, attaché par de longues cordes qui n'étaient jamais tendues. C'est dans cette machine du temps de Charles-Quint que je montai, le cœur navré, tournant le couteau contre moi-même pour rompre tous les petits liens qui me retenaient dans ce Naples si charmant et si regrettable. J'aurais voulu que le coche fût plus horrible encore. Nous étions au 8 juin. La baie, le Vésuve et Capri ne m'avaient jamais semblé si azurés, et je sortais comme un fugitif par la porte Romana. Avant d'arriver à cette porte, les chevaux-fantômes s'abatirent trois fois. L'arbalète donnait le signal en se jetant sur le flanc ; les deux autres venaient se heurter dans ses jambes, et tombaient avec un accord admirable, embrouillant les traits, guides et cordages, au point qu'il fallait tout dételer. Dans ma douleur, je songeais à la chute des feuilles de Millevoye, et je répétais ces vers si mélancoliques :

> Tombe, tombe, *rosse* éphémère ;
> Couvre, hélas ! ce triste chemin.

Cependant, à la troisième chute, les voyageurs, pris de vertige, criaient comme des démons et me tirèrent de ma torpeur. Je m'aperçus alors que les trois chevaux, couverts d'oripeaux, de plumes de paon et de petits miroirs, formaient un équipage bouffon digne de voiturer la dame Rodrigue de Cervantes. Mon voisin dans le cabriolet, jeune Sicilien basané, à barbe crépue, me rendit le service de me distraire par cent questions plus ou moins discrètes. Je le reconnus pour un Carthaginois et le baptisai don Asdrubal, surnom qu'il accepta de bonne grâce et justifia complètement dans la suite, lorsque nous devînmes amis intimes. Par une ouverture, je distinguai dans l'intérieur un archiprêtre de bonne physionomie, un abbé de mine tout à fait égrillarde, et qui partait en habits râpés pour aller recueillir un héritage de cent mille ducats. Le fond de la voiture était occupé par un jeune médecin très loquace, et par une jolie demoiselle, lectrice d'une princesse allemande, et qui pleurait dans son mouchoir en retournant chez ses patrons.

Une fois qu'ils ont quitté la dalle glissante, les trois squelettes de chevaux prennent une espèce d'amble allongé. La machine roule sur un beau chemin bordé de vignes en arceaux. Nous traversons le village d'Averse, où est la maison des fous, et dont le nom proverbial, à Naples, répond à notre Charenton. Vers onze heures, la chaleur commençant à devenir excessive, nous arrivons à Capoue, premier lieu de repos désigné pour le *rinfresco* sur notre itinéraire. La nouvelle Capoue date du ix° siècle. Ce n'est pas elle qui séduisit Annibal, avec ses rues malpropres. L'antique Capoue se voit à un mille de distance. C'est aujourd'hui le village de Sainte-Marie-Majeure. Mes compagnons de voyage, étant du pays, et assurés d'avoir cent occasions de repasser par là, ne voulaient négliger aucun objet réputé curieux. Je les laisse aller à la ville ancienne par trente degrés Réaumur, et à leur retour ils me racontent qu'ils ont ont vu une pierre du temple de Junon, trois bornes de celui de Bellone, et un tronçon de colonne pouvant provenir de celui d'Hercule. Pendant ce temps-là, je mangeais un saladier de fraises excellentes, et je résolvais le fameux problème des délices de Capoue. C'est évidemment pour régaler ses soldats de fraises à quatre baïocs le *rotolo*, qu'Annibal abandonna les fruits de quatre victoires. Je n'admets aucune autre supposition, et je regarde Tite-Live comme mal informé lorsqu'il ose accuser de négligence et de mollesse le plus grand capitaine et l'un des génies les plus vastes de l'antiquité.

A cinq heures, le zéphyr commençant à rafraîchir l'air, nous remontons en voiture ; nous traversons le Vulturne, et nous allons chercher un gîte au village de Sant'-Agata, l'antique Minturne, où les insectes paraissent avoir juré de ne laisser dormir aucun étranger depuis que Marius y passa un si triste quart d'heure. Après avoir employé la nuit à lire et à fumer, je comptais sur mes compagnons de voyage pour accabler de reproches le voiturin, qui nous devait de bons lits et des chambres propres, aux termes du marché. Quelle est mon indignation en apprenant que tout le monde est satisfait ! Le Carthaginois possède un sang africain dont les puces ne veulent point goûter. Les deux abbés ont la peau à l'épreuve de toute piqûre. Le médecin ouvre des yeux étonnés quand je parle d'insectes. Quant à la jolie lectrice, elle paraît fraîche comme une rose, ne se plaint de rien, et, comme elle ne parle que l'allemand, dont personne ne comprend un mot, il est impossible de savoir ce qu'elle pense. Mon concert de reproches, réduit à un solo, ne produirait plus aucun effet. Je pars sans rien dire, espérant que le gîte de Terracine sera meilleur.

En sortant de Sant'-Agata, mes quatre compagnons mâles passent leurs têtes par les portières d'un air agité, consultent précipitamment leurs livres et déploient des cartes géographiques. Tout à coup l'un d'eux s'écrie :

— C'est ici ! arrêtez ; nous voulons descendre.
— Qu'y a-t-il donc ? demandai-je.

Pour toute réponse, on me met sous les yeux la page du guide en Italie, où je lis cette phrase pompeuse : « On traverse le fleuve sur un nouveau et magnifique pont de fer suspendu. Ce pont et celui de Padoue sont les deux uniques constructions de ce genre qui existent en Italie. » Je cherche des yeux un fleuve, et j'aperçois un fossé où coule un ruisseau large de trois pieds. Le *magnifico ponte di ferro* a bien vingt-cinq pas de longueur. Les voyageurs étaient descendus dans le fossé pour contempler à leur aise ce prodige de la civilisation moderne. Pendant ce temps-là, je me trouve tête à tête avec la blonde lectrice. Après avoir essayé de me faire comprendre en français et en italien, j'assemble les trois mots d'anglais dont se compose mon répertoire ; la demoiselle me répond en allemand. Il ne reste plus que le langage par signes. C'est alors que je reconnais combien il est utile de voir des ballets pantomimes. A force de me démener comme les jeunes premiers du théâtre San-Carlo, je viens à bout de formuler ces questions importantes : « Vous avez du chagrin ? Vous pleuriez hier en partant ; vous regrettez donc Naples ? » Elle me répond dans la même langue : « Je suis au désespoir d'aller par là, du côté de Rome. Mon cœur est déchiré. Ce que j'aime est par ici, déjà bien loin, du côté de Naples. Mes yeux ne le reverront plus ; mes supérieurs, qui ont la couronne de prince sur le front, me rappellent. Je vais partir avec eux pour Vienne. » Je reprends : « Vous aimez donc beaucoup celui qui est resté par ici ? » Elle rougit. Je poursuis : « Que fait-il ? quel est son état ? » Elle répond : « Il peint. C'est un jeune artiste allemand qui voyage en Italie. » — « Eh bien ! tout n'est pas perdu. S'il vous aime, il saura bien aller vous chercher en Allemagne, et vous vous marierez ensemble. » Elle sourit.

— *Ah ! che maraviglia !* s'écrie le Carthaginois sortant du fossé. *Che bel ponte !*

— Quoi ! signor Français, disent les quatre voyageurs, vous n'avez pas bougé de la voiture ! Cette indifférence est incroyable.

Ils se regardent entre eux d'un air moqueur. Comme ils allaient prendre mon indifférence pour de l'affectation, je me donne le plaisir de leur apprendre qu'en France nous avons plusieurs centaines de ponts en fer, et que sur le Rhône seulement on en voit quinze ou vingt, dont un, celui de Tarascon, a plus d'un demi-mille italien de longueur. Là-dessus on m'accable de questions : on bat des mains, on se récrie, on admire, on envie la France, et je vois des larmes d'enthousiasme dans tous les yeux, ce qui flatte mon orgueil patriotique, vu la distance où je suis de mon pays. Ces mêmes gens qui avaient fait une halte si longue pour un petit pont, n'ont garde de bouger pour les belles ruines de l'aqueduc de Minturne, situé à la frontière du Latium. Il y avait quelques marais au bord de la route, des touffes de roseaux. Le pauvre Marius s'était plongé dans cette vase comme un lion cerné par les chasseurs. Un prestige singulier s'attache toujours au héros malheureux. Marius ne valait pas mieux que Sylla. On le déteste maître de Rome ; on sourit de pitié en le voyant, vieux et bouffi de vanité, les jambes gâtées par des varices, lutter aux jeux gymnastiques et faire rire la jeunesse à ses dépens. Mais dans les marais de Minturne, comme on l'aime ! comme on tremble qu'il ne soit découvert ! comme le cœur vous bat de joie lorsqu'il retrouve des partisans et qu'il rentre victorieux dans Rome... pour s'y rendre plus odieux et plus méprisable qu'auparavant !

A midi nous nous reposons à Mola dit Gaëta, sur la frontière du royaume de Naples. L'aubergiste prétend que Cicéron est mort précisément devant sa porte, et, si on l'excitait par la contradiction, il vous dirait qu'il l'a secouru lui-même et appellerait la servante en témoignage. On est libre à Gaëte de se donner des impressions d'histoire à propos d'Alphonse d'Aragon, de Charles-Quint et du connétable de Bourbon, qui ont illustré cette place de guerre. Je fus séduit bien davantage par la vue de la pleine mer, les jardins de citronniers, et surtout par une bonne silhouette napolitaine, la dernière que je devais voir et que je considérai avec attendrissement ; c'était un officier de la garnison en grande tenue, l'épée au côté, le shako à torsades sur la tête, les épaulettes d'argent bien brillantes, partant pour la campagne sur un petit âne, et tenant à deux mains un large parasol qui le préservait de l'ardeur du soleil. Pour qu'on s'avisât de remarquer son naïf équipage, il fallait qu'il vînt à Gaëte un de ces Français prétentieux qui aimeraient mieux mourir d'un érysipèle que de braver un semblant de ridicule. Le Napolitain s'embarrasse peu de ce qu'on pensera de lui en le regardant ; il se met à son aise, et fait tout simplement ce qui lui convient.

Nous laissons derrière nous Mola dit Gaëta, le tombeau de Cicéron et le village d'Itri. Nous passons le bourg de Fondi, renommé pour la beauté de ses femmes, et deux fois saccagé par les Turcs. Le corsaire Barberousse, débarquant sur la plage voisine pendant une nuit, pilla la ville, massacra les habitants et enleva les jeunes filles, qu'il emmena en Afrique. Il n'avait pas tout pris, car on en voit encore de fort belles. C'est à Fondi qu'on s'aperçoit du changement de territoire. Le sang de la Campanie disparaît de village en village. La taille des femmes devient plus élancée, la démarche plus grave ; les yeux s'agrandissent, les nez sont plus longs, plus fins, et la régularité classique règne sur les visages moins noirs et moins animés. La pétulance s'éteint peu à peu, elle est remplacée par la majesté romaine. Le son de la voix est plus harmonieux, la parole plus lente ; il n'y a plus de dialecte, et vous êtes étonné d'entendre des paysans, des filles d'auberge et des facchini se servir de termes choisis. Vous les prendriez volontiers pour des grands seigneurs, rejetés dans le peuple par des revers de fortune.

On entre dans les États pontificaux par une route escarpée et pittoresque. Notre voiturin passa sans accident le détroit si périlleux, il y a dix ans, des rochers de Terracine L'excellente raison pour laquelle le brigandage exerçait paisiblement ses droits, c'est que douaniers, postillons et habitants du pays faisaient partie de la bande et touchaient leur part du butin. Le douanier visitait les bagages en conscience. S'il ne remarquait rien de précieux, on ne se dérangeait pas ; mais, lorsque l'examen des malles était satisfaisant, un courrier expédié par les chemins de traverse allait avertir les brigands ; la voiture trouvait à qui parler en arrivant au défilé, puis on partageait en frères. Voilà comme il est agréable d'exercer l'état de voleur, à coup sûr et sans danger. Ne me parlez point de ces misérables écumeurs de grands chemins, échappés des galères, qui arrêtent une diligence au risque de n'y rien trouver de bon ; obligés souvent, ne voulant que voler, de passer au rôle tragique d'assassins, embarrassés de leur butin, traqués par une police incommode, tremblants devant l'ombre d'un gendarme, et finissant, dégoûtés d'un métier ruiné, par aimer mieux retourner au bagne que de mener une vie de terreurs perpétuelles. Tout le monde d'ailleurs n'est pas disposé à perdre son âme et à se corrompre en mauvaise compagnie. Le brigand français, depuis le seigneur Mandrin, a toujours été dégénérant, tandis qu'en Italie cela n'empêche pas d'exercer quelque honnête profession, de mériter l'estime publique, de donner l'exemple des vertus de famille, de faire son salut et de mourir en bon chrétien. Cependant le métier paraît un peu gâté ; les bandes sont désorganisées pour le moment présent. Des maladroits ont dévalisé des cardinaux, qui ont trouvé cela mauvais, et se sont étonnés, à un second passage, de voir leurs vêtements sur les épaules du douanier, et le postillon regarder l'heure avec leur montre. Cette exagération et cette légèreté devaient nécessairement amener une décadence dans l'industrie. Des mesures rigoureuses

13.

ont été prises par le gouvernement pontifical, et Terracine a perdu ainsi le plus assuré de ses revenus. On n'y vole plus en grand comme autrefois ; mais, pour s'entretenir la main, on se borne, faute de mieux, à l'escroquerie. Les camerieri d'auberges ramassent volontiers ce que le voyageur laisse traîner dans sa chambre, comme mouchoirs de poche, pièces diverses du nécessaire de toilette, pantoufles, casquettes et autres menus objets. Si l'étranger réclame, on paraît stupéfait de son audace ; s'il insiste, on lui répond par un silence majestueux, en haussant les épaules avec un sourire de mépris qui dit clairement :

— Il ose se plaindre pour une bagatelle, sans penser que nous l'aurions dépouillé jusqu'à la chemise il y a dix ans ! Dans quel temps vivons-nous ! Allez, vous êtes tous des ingrats.

On ne manque jamais à Terracine de mettre dans les chambres d'auberge des cuvettes fêlées dont on porte le prix sur la carte en vous soutenant en face que vous les avez brisées. Tous les voyageurs de notre voiturin se plaignaient à la fois de la grossièreté du mensonge. Je les engageai à payer de bonne grâce leurs cuvettes et à se donner le plaisir de les achever, ce qui produisit au départ un joli vacarme de pots cassés. Une indignation générale s'était soulevée à ce procédé inattendu, et notre conducteur, qui connaissait son monde, craignait une émeute contre nous.

Je ne sais pourquoi je m'étais construit dans l'imagination des Marais-Pontins d'un aspect sinistre, une voie artificielle représentant à l'œil la juste mesure du travail énorme qu'elle a dû coûter. Je cherchais un désert, des marques visibles de l'air pestilentiel. Au lieu de cela, je fus surpris de voir une route bordée d'acacias et de platanes, semblable à une avenue conduisant à quelque château de plaisance. D'un côté est un canal d'assainissement sur lequel descendent des bateaux chargés de joncs et de foin ; de l'autre, des vaches qui paissent tranquillement. Partout une verdure fraîche relevée par le bleu foncé d'un ciel pur. Si le *vetturino* ne nous avertissait pas qu'il ne faut point s'endormir sous peine de gagner les fièvres, on ne se croirait jamais au milieu de la *malaria* et d'une nature perfide. On voit bien qu'il n'y a pas d'habitation dans ces marais ; mais on attribuerait volontiers leur abandon au manque d'esprit spéculatif des gens du pays.

Vers onze heures, le soleil avait pris une force terrible. L'abbé ôtait son habit ; le bon archiprêtre lisait son bréviaire avec des ruisseaux de sueur sur le visage, le médecin chassait les mouches avec son mouchoir, la jeune lectrice était devenue une rose pourpre, et je poussais des soupirs à fendre les montagnes. Le Carthaginois seul continuait à regarder le pays d'un air radieux. Peu à peu l'assoupissement s'emparait de la voiturée entière, et les têtes s'en allaient ballottant d'une épaule à l'autre. Don Giuseppe, le conducteur attentif, remarque le danger et entonne une chanson d'une voix de stentor ; nous allions nous rendormir encore, lorsqu'il s'écrie :

— Que pensent vos seigneuries de ce *sonetto d'amore?*

Et il nous récite un sonnet de Pétrarque, puis un autre sonnet, puis un fragment de poésies de Monti.

— Je pourrais, ajoute don Giuseppe, vous dire tout un chant de la *Gerusalemme liberata ;* mais l'*Orlando furioso* me réussit mieux, et je vais vous en déclamer quelques morceaux.

Don Giuseppe avait une excellente prononciation, et récitait en homme intelligent. Une fois à la tour des Trois-Ponts, où finissent les marais, il s'interrompit :

— A présent, dit-il, vos seigneuries peuvent s'endormir, la malaria est passée.

Sans vouloir faire tort aux conducteurs des messageries oyales, je crois pouvoir affirmer qu'on trouverait peu de gens parmi eux aussi lettrés que le vetturino don Giuseppe.

Velletri, l'ancienne capitale des Volsques, était devenue, sous les empereurs, un lieu de délices. Tibère, Caligula, Othon et d'autres encore l'avaient choisie pour y construire des maisons de campagne. Je n'ai pu découvrir ce qui a déterminé leur préférence. Le pays m'a paru aride et peu séduisant. Il est de plus infesté par une grande quantité de reptiles. La ville est laide, malpropre, irrégulière ; mais les vignes des environs ont le mérite de produire un vin que les lèvres d'un Français peuvent accepter, chose rare en Italie, où l'on est voué aux potions noires et sucrées.

Les voyageurs ayant entendu la messe à Velletri, nous partons pour Albano, où nous arrivons comme les cloches sonnent les vêpres. La population se rendait en foule aux églises, non pas avec l'empressement des Napolitains, mais dans un ordre parfait. Nous étions au dimanche, et ce jour-là, on voit le peu de costumes nationaux qui restent encore en Italie. C'est surtout dans les environs de Rome que les habitants ont eu le bon esprit de garder leurs modes. Toutes les femmes d'Albano portent le corsage rouge, la chemise plissée, les manches justes et le jupon blanc. Le costume est pour beaucoup dans la grande réputation de leur beauté. Elles se prélassent en marchant, la tête haute, les épaules effacées, avec un air digne qui sied à leurs traits réguliers et sévères. En allant à l'église, le livre sous le bras, d'un pas grave et lent, elles semblent improviser un tableau de procession.

Depuis Velletri, deux chevaux étant boiteux et le troisième attaqué du tétanos, nous nous cotisons pour prendre la poste. A la sortie d'Albano, la route tourne brusquement sous une avenue d'arbres, on descend une côte rapide, et tout à coup nous découvrons la vaste plaine au bout de laquelle paraît le dôme de Saint-Pierre.

— Voilà Rome ! s'écrie le Carthaginois.

Et la voiturée entière bat des mains. Le coup d'œil général de cette étrange campagne est celui d'un cimetière de géants. La terre, « trop fatiguée de gloire pour daigner produire, » comme l'a dit madame de Staël, est d'une couleur cadavéreuse, et n'a point retrouvé cette vie nouvelle qu'elle reprend sur la lave même des volcans. Son rôle en ce monde est fini ; elle attend que le reste du globe meure à son tour. On est entouré de débris. D'énormes fragments d'aqueducs élèvent leurs arcades étroites et brisées. Des pans de muraille ont encore besoin d'un siècle ou deux avant de se laisser tomber, et demeurent suspendus en l'air dans une position problématique, ayant perdu leur appui. Quelques tombeaux, échappés à cent désastres, sont encore debout. C'est par Albano et la voie Appia qu'il faut arriver pour apprécier l'antique banlieue de Rome. La route du Nord par le pont Molle n'offre plus le même spectacle.

Nous découvrons à l'horizon d'autres dômes auprès de celui de Saint-Pierre ; le profil de Saint-Jean de Latran nous montre des statues fantastiques et qui, de loin, ressemblent plus à des démons qu'à des saints. Auprès de cette église est une porte crénelée d'où partent les anciennes murailles de couleur sombre, comme si la pierre était calcinée par le soleil. Rome n'est plus un nom assez vieux pour de telles ruines ; on croirait plutôt entrer à Jéricho.

Le douanier nous avait arrêtés à la porte, et parlementait avec le vetturino ; nous étions descendus pour jouir à notre aise du caractère religieux des débris qui nous entouraient. Tout à coup la jolie lectrice pousse un cri perçant et se précipite dans les bras d'un jeune homme. C'est le peintre allemand, arrivé la veille par le bateau à vapeur, et qui attendait son amie à la barrière de Rome, tandis qu'elle le pleurait à petites journées. Pour rien au monde je ne me serais refusé le plaisir de lui rappeler que je lui avais prédit le retour de son amant, et tout Français eût fait de même, à cause de notre précaution nationale à deviner, expliquer, comprendre et démontrer. Si un de nos oracles se réalise, fût-ce la prédiction de notre ruine, la satisfaction de l'amour-propre efface à moitié le revers ; mais ce n'était pas le cas ici, puisque je n'étais point amoureux de la jolie lectrice. La demoiselle, au comble de ses vœux, sourit naïvement, nous donne avec effusion la poignée de main de l'adieu, et le jeune couple s'en va bras dessus bras dessous.

— Où veulent descendre vos seigneuries ? demande le conducteur. Chacun avait son hôtel, excepté moi, qui ne savais où aller. Je consulte don Giuseppe.

— Si votre seigneurie demeure plus de huit jours à Rome,

dit-il, elle peut loger dans une maison meublée, rue Borgognona, près de la place d'Espagne.

Au bout d'une heure, j'étais installé dans une bonne chambre fraîche et bien close ; à travers les persiennes, je remarque sous mes fenêtres un petit jardin, une fontaine d'eau vive, un gros figuier dont les feuilles velues sont à portée de la main ; quelques plantes grimpantes s'étendent en zigzag sur la muraille. Il me semble que je connais cette maison, et pourtant je suis certain de ne l'avoir jamais vue, à moins que ce soit en rêve. A force de fouiller dans mes souvenirs, je me rappelle que Hoffmann, le charmant conteur allemand, dans son historiette de *Salvator Rosa*, fait descendre son héros rue Borgognona, qu'il décrit en peu de mots la maison, le vestibule obscur et frais, le jardinet avec son large figuier et ses plantes grimpantes. Évidemment Hoffmann, de retour à Berlin, mettant la scène d'un conte à Rome, s'est amusé à placer ses personnages dans l'endroit qu'il avait habité lui-même. Plus de doute, je suis dans la maison d'Hoffmann, peut-être dans sa chambre. La mémoire est chose bonne, et mon idée a d'autant plus de vraisemblance, que la rue Borgognona ne contient qu'une seule maison meublée, et si Hoffmann n'est point allé à Rome il a eu grand tort.

Mais voici l'heure du *riposo*. Un silence profond règne sur la ville. Faisons comme tout le monde. Je me mets au lit et je m'endors, bercé par le chant lointain d'un rossignol et le murmure de la fontaine, après avoir d'abord répété vingt fois :

— Tu es à Rome ; ceci est Rome. A ton réveil, tu seras encore dans Rome.

Moquez-vous de moi si vous voulez ; cela m'est bien indifférent.

XVII

ROME

Le lendemain, à huit heures du matin, je déjeunais au Café Grec, au milieu d'une bande d'artistes ; car la ville des Césars est le rendez-vous de tout ce qui manie le pinceau en Europe. Les gouvernements d'Allemagne et d'Angleterre envoient quelques pensionnaires ; la France seule possède une académie organisée, dont le siège est au palais Médicis. Des amateurs viennent aussi s'installer à Rome pour y étudier. Que d'illusions dans ces jeunes têtes ! comment ne pas se croire appelé à illustrer son nom parmi cette cohue de chefs-d'œuvre, si serrée qu'on en met jusque dans les antichambres ? Le génie a jadis couru les rues à Rome ; n'en reste-t-il donc plus ? Pourquoi vous ou moi, nous tous, ne ferions-nous pas aussi des tableaux admirables ? En vérité, je n'en vois pas de raison. On dresse des échafaudages, on copie, on étudie, on essaye. Cette ardeur est noble et cette ambition respectable ; mais, hélas ! un jour arrive où on comprend enfin que le don de la peinture ne se ramasse point, même sur les pavés de Rome. En attendant qu'ils deviennent des maîtres, les jeunes artistes se donnent le plaisir de porter des costumes en harmonie avec le genre auquel ils prétendent. A Paris ou à Londres, on n'oserait pas s'habiller comme un portrait du Titien ou de Rubens. En pays étranger, tout est permis. Vous voyez à chaque pas des justaucorps de velours, des chapeaux à larges bords, des manches ornées de crevés de satin blanc. Vous vous croisez avec Van-Dyck en personne ; regardez Nicolas Poussin qui lit le journal ; voici là-bas Velasquez qui s'avance ; Guido Reni allume son cigare au vôtre. Ces rencontres vous flattent, et d'ailleurs cette variété dans les toilettes anime singulièrement les cafés et les promenades.

Un mouvement considérable règne de la porte du Peuple à l'extrémité du Corso, sur la place d'Espagne et dans la rue des Condotti ; mais si vous parcourez les quartiers lointains, vous tombez dans de véritables déserts, des séries de ruines, des ronces, des arbustes poussés au milieu des murailles écroulées, de ruelles silencieuses où le bruit de vos pas éveille en vous un sentiment profond de solitude et de mélancolie. Cela n'a rien d'étonnant si on songe à la disproportion qui existe entre l'étendue de la ville et le nombre de ses habitants. Pendant les premiers jours, vous aurez de la peine à surmonter votre tristesse ; mais pour de l'ennui, vous n'en éprouverez pas. Bientôt un certain charme répandu sur ces grands débris, un ordre entier de sensations inconnues jusqu'alors, vous font peu à peu une vie nouvelle, et vous ne pouvez prévoir à quel point ce monde nouveau vous captivera. Vous sentirez en vous deux hommes : celui de Rome et celui qui a vécu partout ailleurs. Cette impression s'augmentera de jour en jour, par le seul avantage du présent sur le passé. Défiez-vous de cette vénérable capitale. Ce n'est pas, comme Palerme, une odalisque voluptueuse qui vous enivre et s'empare de vos sens ; ni, comme Naples, une coquette séduisante, tour à tour gaie, langoureuse ou babillarde. C'est une beauté sur le retour, qui ne vous trouble pas, vous élève l'esprit, parle sans cesse à votre imagination, et vous fait insensiblement un besoin de sa compagnie, habitude impérieuse à laquelle vous ne pouvez plus vous soustraire. Quand on se prend de passion pour ces beautés-là, il n'y a plus de raison pour que le feu s'éteigne jamais. J'ai vu à Rome un Anglais, parti de Londres à l'âge de vingt ans avec l'intention de consacrer six mois au voyage obligé en Italie. Il a maintenant soixante ans, et il se promet encore d'achever sa tournée quand il sera rassasié du séjour de Rome. J'avais déjà vu souvent en France de jeunes artistes qui parlaient de Rome avec attendrissement comme d'une ancienne amie à laquelle on les avait arrachés par force. C'est ordinairement au bout de deux ou trois mois qu'on est subjugué. Passé cela, si la passion ne se déclare point, on ne court pas grand risque.

L'un des charmes les plus agréables des rues de Rome, c'est la quantité prodigieuse d'eau vive qui jaillit en cascades ou en gerbes au milieu des places, murmure sous les vestibules, et sort de toutes les murailles. Les *acquajoli*, établissant leurs boutiques volantes autour des bassins et laissant leurs verres en permanence sous les chutes d'eau, vous offrent des rafraîchissements d'une propreté et d'une limpidité fort engageantes. Les centimètres cubes ne sont pas comptés comme chez nous, et l'eau ne coule pas à heure fixée pour être ensuite arrêtée par économie. La fontaine Pauline fournit des nappes épaisses comme la chute d'une rivière, et se subdivise dans les canaux qui vont de maison en maison. Celle de Trevi et beaucoup d'autres se répandent dans les ruisseaux avec une prodigalité fort utile à la salubrité de la ville. Trois aqueducs suffisent à cet énorme mouvement, et on peut se figurer ce qu'était l'ancienne Rome lorsque quatorze aqueducs pareils fonctionnaient à la fois.

S'il fallait passer en revue les monuments antiques de Rome, ceux du moyen âge et de la renaissance, les musées et les galeries, la seule liste des noms formerait un gros volume. Pendant quarante jours j'ai visité chaque matin plusieurs monuments et au moins une galerie de tableaux, et je suis parti sans avoir tout vu ; aussi le lecteur, dont je n'ai point envie de faire l'éducation, ne doit pas craindre que je l'embarque dans une tournée d'exploration au terme de laquelle nous n'arriverions jamais. Je lui demanderai seulement la permission de citer trois ou quatre morceaux qui m'ont particulièrement frappé pour des raisons qui ne sont pas dans les catalogues.

Si l'on veut se rendre compte de la grandeur de l'église de Saint-Pierre, il faut monter au moins sur la plate-forme, dont la largeur est telle qu'on s'y croirait dans une immense place publique. Un mulet, destiné au service du nettoiement, existe là-haut avec sa charrette, et on lui a construit dans un coin une remise et une écurie. La pauvre bête mourra suspendue à quelques centaines de pieds au-dessus du sol, et si elle comprend sa position, elle doit penser que les hommes sont de méchants et bizarres animaux. En admirant la forme de la coupole dont Michel-Ange a tracé le dessin sur les plans corrigés de Bramante et de Sangallo, je me rappelais une des plus jolies lettres de Diderot à mademoiselle Voland, où il est question de ce chef-d'œuvre d'architecture. Dans sa lettre, le grand encyclopédiste traite des instincts innés et de leur développement par l'effet de l'expérience, et il dépense autant de verve et de profondeur pour amuser un instant sa maîtresse que s'il s'agissait de démontrer un point de philosophie à tous les savants de la maison holbachique. Afin d'expliquer comment il entend l'exercice du génie et comment les instincts se manifestent, Diderot affirme que Michel-Ange, préoccupé par l'idée de donner à sa coupole la courbe la plus élégante possible, trouve en même temps, et comme malgré lui, la courbe de plus grande solidité. Là-dessus l'improvisateur, emporté par la fougue de son imagination, part au galop et construit tout un système. Rien n'est plus ingénieux que ses aperçus, que ce tableau qui nous montre Michel-Ange, dominé par un instinct, obéissant du même coup à un autre instinct différent ; on voit ces deux génies si opposés, celui de la fantaisie et celui des mathématiques, se rencontrant dans la même cervelle et s'accordant ensemble sur le papier pour produire un chef-d'œuvre d'architecture qui soit en même temps le monument le plus durable. On ne peut rien trouver de plus séduisant, et assurément mademoiselle Voland, subjuguée comme le lecteur par l'éloquence de Diderot, n'a pas eu un moment de doute ni d'hésitation. Elle n'a pas même songé à dire comme le second médecin de Pourceaugnac : Et quand ce ne serait pas la ligne de plus grande solidité, il faudrait qu'elle le devînt pour la beauté du raisonnement. Cependant, après avoir tourné autour de la coupole, circulé dans les escaliers et monté jusque dans la boule de cuivre, j'aperçois des ouvriers, des instruments de maçonnerie, et quelques pierres de taille gémissant sous la scie.

— Que vont donc bâtir ces ouvriers ? demandé-je au gardien.

— Ils vont faire des réparations, me répondit-il ; et dans quelques années ce sera bien pis encore, car on dit que la coupole n'est pas solide.

Ainsi donc la courbe élégante n'est point celle de la solidité. Je me gratte l'oreille, un peu déconcerté par ce gros fait matériel qui renverse tout l'édifice de Diderot, et je songe qu'en effet les conditions d'élégance et celles de durée n'ont rien à démêler ensemble ; que si un ouvrage de goût est durable, c'est par d'autres lois que celles de la beauté. Alors arrivent les exemples ; je vois les pyramides d'Egypte rester debout après quatre mille ans, précisément parce qu'elles ne visent point à la grâce, et je vois aussi Diderot amusant de bonne foi sa maîtresse par un caprice qui lui passe un beau matin dans l'esprit. Ajoutons qu'il n'est rien de plus dangereux qu'une langue dorée soutenant et répandant une erreur dans la chaleur de l'improvisation, avec l'accent d'une conviction profonde, créant des systèmes tous les matins, et obéissant à l'instinct inné du paradoxe, développé par l'expérience des applaudissements.

Il me semble, sauf erreur (pour ne point me hasarder comme Diderot) que le nom de Michel-Ange est le plus grand de tous ceux qui sont gravés sur les monuments de

Rome, il me semble que de tous les génies de la renaissance, Michel-Ange est celui qui, par son caractère élevé, sévère et mystique, se trouve le plus naturellement identifié avec le caractère de la ville éternelle. On lui opposera toujours Raphaël ; mais, à mon sens, Raphaël aurait pu vivre et produire à Florence ou à Naples sans y perdre beaucoup, tandis que la place de Michel-Ange est à Rome et non ailleurs. Lui seul est vraiment digne d'elle, et taillé sur un patron tout à fait romain. On ne le connaît pas bien si on ne l'a pas vu à la chapelle Sixtine et au tombeau de Jules II. Malheureusement une fatalité incroyable s'est attachée à ses ouvrages. Plusieurs ont disparu. La statue en bronze posée sur la place de Bologne, après la prise de cette ville, et qui représentait Jules II donnant cette bénédiction qui ressemblait à une menace, a subi les chances de la guerre. La ville fut reprise ; on fit de la statue un canon braqué sur Bologne, et le duc de Ferrare crut avoir répondu très spirituellement en détruisant un chef-d'œuvre. En France même nous possédions une Léda qui, sous le ministère du cardinal de Richelieu, fut sacrifiée à un fanatisme stupide, comme un ouvrage impie. La pâleur de la mort se répand déjà sur les peintures de la chapelle Sixtine ; *le Jugement dernier* devient tous les jours plus confus. Mais il reste encore le tombeau de Jules II et le groupe de la *Pietà*, qui heureusement sont en marbre. Pourvu qu'il n'arrive pas d'accident à la statue de Moïse, bon Dieu ! Il ne manquerait plus que cela. Pourvu qu'un Anglais ne s'avise pas d'en casser un échantillon pour l'emporter à Londres et le mettre dans son secrétaire, à côté de ses notes de voyage et du mémoire de son tailleur ! Ce que les aimables touristes d'Albion ont ainsi dégradé en Italie est incalculable. Le Moïse est, selon moi, le morceau capital de Michel-Ange. A ceux qui, par amour de l'antique, professent le culte seul de la forme, on pourra toujours citer victorieusement le Moïse comme le triomphe de l'art philosophique, en l'appuyant du mot sublime de l'auteur à son ouvrage : « *Adesso puoi parlare.* » Il y a de quoi s'inquiéter lorsqu'on pense que cette statue est à portée du bras, sans une grille qui la défende, que les curieux mettent sans cesse leurs mains imbéciles sur le genou de marbre du législateur, et qu'aucune surveillance n'est établie dans la petite église de San-Pietro-in-Vincoli.

Le Titien, dit-on, était le peintre de la matière ; son génie réside dans sa main, et ne monte pas plus haut que l'épaule ; ses Madeleines ressemblent à de grosses filles bien portantes, qui ne pleurent pas comme celle du Guerchin. Il est bon de citer un tableau de ce grand maître à l'appui du contraire. Au palais Doria, on pourra voir un *Sacrifice d'Abraham* d'une expression sublime. L'enfant ne paraît pas soumis et résigné, comme dans les autres tableaux sur le même sujet ; il se débat et résiste au bras de son père ; il crie et tend des mains suppliantes, en se tordant avec tous les signes de l'angoisse et de la terreur. La figure décrépite d'Abraham est animée par un désespoir voisin de l'égarement. Ses yeux brillent d'un feu sinistre. On devine qu'il a déjà trop tardé, que le sacrifice devrait être fait. Dieu a failli attendre ! Il n'y a plus de père. Le bras droit, armé du couteau, va frapper de bas en haut par un geste terrible. On tremble que la main délicate de l'ange n'ait pas la force d'arrêter le coup. Ceux qui pourront regarder sans émotion ce tableau déchirant sauront ainsi qu'ils ont les nerfs solidement constitués. Dans la même galerie, on verra un magnifique portrait de Jeanne de Naples, par Léonard de Vinci ; un *Saint Jean prêchant dans les Abruzzes*, par Salvator Rosa, et plusieurs tableaux de Nicolas Poussin.

Les bains de Caracalla n'étonnent pas moins que le célèbre Colisée par leurs énormes proportions. L'empereur et tous ses courtisans s'y baignaient à la fois. Ils s'étendaient ensuite sur des lits de repos, autour d'un vaste gymnase où des gladiateurs venaient s'égorger entre eux pour l'amusement des baigneurs. Il y avait aussi des salles pour les danses et la musique. Aujourd'hui on marche sur les pierres déchaussées des mosaïques. La nature paraît avoir adopté ces ruines afin de cacher sous ses ornements les traces des orgies césariennes. Des lierres épais grimpent le long des piliers. Les salles de bains sont devenues des champs de rosiers. Des troupes de martinets nichés dans les trous babillent et voltigent sous les voûtes sonores. J'y suis entré par hasard un jour de fête. Des gens du peuple, assis en cercle, dînaient gaiement à l'ombre des murailles, et parlaient cet italien pur et mélodieux qu'on croirait inventé dans un temps de mollesse par les dames romaines. Ce lieu, souillé par l'infâme Caracalla, n'offrait plus que l'image d'un jardin de plaisance consacré au repos des bonnes gens et à la villégiature des oiseaux.

XVII

LA GRANDE CHALEUR. — HISTOIRE DU PIFFERARO

Mon compagnon de voyage, don Asdrubal, venait tous les matins m'éveiller à sept heures, pour courir le pays avant le moment de la chaleur. Malgré son origine évidemment africaine, je l'aimais à cause de son caractère naïf et bon. Je lui savais gré d'ailleurs de son enthousiasme pour la France. Il ne me parlait qu'en Français, dont il savait à peine quelques mots, et je lui répondais en italien, ce qui composait une conversation assez comique. Le seul défaut de cet excellent garçon était une indiscrétion imperturbable et un manque de tact qui en faisait une espèce d'*enfant terrible*. Il n'y avait sur ma table ni lettres, ni album de voyage, ni papiers dont il ne s'empressât de prendre connaissance, me demandant des explications et des commentaires sur les passages qu'il n'entendait pas, et avec tant de simplicité que je n'avais pas le courage de lui reprocher sa curiosité.

Un jour nous cheminions ensemble dans les rues ; je suis abordé par un artiste chauve que j'avais vu la veille à l'académie de peinture. L'étranger ôte son chapeau, et don Asdrubal, apercevant un crâne privé de cheveux, saisit l'occasion de s'instruire en augmentant son vocabulaire français d'un mot nouveau. Il se penche vers l'inconnu en souriant, lui montre du doigt son front nu, et dit avec un air bienveillant :

— Monsieur, comment se dit *calvo* en français ?

— *Chauve*, Monsieur, répond l'artiste, et *goffo* se dit *lourdaud*.

Puis il remet son chapeau et s'en va, laissant Asdrubal étonné de cette brusquerie, et moi fort mécontent. A quatre pas de là nous passons devant l'atelier de M. Thorwaldsen. Sans me demander la permission, le Carthaginois tire le cordon de la sonnette.

— Que faites-vous ? lui dis-je. On n'entre pas ainsi chez un sculpteur sans le connaître. Il nous faudrait au moins une recommandation.

— Bah ! s'écrie Asdrubal ; je lui dirai que je viens du fond de la Sicile pour admirer ses ouvrages, et il n'osera pas me renvoyer.

— Eh bien ! essayons ; votre innocence nous servira peut-être.

Un praticien, le ciseau à la main, ouvre la porte et nous apprend que M. Thorwaldsen est en Danemark, mais qu'on peut visiter l'atelier. Je me rassure et nous entrons. On nous montre une statue de lord Byron ; un Christ destiné au fronton de la cathédrale de Copenhague, morceau important et d'un caractère poétique ; un bas-relief de la *Nuit* entourée de douze figures groupées avec beaucoup de grâce, mais qui rappellent une peinture du Corrège sur le même sujet. Nous admirons un autre bas-relief très beau représentant Priam aux pieds d'Achille. Enfin, nous nous arrêtons longtemps devant une charmante statuette d'enfant endormi, au bas de laquelle nous lisons le nom de Holbeck.

— Ceci n'est donc pas de M. Thorwaldsen ? demande le Carthaginois.

A ces mots, un grand jeune homme d'une physionomie distinguée s'approche de nous.

— Messieurs, dit-il, cette statue est de moi. Je suis élève de Thorwaldsen.

Don Asdrubal n'écoute rien. Il se courbe, regarde le nom gravé sur le marbre, en étudie la prononciation difficile en faisant une grimace par excès d'application ; puis il se tourne vers l'artiste, et répète trois fois :

— Holbeck ? Est-ce cela ? L'auteur s'appelle Holbeck ?

J'aurais voulu m'abîmer à cent pieds sous terre. Le jeune homme salue d'un air offensé, nous tourne le dos, et va se remettre au travail. Je prends la fuite, suivi de l'Africain.

— Malheureux, lui dis-je, vous aurez choqué ce jeune artiste en lui jetant ainsi son nom au visage. Il venait pour nous faire les honneurs de l'atelier en l'absence de M. Thorwaldsen, et vous l'accueillez avec une grossièreté inouïe !

— Quelle grossièreté ? répond mon sauvage. Je ne connais pas ce monsieur. Pouvais-je savoir qu'il était Holbeck ? Est-ce une offense que d'appeler un homme par son nom ? Vous autres Français, vous imaginez mille puérilités qui n'existent pas.

Jamais il ne voulut comprendre sa sottise, et finalement je le laissai dans son obstination carthaginoise.

Tous les Guides en Italie étant d'accord pour vous recommander expressément d'aller à Rome voir les fêtes de Pâques, j'avais judicieusement choisi cette époque pour passer en Sicile. J'aurais désiré pourtant regarder le saint-père donnant au monde entier la quadruple bénédiction du haut de son balcon. J'aurais peut-être cédé aux conseils des Guides, si on ne m'eût averti qu'une foule innombrable d'Anglais prenaient le chemin de Rome, afin d'assister à cette cérémonie apostolique comme à une représentation de théâtre, et faire mettre en stalles d'orchestre et de galerie la place publique et les maisons voisines. Je n'aurais pas aimé à voir sur leurs visages impassibles le cynisme incrédule des gens qui payent et se demandent s'ils ont du plaisir pour leur argent. A Catane, un Sicilien me disait, le jour de Pâques :

— Comment ! vous êtes libre et vous voilà en Sicile ! Vous ne verrez ni l'illumination du dôme de Saint-Pierre ni le feu de la girandole !

Le hasard, qui favorise les voyageurs indociles, me fit tomber à Rome au mois de juin, pour la Fête-Dieu et la Saint-Pierre, où il y a précisément illumination du dôme et girandole. Si la religion catholique est aimable à Naples, elle est plus magnifique et plus imposante à Rome. Le luxe éblouissant de ses pompes parle bien plus à l'imagination. En regardant ces longues processions de moines de tous les ordres, cette vaste litière qui porte le pape agenouillé devant le saint sacrement et entouré de cardinaux, cette population couchée dans la poussière, le Français se croit transporté au siècle de Sixte-Quint. Il se frotte les yeux, et quand il s'est assuré qu'il ne rêve pas, étonné d'être seul debout au milieu de la foule prosternée, confus de ne point partager le sentiment général, il se demande s'il a sur le front le signe réprobateur de Caïn et s'il est plus méchant ou plus orgueilleux que les autres. En cherchant dans sa tête, il y reconnaît que sans une douzaine de livres destructeurs rangés en bataille sur les rayons de sa bibliothèque, il partagerait le bonheur et la confiance de tout le monde. La procession passe, et l'étranger rentre chez lui triste et confus. C'est à Rome que les grands pécheurs doivent se convertir.

— L'illumination de la coupole, qu'on voit de tous les quartiers de Rome, est d'un effet magique ; quant à la girandole du château Saint-Ange, elle ne soutiendra jamais la comparaison avec nos feux d'artifice, tant que la chambre des députés votera la poudre à canon annuelle et patriotique des fêtes de juillet.

Autant l'homme du peuple napolitain a d'aversion pour la moindre contrainte et le métier de modèle, autant le Romain est docile et complaisant. Il se drape, le dos appuyé contre le mur, les jambes croisées, et regarde, d'un air engageant, l'artiste qui se promène sur la place d'Espagne. Il adopte la pose la plus académique et se stéréotype volontiers pour deux heures. Avec son chapeau pointu roussi par le soleil, son manteau d'une couleur inexprimable, sa chaussure de buffle, ses jambes ornées de bandelettes rouges, son large cou découvert, son teint basané, son nez aquilin et les belles lignes de sa stature, il provoque à la fois le coloriste et le dessinateur. Cependant les plus beaux, qui sont les Transteverins, dédaigneraient de fréquenter les ateliers de peinture. Sur la rive droite du Tibre on prétend n'avoir jamais mêlé son sang à celui des Barbares. Si on n'y a pas hérité de toutes les vertus antiques, on a du moins conservé la fierté. La gaieté, la grâce, la politesse sont apparemment des inventions modernes abandonnées à la rive gauche. On n'entend que des paroles sèches et des malédictions : « *Accidente per te ! per la tua familia ! gnaf à te !* » Les mères battent leurs enfants, qui au lieu de pleurer tâchent de leur rendre les coups. Les vengeances vont grand train. On se menace d'un pouce de lame dans le corps ou de la lame entière, selon la gravité de l'offense, et on tient parole. L'étranger fera prudemment de se considérer comme barbare et de rester sur la rive gauche.

Je m'imaginais connaître les grandes chaleurs pour avoir été un peu hâlé par le printemps de la Sicile et le voyage de Naples ; mais vers la fin de juin je me vis obligé de convenir que, sous ce rapport, l'Italie ne s'était point encore révélée. Le ciel prit l'aspect de l'airain en fusion ; une vapeur brûlante vint remplacer le zéphyr du matin, et le soleil déchaîné mérita les épithètes qu'on ne donne ordinairement qu'à la tempête. Avant midi, tout le monde rentrait, fermait les persiennes, et s'étendait sur son lit jusqu'à cinq heures. La ville appartenait alors aux chiens et aux cigales. Le soir, on voyait les fenêtres s'ouvrir, les grisettes nonchalantes se montrer en peignoir, les marchands bâiller en rétablissant leur étalage, les cafés tirer les rideaux de leurs portes, et les acquajoli remettre leurs verres dans le bassin des fontaines.

Pendant le temps consacré à la sieste, n'ayant pas la

prétention d'être un parfait Romain, il m'arrivait souvent de ne point dormir. L'homme du Nord ne s'acclimate pas tout de suite. Il apporte en lui, des régions boréales, une fraîcheur que son sang garde longtemps, comme ces bouteilles qu'on tire de la cave et qui demeurent froides au milieu des chaleurs du festin. Un jour, à deux heures après midi, je descendis bravement pour aller voir un peintre français qui demeurait à Monte-Cavallo. Le silence le plus profond régnait dans les rues, comme si la ville eût été frappée par la baguette d'une fée. Arrivé près du Quirinal, je sonnai trois fois à une petite porte. Au bout de dix minutes, une vieille femme sortit sa tête par une lucarne, et demanda :

— *Chi è ?*

— Je viens, répondis-je, pour voir le signor ***.

La vieille me regarda d'un air hébété, puis elle referma la lucarne. Après dix autres minutes d'attente, elle appela *Luigia*, et n'obtint de réponse qu'au bout d'un long intervalle. Luigia dormait au fond du jardin. J'entendis enfin un cri languissant, et la petite fille arriva en se traînant le long d'un mur. Elle me fit, à travers la porte, la même question que la vieille, puis elle ouvrit. Mon jeune peintre ne dormait pas plus que moi ; il se reposait seulement sur une terrasse. Luigia courut au café chercher de ces sorbets excellents qu'on appelle *granite*.

— Il faudrait pourtant, disais-je, finir par adopter les habitudes du pays.

— Essayons, si vous le voulez, répondit le jeune artiste ; prenez un matelas de mon lit, et dormons jusqu'à cinq heures.

Je commençais à m'assoupir, lorsqu'au son aigu d'un fifre, mon compagnon s'éveilla en sursaut, et courut ouvrir une fenêtre :

— Levez-vous, me dit-il, et jetez comme moi un baïoc à ce mendiant.

— J'y consens, répondis-je ; mais si vous m'éveillez à chaque mendiant qui passera, le sommeil ne nous sera pas d'un grand profit.

— Pour les autres je ne vous dérangerai pas. Celui-ci est le *Pifferaro*. Entendez-vous son fifre?

— Eh bien! quand il jouerait de la clarinette?

— Ne plaisantez pas. La rencontre de ce coquin porte infailliblement malheur à ceux qui ne lui donnent rien. C'est une chose connue dans le quartier. Regardez les voisins qui font pleuvoir les baïocs.

— Il paraît que le séjour de Rome vous a inoculé les superstitions populaires.

— J'aime mieux payer un faible tribut que de braver la mauvaise influence.

— Vous avez raison. Cela est prudent.

J'aperçus par la fenêtre un vieillard affublé de guenilles fort recherchées. Son chapeau, privé de fond, était orné d'une plume de faisan. A travers sa chemise en lambeaux, on voyait sur sa poitrine un collier de mosaïques. Une ardoise pendait à sa ceinture, à côté d'une fourchette de fer; c'était sa vaisselle portative. Il avait sur le dos une besace de toile, et une espèce d'épée rouillée lui battait les mollets, attachée par une ficelle rouge en manière de baudrier. Sa barbe, ses traits amaigris et une paire de sourcils longs et retroussés, lui faisaient une figure sauvage et comique digne du crayon de Callot. Il ramassa l'offrande de mon compagnon en souriant d'un air gracieux; mais mon baïoc n'eut pas l'avantage de lui plaire, car il me jeta un regard de travers avec des yeux jaunes comme des topazes.

— Est-ce que tu n'es pas content? lui demanda le peintre.

— *Basta per lei*, dit le mendiant, *ma per un ricco forestiere é poco*.

L'avidité plaisante des Napolitains m'avait habitué à ce « c'est trop peu, » qu'on ne saurait jamais éviter, quand on donnerait une piastre au lieu d'un sou; je me mis à faire les gestes burlesques des mendiants de Naples, et je répondis au *pifferaro* que j'étais un *poveretto* trop mal pourvu de *danaro* pour lui faire un *regalo* digne d'un gentilhomme si bien armé. Le drôle, voyant que je me moquais des superstitions et que je connaissais le pays des vrais et savants mendiants, me jeta un regard plus jaune que le premier, et reprit sa marche paisible en soufflant dans son fifre.

— Vous aurez du bonheur, me dit le jeune peintre, s'il ne vous arrive rien de fâcheux aujourd'hui.

— D'abord, répondis-je, il va m'arriver un bonheur, puisque vous allez me raconter, pour m'endormir, l'histoire de ce *birbo* ; et puis nous verrons après.

J'allumai un cigare et m'étendis sur le matelas, tandis que le jeune peintre commençait en ces termes l'histoire du *pifferaro* :

— L'année dernière, ce mendiant demeurait de l'autre côté du Tibre ; au lieu d'errer dans les rues comme à présent, il se tenait auprès du pont Rotto, en face d'une petite *osteria* où il allait boire chaque soir les aumônes de la journée. Le cabaretier avait une très belle fille de quinze ans, qui ne se déridait jamais, répondait aux propos galants par un soufflet, et se conduisait d'ailleurs honnêtement, donnant aux pauvres et remplissant bien ses devoirs. Deux jeunes Transteverins faisaient la cour en même temps à la belle Giovannina. L'un d'eux, don Vespasiano, avait six pieds de haut, une figure agréable, et pour tout bien sa vigueur musculaire, dont il ne daignait pas se servir pour travailler. L'autre, don Ambrogio, moins bel homme que son rival, était plus robuste encore ; il se posait comme un empereur romain devant le cabaret, se drapait dans un manteau troué qui ressemblait à une peau de lézard, et, n'ayant pas d'argent pour aller boire, il attendait que la Giovannina vînt causer avec lui sur le seuil de la porte. La jeune fille préférait Vespasien ; quand elle sortait pour chercher de l'eau, elle s'arrêtait volontiers au bord de la fontaine, où il dormait à l'ombre, et causait avec lui, au grand déplaisir de don Ambroise, à qui elle répondait toujours qu'elle avait trop de besogne dans la maison pour s'amuser dans la rue. Le père ne voulait aucun des deux prétendants pour son gendre ; il ouvrait de temps en temps la fenêtre et leur envoyait quelques malédictions énergiques, en les priant d'aller rôder plus loin. On lui ripostait par tous les *accidenti* et les *guai!* du dictionnaire transteverin, et on s'éloignait pour revenir au bout d'une minute.

Un dimanche, les deux rivaux se trouvèrent avoir quelque monnaie dans leur poche, et ils entrèrent à la locanda. Une flasque de vin leur ayant échauffé la tête, ils commençaient à se jeter des regards farouches, lorsque le *pifferaro* du pont Rotto vint jouer de son fifre près de la fenêtre et leur demander l'aumône. Vespasien lui donna un baïoc; mais Ambroise lui jeta une feuille de salade au visage en lui disant d'aller au diable.

— Don Vespasien, s'écria le mendiant, sois béni, je te porterai bonheur. Tu réussiras dans tes projets.

Puis il tourna ses prunelles jaunes vers don Ambroise, et lui rit au nez en faisant une gamme sur sa flûte. Le lendemain, le père amena au logis le fils d'un tourneur, excellent ouvrier, et le présenta comme un homme dont il avait agréé la demande en mariage. Giovannina reçut le prétendant avec froideur, mais elle n'osa point parler de son amitié pour Vespasien. Don Ambroise, toujours à son poste, avait compris ce qui le menaçait. A la nuit le tourneur, en sortant du cabaret, fut accosté par un passant enveloppé jusqu'aux yeux dans son manteau.

— Je te défends de revenir à cette locanda, lui dit l'inconnu.

Le jeune homme répondit qu'il y reviendrait tous les jours s'il lui plaisait. Alors Ambroise, qui tenait un couteau caché sous son manteau, en porta un coup dans la poitrine de ce pauvre garçon, puis il se jeta sur lui afin de l'achever. Vespasien et le pifferaro accoururent ensemble aux cris du blessé.

— Ne t'avise pas de le secourir, dit le mendiant. Songe à la loterie!

— Tu as raison, répondit don Vespasien. Le numéro 13 sortira.

Et ils laissèrent le meurtrier achever son homme. Le pifferaro possédait le livre de la *Smorfia*. Il composa un ambe sur les mots Meurtre et Jalousie. Don Vespasien emprunta quelques paoli à ses amis, et, soit hasard ou divination, l'ambe sortit au tirage suivant. Huit cents paoli que gagna Vespasien étaient presque une fortune pour lui. Ambroise fut arrêté par la police, et, le tourneur étant mort, don Vespasiano épousa la belle Giovannina. L'aventure fit du bruit. Le crédit du pifferaro s'établit aussitôt dans le peuple, et, depuis ce moment, tous ceux qu'il rencontre lui donnent des baïocs et lui demandent des numéros. Il demeure à présent à la porte de Bélisaire, dans une cabane percée de plusieurs trous et où vous auriez scrupule de loger une bête de somme. Cependant il recueille une moisson abondante chaque fois qu'il sort. On ne le voit jamais dans le beau quartier ; il exploite de préférence les rues désertes comme celle que j'habite. Malheur à celui qui refuse le faible tribut d'un baïoc! L'*accidente* plane sur sa tête, et avant la fin du jour il se repent de son imprudence.

— Eh bien ! *accidente per me*, répondis-je en fermant les yeux.

— Je vous citerai un exemple frappant de la jettature de cet homme.

Le jeune peintre me raconta sans doute une fort belle anecdote; mais je ne saurais la rapporter ici, parce que je m'étais endormi dès le premier mot. Le narrateur m'imita, et, quand nous nous éveillâmes, il faisait nuit noire ; l'*Angelus* était sonné depuis une heure. Les traiteurs ne voulaient plus nous servir; le dîner en souffrit beaucoup. La villa Borghèse était fermée, et on avait joué la moitié du spectacle quand nous entrâmes au théâtre Valle. Tel fut le résultat de la malédiction du pifferaro.

Une mesure dont je n'ai pas saisi l'importance avait fait changer la *Norma* de Bellini en *Forêt d'Irminsul*, sans que du reste l'autorité eût rien supprimé ni corrigé dans la pièce. La cantatrice n'était autre que mademoiselle Olivier, de l'Opéra-Comique parisien. Étonnantes transformations de la vie d'artiste ! Pendant un an, on porte le chapeau de bergère à la salle Favart, on gazouille des ariettes entre deux pavillons ornés de pots de fleurs, et on épouse un jeune officier à la dernière scène. L'année suivante, on est à Rome, coiffée de feuilles de chêne; on lève le poignard tragique sur des enfants blonds, et le tam-tam résonne dans la forêt d'Irminsul. Mademoiselle Olivier a fait des progrès extraordinaires en vocalisation ; elle manie fort habilement le trille et la cadence, aux dépens des muscles du visage, qui paraissent fâchés de l'exercice violent de son gosier. Comme le public débonnaire l'applaudissait à outrance, et que j'avais l'honneur d'être son compatriote, il ne m'appartenait pas de faire le difficile. Don Asdrubal, à qui je demandais un soir ce qu'il lui semblait de la prima donna française, me répondit, en rabaissant les coins de sa bouche, par une contraction tout à fait carthaginoise :

— *Eh ! ha una vocetta.*

En songeant aux larynx puissants et sonores de la Sicile, je fus obligé d'avouer que pour lui la voix de la signora méritait le nom de *vocette*.

Au bout d'un mois de séjour à Rome, j'avais pris les habitudes italiennes. Je dormais dans la journée ; on m'apportait du café à la glace. Je dînais le soir sous les arbres de Lepri. La nonchalance du pays commençait à me gagner. A Tivoli, j'avais eu besoin d'une journée entière pour considérer la grande cascade et le petit temple de Vesta. A Frascati, je consacrai six heures à un pin en forme de parasol qui me plaisait singulièrement. Dans les rues de Rome, une guitare, deux joueurs à la *murra*, un costume de la campagne, suffisaient pour m'occuper. La nuit, après le spectacle, je fumais quatre cigares autour de la colonne Antonine. Lorsque enfin je me décidais à rentrer à la maison, des milliers de ces jolies mouches luisantes appelées *lucciole* transformaient le figuier du jardin en buisson ardent, et j'étudiais leurs évolutions jusqu'à trois heures du matin. Le jour je parcourais les galeries de tableaux; mais je sortais ensuite pour aller je ne sais où, faire je ne sais quoi, changeant de place sans regret, demeurant immobile avec plaisir, et me trouvant parfaitement satisfait partout.

Un jour, sur la place d'Espagne j'étais assis au bord de la fontaine, et je regardais avec le plus vif intérêt deux enfants qui jouaient des citrons à la *poussette*. Un sculpteur français, sortant du palais Médicis, vint me frapper sur l'épaule.

— Vous flânez, me dit-il, vous êtes pris. Dans six mois, nous vous aurons encore à Rome.

— Non pas, s'il vous plaît, répondis-je. Avant trois jours je pars.

— Tarare ! vous ne partirez point.

Une semaine après cette rencontre, j'admirais, à la porte du Peuple, une charrette attelée de deux gros buffles sournois et dociles, dont la physionomie était fort originale. Le même sculpteur vint à passer.

— Croyez-moi, dit-il, ne vous en défendez plus ; vous êtes séduit. Faites vos arrangements, et restez avec nous jusqu'au printemps prochain.

Je compris alors mon état, et je sentis en effet que la matrone enchanteresse me tenait en sa puissance. Résolu à ne point manquer pour elle le reste du voyage, je cherchai des compagnons, et je pris une place dans un voiturin pour Florence. Cependant trois fois je payai le dédit au conducteur afin de rester un jour de plus à Rome. Le Carthaginois me représenta que j'avais aussi regretté Naples, que probablement je regretterais Florence, et que d'ailleurs je m'exposais à voir Venise dans la mauvaise saison, si je tardais davantage. Son éloquence africaine m'entraîna, et je montai en voiture avec lui vers le milieu de juillet, par une matinée si belle qu'il n'y avait pas moyen d'éprouver la moindre tristesse.

XIX

TERNI. — PERUGIA. — TRASIMÈNE. — AREZZO

Il semble que Rome, en devenant la capitale du monde chrétien, aurait dû signer un bail d'assurance contre la destruction ; mais un changement d'idées et de religion est toujours fatal aux monuments. La population est tombée d'ailleurs du chiffre de quatre millions d'âmes à celui de cent cinquante mille, et dès lors la ruine devenait inévitable quand même tous les habitants se seraient faits maçons pour travailler à l'entretien de la ville. Montaigne se lamentait, en 1580, de voir les décombres former un étrange chaos et changer le niveau des rues. Le seul amas des vases brisés, près de la pyramide de Cestius, est une huitième colline digne de recevoir un nom latin. Puisque l'homme éprouve un plaisir pervers à détruire, les barbares ont dû se bien divertir à casser tant d'ustensiles. Aujourd'hui on marche à quinze ou vingt pieds au-dessus de l'ancienne Rome, et ce vaste cadavre montre encore par intervalle quelques-uns de ses membres à demi enterrés. Le forum de Trajan est enseveli sous deux églises. Un désert de poussière et d'orties porte le nom de palais des Césars. En arrivant à Rome par la voie Appia, on parcourt le côté le plus ruiné de la ville ; au contraire, en sortant par le Corso et la porte du Peuple, on traverse les quartiers modernes, les rues neuves et les places ornées d'obélisques et de fontaines. Jusqu'au pont Molle, le faubourg présente deux belles lignes de maisons, de *locande,* de châteaux de plaisance et de jardins bien cultivés.

Selon les artistes allemands établis à Rome, quiconque n'a jamais passé le pont Molle est ignorant comme l'enfant qui vient de naître. Celui qui arrive d'Allemagne commence par se faire admettre dans la société des *Ponte-Molle,* avant d'oser ouvrir la bouche pour dire un mot ou boire un verre de bière. On va le chercher en cérémonie au delà du pont, où il attend ses compatriotes, et là on l'interroge. A chaque question, le candidat doit répondre de la manière la plus absurde. Si on lui montre un arbre par exemple, il affirme que c'est une pierre ; il ne sait pas même comment il s'appelle, de quel pays il vient ni où il se trouve. On passe ensuite le Tibre et on procède à un nouvel examen ; c'est alors que le candidat devient un être doué de raison, qu'il se rappelle qui il est, d'où il vient, et distingue un arbre d'une pierre. On le déclare membre de la compagnie, et la cérémonie se termine dans une locanda, sous quelque tonnelle de verdure, au milieu des bouteilles et des nuages de fumée. C'est une bonne journée de folie et de rires, et si j'avais pu me faire passer pour Allemand, je n'aurais pas manqué de me présenter au cercle des Ponte-Molle.

A notre sortie de Rome, nous composions une joyeuse caravane de dix ou douze voiturins partant les uns pour Florence, les autres pour Ancône. Les grelots et les chansons faisaient un bruit de noce ; les flots de poussière changeaient les moines en meuniers. J'avais auprès de moi, dans le cabriolet, un français, M. V..., élève de l'école de Metz, garçon instruit, mesurant tout à son compas polytechnique, mais avec esprit et originalité. Le fond de la voiture appartenait à une vieille dame flanquée d'un gros abbé, le devant à mon Carthaginois. Chacun trahissait ses goûts dominants ; M. V... s'attachait aux jolis visages des femmes ; l'Africain avait les yeux ronds à force de regarder ; il notait sur son calepin de voyage les bornes, ponts et chaussées, et assassinait son voisin à force de questions. La vieille dame et son abbé parlaient d'argent, de fortune, de tel marquis ou de tel négociant riches à millions ; ils n'ouvraient pas la bouche à moins de cent mille piastres, et se plaignaient de la soif. De tous ces goûts divers, celui de M. V... était le seul qui me convînt ; aussi, avant d'avoir franchi les faubourgs de Rome, nous nous entendions comme une paire d'anciens amis. Il savait déjà que l'un des voiturins de notre suite conduisait à Florence une très belle Napolitaine, accompagnée d'un jeune homme qui paraissait fort empressé à la servir.

Au delà du pont Molle, la campagne de Rome reprend son aspect sombre et désolé. La terre est inculte. Des buffles sauvages se lèvent au bruit des voitures. Quelques paysans armés de longues perches conduisent des troupeaux de chevaux indociles. Des bandes d'alouettes s'envolent en tournoyant et semblent vous saluer par des gazouillements ironiques. Jusqu'à Nepi on croirait traverser des cimetières abandonnés.

La chaleur accablante du mois de juillet nous obligea souvent à prolonger le *rinfresco* jusqu'au soir. C'est un moment délicieux en Italie, que le coucher de ce soleil impitoyable qui se précipite dans l'abîme, afin de retourner plus vite à l'orient. On passe du jour à la nuit par une transition brusque, et le ciel enflammé s'éteint tout à coup, en promettant pour le lendemain une journée pareille à celle qui vient de finir. L'Angelus sonnait à toutes les églises quand notre convoi s'arrêta sur la place de Civita-Castellana, petite ville qui croit être l'ancienne Veïa.

Fuyez chez les Veïens où notre sort nous guide ;

ainsi disait Michelot à Talma, en lisant le billet de Rutile, pour amener le fameux *qu'en dis-tu ?* de Manlius. Il ne fallait pas moins que Talma pour donner tant de prix à l'effet un peu puéril du son de voix concentré, des bras en croix et des sourcils circonflexes. En supposant que Civita-Castellana soit bien Veïa, ce qui est contestable, Manlius y eût fait mauvaise chère, et dormi sur un lit affreux. En revanche, il eût passé, comme M. V... et moi, deux heures agréables à se promener sur la place, où des troupes de jeunes filles viennent sans cesse puiser de l'eau à la fontaine. Cette occupation est sans doute une coquetterie raffinée de la part des jolies Veïennes. Toutes les femmes circulent dans la ville avec un vase élégant qu'elles portent sur la tête en manière d'ornement. Une main soutient le vase ; l'autre est posée avec grâce sur la hanche. Devant la fontaine on prend mille attitudes nonchalantes ; on s'assied sur la margelle, on s'appuie sur l'épaule de sa voisine pour causer, on ferme à demi ses grands yeux noirs, et la preuve que tout cela n'est qu'un manège, c'est qu'on ne paraît pas faire un grand usage de l'eau pour sa toilette.

Ne voyagez pas à petites journées en Italie sans un lit portatif composé d'un sac de toile à votre mesure, avec un masque en gaze, le tout hermétiquement fermé ; sans cela vous ne dormirez jamais. A peine étais-je blotti dans mon rempart à coulisses, qu'un nuage de *zanzares* affamés s'abattit sur le sac de toile et de gaze. J'eus le plaisir de m'endormir au bourdonnement aigu de ces animaux désappointés, et au concert des malédictions de tous mes compagnons de voyage, pour qui la nuit fut entièrement blanche. A trois heures du matin, les *vetturini*, armés de eurs chandelles, ne trouvèrent que moi à réveiller ; les autres étaient vêtus et chaussés, combattant les zanzares à grands coups de serviettes, et donnant au diable la ville où Manlius ne voulut pas s'enfuir, ce qui le mena tout droit à la roche Tarpeïenne.

Lorsque Constantin le Grand revint de la guerre contre les Germains, il aperçut devant lui, en arrivant à Otricoli, une si longue suite de maisons à perte de vue, qu'il se crut aux portes de Rome; il en était encore à soixante milles. Aujourd'hui, Constantin refuserait peut-être de croire qu'au bout de ce désert puisse exister une grande capitale.

Le second jour nous nous reposons à Narni, au pied des Apennins, et nous repartons à quatre heures pour être avant le soir à Terni, célèbre par sa cascade et par la naissance de Tacite. Tandis qu'on prépare le souper, nous prenons des ânes, et nous grimpons dans la montagne, guidés par deux paysannes de seize ans, jaunes comme des citrons et vives comme des oiseaux, qui bondissent devant nos ânes en faisant sonner les rochers sous leurs pieds nus. Après une heure de marche, on commence à entendre le vacarme de la cascade. De petits ruisseaux qui se détachent de la grande masse d'eau courent se précipiter dans l'abîme. Tant qu'on n'est pas sur le lieu de la scène, on éprouve, au milieu de ce bruit, un sentiment d'inquiétude semblable à celui que vous inspire l'intérieur d'une usine. La montagne de Terni peut rappeler les plus beaux sites de la Suisse, mais relevés par l'ardeur du climat et la végétation méridionale. Au sommet, poussent le chêne et le sapin ; au bas, l'olivier, l'oranger et les plantes du Sud. Le Vellino, dont le volume d'eau est presque aussi considérable que celui de la Marne, se jette d'une hauteur de plus de trois cents pieds. Les Romains, fatigués de ces inondations, le détournèrent de son cours naturel pour se défaire de lui en l'amenant à ce précipice. Depuis lors la nature a effacé les traces du travail en le cachant sous les arbres, la mousse et les ronces. Il n'en est pas de même à Tivoli, où l'on reconnaît trop clairement la main de l'homme. Lorsqu'on suspend sa tête au-dessus de la Cascade de Terni, il faut avoir le cerveau libre et les nerfs en bon état pour résister au vertige. En se brisant sur les rochers, l'eau rejaillit en nuages blancs qui dérobent aux regards le fond de l'abîme. Les rayons du soleil forment dans ces nuages des arcs-en-ciel superposés qui se balancent et se croisent. Après avoir regardé du haut de la montagne, il est bon de renvoyer les ânes et de descendre à pied par un sentier qui mène aux rochers où le Vellino se brise. Dans le trajet, on rencontre plusieurs points de vue d'où on peut embrasser d'un seul coup d'œil toute l'étendue de la chute d'eau. En voyant la rivière rompue sur les pierres en mille ruisseaux divisés à l'infini en pluie fine que le vent emporte, on se demande comment il peut rester quelque trace du Vellino après un tel accident. On le retrouve pourtant au bout d'un mille, parfaitement remis de ses blessures, et dormant à son aise dans une prairie.

A peu de distance du pied de la cascade, nous rêvions tous à cette scène terrible, quand une des jeunes filles qui nous guidaient nous proposa de traverser le jardin de madame la comtesse... Le soleil se couchait ; l'horizon était d'un rouge ardent. Le site tout à fait sauvage, le Vellino encore ému de sa chute, les rochers qui se penchaient les uns sur les autres d'un air irrité, rappelaient les paysages sinistres de Salvator Rosa. Aussitôt que nous eûmes dépassé la grille du jardin, la décoration changea subitement. Nous étions dans un bois d'orangers, au milieu de parterres de fleurs, et nous marchions sur un sable fraîchement peigné par le râteau. Un petit lévrier de Bologne vint aboyer après nous ; le son d'un piano résonnait dans l'habitation ; et, en passant devant le perron, nous ôtames nos chapeaux pour saluer la maîtresse du logis qui jouait au piquet, en plein air, avec le curé du village. C'est ainsi que, dans un musée, Mieris vous remet du trouble causé par Salvator Rosa, et que dans la vie le calme est souvent à deux pas de la passion.

Terni échappe aux inconvénients des pays chauds. Le zéphyr du soir est frais ; il y a quelquefois un peu de brouillard pendant la nuit, et les insectes n'ont pas élu domicile à l'auberge. On y dort, ce qui mérite d'être proclamé, car c'est une rareté sur les routes d'Italie et même de France. Le lendemain, à trois heures, lorsque les fidèles *vetturini* firent leur ronde dans les chambres, nous retombâmes tous sur l'oreiller d'un commun accord, et nous prîmes un bon supplément de sommeil. Aussi le soleil devenait fort importun quand nous arrivâmes à Spoleto, dont M. le baron Rœderer a été préfet sous l'empire. Il n'appartient pas à un pauvre voyageur, qui montait hier à Terni sur son âne, de juger les vastes projets du grand homme ; mais j'ai peine à croire qu'au lieu d'envoyer son administration si loin, l'empereur n'eût pas mieux fait de donner une bonne fois l'unité et la liberté à l'Italie, qui sans doute ne les aurait plus lâchées qu'avec la vie.

Spoleto est une ville étroite et escarpée, où les voitures ne circulent point et où l'on mange des figues délicieuses. Après le déjeuner, pendant l'heure du *riposo*, M. V..., qui avait découvert tout de suite une jolie marchande de cigares, m'entraîna, par une chaleur effroyable, dans le haut de la ville. Nous passâmes sous la porte d'Annibal, dont l'inscription latine atteste pompeusement l'orgueil de l'antique garnison qui arrêta l'armée carthaginoise. Quand nous arrivâmes au *Spaccio di Tabacco*, la boutique était fermée. Les mathématiciens sont des gens positifs qui vont droit au but ; M. V... frappa dans la porte à coup redoublés. Enfin, une petite voix étouffée prononça le *chi è ?* que nous désirions. Une jeune fille, d'une beauté éblouissante, montra sa tête à une lucarne et nous dit d'attendre un *momentino*. Elle vint bientôt nous ouvrir, et M. V.., s'installant sur une chaise dans la boutique, me pria de lui servir d'interprète. Ses compliments et phrases galantes avaient le nerf démonstratif d'une proposition d'Euclide ; mais je les adoucissais en les traduisant, et la jeune fille répondait avec une décence et une naïveté si aimables, que la conversation rentra tout de suite dans les bornes de la politesse. M. V... voulait avoir de l'eau fraîche et des figues. La jeune fille nous offrit d'aller éveiller la fruitière ; au moment de partir, elle nous avoua sans honte qu'elle n'avait pas d'argent.

— Nous sommes si pauvres, disait-elle, et nous vendons si peu de chose !

La fruitière apporta un panier de figues qu'elle nous

céda pour deux paoli, et dont la petite marchande mangea sa part d'un air fort content. Après avoir fait une ample provision de cigares dont nous n'avions pas besoin, il fallut pourtant nous décider à partir. La jeune fille nous adressa des remerciements et des sourires, et nous demanda notre pratique en disant *au revoir*.

— Hélas ! ma chère enfant, lui répondis-je, nous ne vous reverrons probablement jamais. Nous sommes arrivés ce matin, et nous coucherons ce soir à Foligno ; mais nous voulons vous laisser un souvenir d'amitié avant de retourner dans la froide France.

Nous avions dans nos poches de la monnaie de Naples : c'était une manière d'offrir de l'argent à cette pauvre fille sans l'humilier. Elle accepta plusieurs pièces sans se faire prier le moins du monde, et, dans l'étonnement que lui causait notre cadeau, elle posait un doigt sur sa poitrine, et s'écriait :

— *Dunque*, tout cela est bien pour moi ? C'est de l'argent ? de la monnaie de Naples ? Dieu saint ! en voilà beaucoup ! Combien vaut cette pièce ? et celle-là ? Il y en a au moins pour un demi-écu. Je saurai bien les changer...

Puis elle s'arrêta pour réfléchir :

— Cependant, reprit-elle, j'en conserverai une le plus longtemps que je pourrai. En souvenir de vos seigneuries... je garderai celle-ci...

Elle se mit à sourire en ajoutant :

— Parce que c'est la plus petite.

Nos adieux étant terminés, la boutique venait de se refermer derrière nous, quand la jeune fille ouvrit sa lucarne et nous cria :

— Signori, que la madone vous protège ! Je dirai ce soir pour vous la prière des voyageurs.

Pendant toute la journée, M. V... ne fit que parler de la jolie marchande, et trois mois après, dans les rues de Venise, il me prenait encore le bras en répétant le *dunque* dont l'accent de bonheur et de reconnaissance l'avait frappé profondément. Sans doute le charme de l'innocence a ses racines algébriques, et correspond à certains chiffres dans le cœur d'un mathématicien.

Par suite des conversations avec les marchandes et des suppléments de sommeil, nous arrivâmes fort tard à Foligno, ville riche et bien construite qui paraît se piquer de soutenir son antique réputation. Horace a vanté la douceur de son climat et la beauté du vallon où elle est assise. La nuit ne nous ayant pas permis de voir les monuments, je ne sais pas ce qui peut exister encore de curieux à Foligno ; quant à la célèbre Vierge de Raphaël qui porte le nom de cette ville, elle se repose de ses voyages dans la galerie du Vatican, à côté de la *Transfiguration* et de la *Communion de saint Jérôme*.

Perugia est plus grande que Foligno ; on y trouve une quantité de beaux ouvrages, malgré les larcins que les capitales font toujours aux villes de second ordre. Le Pérugin, l'un des artistes les plus féconds et les plus laborieux de la renaissance, y a laissé tant de tableaux que Rome n'a pas encore tout enlevé. Avant d'arriver à Perugia, on rencontre au milieu d'une campagne presque déserte la vaste église de Sainte-Marie-des-Anges, tout nouvellement restaurée avec luxe. La ville est assez abondamment pourvue d'édifices religieux pour qu'on n'ait pas besoin d'aller chercher une messe à deux lieues dans la plaine. Sainte-Marie-des-Anges ne sert qu'aux moines d'un couvent et à des paysans pour qui une église de village serait plus que suffisante ; mais en Italie, quand on travaille pour Dieu, on est prodigue. L'économiste du Nord, qui demande à la matière l'intérêt de son argent, rirait de pitié en voyant un peuple pauvre dépenser en murailles inutiles ce qu'il pourrait employer en *railways* et en chaudières. « Mon cher Monsieur, lui diraient les bonnes gens du Midi, cet édifice qui ne rapporte rien à notre bourse répond à un sentiment que nous portons dans le cœur et que vous avez perdu ; par conséquent nous sommes plus riches que vous. » Tandis que je parcourais les églises avec le Carthaginois, M. V... employait bien son temps auprès de la belle Napolitaine. Je les trouvai ensemble riant aux éclats et causant avec beaucoup de feu, sans comprendre ni l'un ni l'autre un mot de ce qu'ils disaient. Notre algébriste avait découvert que le jeune Italien dont les assiduités l'avaient d'abord inquiété n'était qu'un soupirant sans appointements, et cet éclaircissement lui faisait tant de plaisir qu'il en oubliait la petite marchande de Spoleto.

Nous arrivâmes le soir, par un coucher de soleil magnifique, au bord du lac de Trasimène. Napoléon disait à Sainte-Hélène qu'Annibal avait dû tressaillir de joie en voyant pour la troisième fois l'armée romaine se ranger en bataille d'une manière défectueuse. Une loi ridicule prescrivait d'avance au général l'ordre des troupes. Il fallait trois lignes de bataille échelonnées à égales distances. Le consul, surveillé par une foule de sénateurs orgueilleux et tracassiers, eût risqué sa tête à vouloir changer la routine. Annibal, campé sur la hauteur, présenta un front étendu qui déborda l'armée ennemie sur les deux ailes. Flaminius, résolu à vaincre ou à mourir, avait appuyé ses troupes sur le lac ; il y mourut honorablement. Selon toute apparence, une légion romaine battit en retraite jusqu'au village de Passigno, et vendit chèrement sa vie ; mais, arrivée à un défilé, elle fut exterminée. On retrouve encore des traces de cette dernière résistance à une lieue du centre de la bataille.

— Quel dommage, disait M. V..., qu'Annibal ait dépensé tant de génie sans résultats, et qu'il se soit endormi à Capoue ! J'enrage en pensant qu'il était à deux pas de Rome, et qu'il n'a point su y pénétrer.

— Modérez-vous, répondis-je. Puisqu'il eût suffi d'allonger un peu le nez de Cléopâtre pour changer la face du monde, introduire Annibal dans Rome serait bien une autre affaire ; aucun de nous ne jouirait de ce beau ciel, et Dieu sait où en serait la France ! Admirons le héros carthaginois tant qu'il vous plaira ; accordons une larme à ses malheurs ; mais laissons Scipion le battre à Zama ; il y va de votre vie et de la mienne.

Le lac de Trasimène, qui a plus de quarante-cinq milles

de circonférence, est entouré de bouquets d'arbres et de villages charmants. Il contient trois îles : l'une est habitée par des religieux qui ont su choisir la retraite la plus tranquille et la plus belle du monde ; une autre est cultivée par des paysans, et la troisième appartient à une colonie de reptiles qu'on n'a jamais pu détruire.

Notre caravane, réduite à trois voiturins depuis que nous avions quitté la route d'Ancône, s'arrêta au petit village de Passignano. Nous sautons dans les barques, et nous allons nager en pleine eau tandis qu'on prépare le repas. Hélas ! quel souper pour des nageurs affamés ! Pas un morceau mangeable ! le pain lui-même résiste sous la dent et ne veut pas seulement se détremper dans l'eau rougie. Il fallut prendre bravement son parti et rire de ce pain imperméable ; mais quand on vit les grabats affreux que l'hôtelier nous avait préparés, il y eut un désespoir général. Je ne dormis point, malgré mon armure de gaze, à cause du bruit que faisaient mes voisins. M. V... erra comme un fantôme dans l'auberge, et ne laissa reposer les gonds et les serrures que lorsqu'il eut fait ouvrir une porte qui paraissait barricadée au dedans. Probablement cet esprit inquiet finit par trouver un gîte à son goût, puisqu'il ne rentra dans sa chambre qu'au point du jour, et je crains qu'il n'ait été perdu, pendant cette nuit-là, une bataille importante au lac de Trasimène.

Nous arrivâmes à Arezzo, patrie de Pétraque, de Vasari, du pape Jules II, du maréchal d'Ancre et de l'Arétin, ce flibustier littéraire qui vendait ses flatteries aux princes et dénigrait avec impudence ceux qui refusaient de le payer. Il est fâcheux que l'Arétin ait imaginé ce genre de bassesse il y a trois cents ans, sans quoi notre époque pourrait réclamer l'honneur de l'avoir inventé. La cathédrale d'Arezzo est un monument gothique très curieux, orné des sculptures naïves du XIVe siècle. L'autel de Jean de Pise est un travail d'une finesse admirable. L'une des chapelles contient deux tombeaux sculptés par Luca della Robbia, dont les figures de marbre sont coloriées.

15.

Après Arezzo, nous ne trouvons plus jusqu'à Florence que des villages ; mais cette partie du chemin n'est pas la moins agréable. Les champs ressemblent à un jardin. Les fleurs des grenadiers forment des groupes éclatants qu donnent une haute idée des richesses de la nature toscane. Les haies sont des guirlandes, les buissons des bouquets, et pour peu que l'on rencontre de ces figures populaires qui, avec leurs traits accentués, semblent échappées d'un vase étrusque, l'homme du Nord se croit transporté dans un monde de raretés et d'objets de luxe vivants. Cette introduction sied parfaitement au joli nom de Florence, et on s'attend à ne recevoir que des sensations gaies dans la ville des fleurs. L'illusion dure jusqu'au passage de la porte Romana, d'où on aperçoit des jardins et des collines vertes ; mais, une fois arrivé au Pont-Vieux, vous êtes frappé de l'aspect sombre et rébarbatif de Florence ; toute la mauvaise humeur, la sévérité, la raideur et l'égoïsme orgueilleux du moyen âge sont incrustés sur les façades noires des palais. Les poternes, avec leur guichet défiant, vous montrent d'énormes ferrements inhospitaliers. Les fenêtres ont l'air de cacher derrière leurs grillages le bout d'une carabine pointée sur le passant. Les soupiraux sentent le chausse-trape ; vous regardez aux terrasses si la sentinelle ne se promène pas la pique sur l'épaule et le pot en tête. Vous n'êtes pas bien sûr qu'un piège ne vous attend pas au carrefour prochain : vous respirez une vague odeur de guerre civile. Dans la rue étroite qui mène au Pont-Vieux, la maison de Machiavel vous offre la juste image d'un laboratoire de maximes désolantes. Sur le pont, les boutiques de vieille orfévrerie vous font porter la main à votre montre, tant ce marché paraît judaïque. L'hôtel où vous descendez est, à coup sûr, un ancien palais qui jure avec sa nouvelle destination, et vous vous asseyez à la table d'hôte comme un convive mal assuré, craignant de manger un ragoût à la Médicis, ou de voir votre voisine tomber morte au second service comme Luisa Strozzi.

XX

FLORENCE — PISE

L'impression lugubre que produit l'entrée à Florence ne dure qu'un moment. Il n'y a de triste que les pierres, et tout le reste, au contraire, vous gagne le cœur par des sourires, des paroles douces et un accueil bienveillant. Derrière la sombre poterne sont de bonnes gens qui vous reçoivent comme un ami. Par la fenêtre grillée s'envole dans les airs une chanson comique. Au lieu de guet-apens vous rencontrez au détour de la rue une embuscade de jolies femmes qui babillent à perdre la respiration. Le marchand vous sert poliment, au prix le plus modique ; le dîner est excellent, l'hôtelier soigneux, et la carte à payer fort légère. Vous revenez de vos préventions injustes, et avant la fin du premier jour vous reconnaissez que Florence est une des villes les plus aimables du monde.

Le matin, les rues sont singulièrement animées. On ne voit que des fleurs et des fruits, des mines épanouies, une propreté exemplaire et point de haillons. Les grisettes, mises avec une certaine recherche, circulent deux à deux, jasant et riant tout le long du chemin. La joie populaire est l'expression d'un bonheur réel et non pas d'une philosophie qui excite la pitié. On sent à chaque pas la libéralité d'un gouvernement paternel et intelligent. La Toscane est un échantillon remarquable de ce que pourrait être l'Italie entière.

Rien de plus gai que l'heure du déjeuner dans les cafés de Florence. Les marchandes de fleurs, chargées de leurs corbeilles, vous présentent leurs bouquets et passent à la table voisine sans attendre que vous portiez la main à votre poche ; puis elles disparaissent quand leur ronde est achevée, semant ainsi partout des créances qui finissent toujours par être payées. Les fleuristes ne demandent point d'argent ; celui qui voudrait mettre à l'épreuve leur générosité, se ferait régaler de bouquets jusqu'à sa mort, et le sourire de la marchande serait aussi amical le dernier jour que le premier. Lorsque enfin vous voulez acquitter votre dette, vous donnez plus que les fleurs ne valaient ; mais la délicatesse du procédé est d'un prix inestimable. La fleuriste vous a épargné la forme grossière du commerce, et, comme si on lui offrait ce qu'on ne lui doit point, elle accepte votre gratification sans la regarder, en ajoutant une belle révérence au sourire de tous les jours. Un boisseau de magnolias, bien marchandé, peut s'obtenir à Florence pour vingt sous ; jamais cette acquisition avantageuse ne vous ferait autant de plaisir que le simple œillet qui vous tombe des nues, assaisonné par l'air gracieux et sympathique de celle qui vous le présente.

Pour user du droit imprescriptible des voyageurs de décréter que les choses sont toujours telles qu'ils ont cru les voir, je déclare que toutes les Florentines ont dix-huit ans, les yeux fort doux, les coins de la bouche relevés, les dents belles, la taille mince et élégante. Leurs grands chapeaux de paille ronds, qui se balancent par l'effet de la marche et dont les rubans flottent sur les épaules, leurs bras nus, l'éventail dans leur main droite et le bouquet dans la gauche, leur accent vif, leur parler guttural et leurs mines peu farouches, quoique décentes, composent un ensemble piquant, dont les esprits romanesques sont frappés et que les hommes les plus positifs savent apprécier. Sur la place d'Espagne, celui qui aborderait une majestueuse Romaine et lui dirait en riant qu'il la trouve belle, s'exposerait à se faire arracher les yeux. Sur la place du Carrousel, le mauvais sujet qui manquerait à la civilité française au point d'apostropher une Parisienne délicate et bien chaussée, la ferait mourir de frayeur. La Florentine, moins méchante et moins peureuse, aime trop la conversation pour se fâcher de si peu de chose ; elle vous regarde avec malice et répond sans trouble ni colère. Un compliment lui paraît bon à prendre, même d'un inconnu. Si vous demandez à une grisette de Florence la permission de l'accompagner, elle vous remercie de votre politesse avec un sourire rusé, en disant que le *padre* ou le *marito* ne trouveraient pas cela bon, s'ils venaient à le savoir, et qu'il ne faut pas donner à jaser aux voisins. M. V..., moins poltron que moi auprès des femmes, en faisait souvent l'expérience ; il engageait des colloques interminables ; la grisette, tout en refusant notre compagnie, ralentissait le pas, se laissait reconduire sans effroi aussi loin qu'il nous plaisait d'aller, et se déliait la langue de peur de paralysie. A Florence, comme partout, on trouve d'autres beautés apprivoisées aux rencontres ; aussi mon ami V..., emporté par ses vingt-deux ans et sa curiosité mathématique, avait beaucoup d'occupation. Des messagers officieux le suivaient à la piste, comme font les petits poissons remorqués par les saumons ; sans me coucher de bonne heure, j'étais réveillé la nuit par le retour de mon compagnon, après quelque belle aventure dont il me fallait à l'instant même écouter le récit d'une oreille à moitié endormie.

Le progrès aura de la peine, Dieu merci, à effacer la physionomie originale de Florence. Le gaz hydrogène est inconnu, et quant à l'éclairage à l'huile, on ne sait pas ce que c'est. Celui de la lune est le seul qu'on emploie. Pendant la nuit, la ville demeure plongée dans une obscurité profonde ; mais on y chante sans interruption jusqu'à l'aurore. Le Florentin, comme le rossignol, chante volontiers dans les ténèbres. Sur la place de Sainte-Marie-Nouvelle, où nous demeurions, il y avait des sérénades perpétuelles, des chœurs accompagnés de guitares, de violons et de cors.

Au coucher du soleil, la bonne compagnie se rend en voitures à la promenade des *Cascine*. En arrivant au rond-point, on met pied à terre et on cause. C'est là qu'on rend ses visites et qu'on remplit d'une manière commode ses devoirs du monde. Florence est une ville de plaisir ; on y danse en toutes saisons. J'ai assisté à des bals magnifiques donnés dans les jardins. Par une horrible injustice, la bienveillance hospitalière de la société toscane a tourné contre elle et lui a fait une réputation de légèreté qu'elle ne mérite pas. La chronique des salons y est riche en intrigues curieuses ; mais il est à remarquer que les dames étrangères fournissent les chapitres les plus intéressants. A Londres ou à Paris, on menait une vie sévère ; en voyage, on s'amuse de toutes ses forces avant de reprendre son collier de sagesse. Si on prête le flanc au scandale, on s'observe davantage une fois qu'on est parti, et cela retombe sur Florence, qui en est fort innocente. De belles dames, qui, à Paris, mettaient avec affectation leurs gants dans leur verre, à Florence le remplissent jusqu'au bord de vin de Champagne. Combien d'Anglaises revêches, qui, à Londres, ne daigneraient pas parler à leur voisin avant la cérémonie ridicule de la présentation, prennent en Italie le bras de leur danseur pour aller chuchoter loin de l'orchestre dans l'endroit sombre du jardin ! Il n'y a pas grand mal à cela ; mais j'ai vu d'autres effets de l'abandon causé par le voyage, et je prétends les définir au moyen d'une superbe comparaison.

A la bataille de Lutzen, il se passa, dit-on, d'étranges choses. Des conscrits effacèrent en valeur et en présence d'esprit les soldats de Marengo et d'Aboukir. De pauvres recrues, montées sur des chevaux de charrettes, écrasèrent les régiments ennemis. Des enfants de seize ans demeurèrent à leur poste, inébranlables comme de vieux centurions. La France épuisée n'avait pu donner à Napoléon que des instruments faibles, mais il sut les manier admirablement. La bataille de Waterloo présente des phénomènes encore plus bizarres. On vit des capitaines intrépides hésiter à tirer l'épée, un général retenir trente mille soldats qui demandaient à marcher au bruit du canon, et livrer ainsi toute l'armée à une perte certaine ; on vit des caporaux tuer leur officier, des soldats refuser d'obéir et se gouverner par eux-mêmes, des aides de camp passer à l'ennemi ; on entendit des sauve qui peut ! au moment de la victoire, et des cris héroïques à celui de la défaite. C'est un monde renversé où le jugement humain flotte dans les ténèbres. De même, à Florence, les étrangers déroutent complétement l'observateur qui est au fait de leurs antécédents et qui les a connus dans leurs pays respectifs. Tel garçon innocent, et réputé incapable de troubler un ménage, devient, comme le conscrit de Lutzen, un séducteur terrible ; telle dame dont vous auriez cru le bonnet solidement planté sur sa tête, le jette par-dessus les plus hauts moulins, et perd sa bataille de Waterloo. D'un côté ce sont des victoires inexplicables, de l'autre des désastres impossibles à prévoir. Voilà l'effet des voyages et des vacances. L'année suivante, on rentre à Londres ou à Paris ; les uns n'y sont plus que de pauvres recrues, les autres des soldats dociles qui obéissent avec soumission au capitaine de la famille, et marchent au pas avec une régularité exemplaire.

Après Rome, on sait que Florence est la ville d'Italie la plus riche en tableaux et en sculptures ; mais, ce qui est fort commode pour les curieux, presque tout a été réuni dans trois musées, l'académie des beaux-arts et les palais Médicis et Pitti. On en a dit assez long sur la Vénus, la Niobé, la Vierge à la chaise, pour qu'il soit superflu d'en parler ici. Michel-Ange se retrouve à Florence ce qu'il était à Rome, aussi poète, mais peut-être un peu moins mystique. Le plus grand des artistes florentins est à mon sens André del Sarto. Ses Vierges, qui soulèvent fièrement leur enfant entre leurs bras, supportent sans pâlir le voisinage des plus belles toiles de Raphaël. Si je ne craignais d'être accusé d'hérésie, j'affirmerais que ces Vierges ont un caractère de majesté divine qu'on ne voit nulle part au même degré. Ces sublimes compositions n'ont fourni qu'à peine à leur auteur les moyens de vivre. A quoi sert tant de génie, bon Dieu ! s'il ne peut pas seulement nourrir celui qui le possède ? André del Sarto ne savait point débattre ses intérêts et faire, comme on dit, ses affaires. Au couvent de l'Annonciade est une fresque devant laquelle Michel-Ange et Titien passaient des journées en contemplation ; elle avait été payée d'un sac de farine. A l'académie des beaux-arts sont une multitude de morceaux sublimes ; pour chaque ouvrage le peintre reçut la somme de vingt livres. — Et avec cela, des enfants, une femme coquette et inconstante ! Les fautes et la catastrophe d'André del Sarto ont fourni le sujet de quelques pages passionnées que j'avais de bonnes raisons de savoir par cœur : aussi ai-je considéré attentivement ses deux portraits faits par lui-même. Le premier représente un charmant jeune homme de vingt ans au plus, d'un visage rond, d'une physionomie timide, frais comme un petit abbé ; le second, âgé de trente-cinq ans, paraît maigre et pâle, accablé de tristesse et d'inquiétude, le regard fixe, la bouche contractée par l'habitude de la souffrance. C'est le moment où le peintre songeait à l'argent du roi de France qu'il avait dépensé, à sa dette d'honneur, à l'abîme dans lequel sa faiblesse pour sa femme venait de le plonger. On sent qu'il ne survivra pas à sa honte. Pauvre André ! pourquoi t'es-tu marié ? Il ne fallait pas entrer en ménage avec ton idéal. Tu aurais vécu jusqu'à cent ans comme le Titien ; ou bien, puisque tu ne pouvait te passer de cette Florentine si belle, il fallait faire comme ce mauvais sujet de Raphaël, rendre l'âme dans les bras de ta maîtresse, et non pas mourir misérablement dans le déshonneur et le chagrin.

Un autre peintre florentin, Allori, plus philosophe qu'André del Sarto, a révélé ses peines de cœur d'une manière énergique. Au palais Pitti, en face de la *Vierge à la chaise,* est une belle Judith qui tient par les cheveux la tête d'Holopherne avec un air menaçant et déterminé. Cette tête coupée est celle d'Allori lui-même, et la Judith est sa maîtresse. Derrière l'héroïque prostituée, une vieille femme fait un rire infernal comme pour dire : « Voilà ce que c'est, maître Allori, que de tomber dans nos filets. » Mais l'artiste a répondu : « Voilà ce que c'est que d'assassiner les gens. Vous aurez éternellement à la main ma tête sanglante. » L'histoire n'en dit pas davantage sur les amours de Christophe Allori.

Pour peu que vous vous promeniez un soir de pleine lune sur la place de Sainte-Marie-des-Fleurs, à l'endroit où le Dante aimait à se reposer, et que vous regardiez les jeux de la lumière parmi tous ces dômes entassés et ce gracieux campanile de Giotto, semblable à une tour de porcelaine, Florence aura bientôt gagné votre amitié. Pour peu que vous preniez l'habitude de visiter tous les matins le palais Pitti ou le musée de Médicis, de fumer un cigare sous les galeries, au pied de la statue de Persée, ou sur les quais de l'Arno, d'aller aux *Cascine* respirer le frais ; pour peu que la fleuriste vous donne de beaux œillets tandis que vous mangez le chocolat, et que les coureurs nocturnes chantent leurs chœurs avec ensemble sous vos fenêtres, vous vous attacherez bien vite à cette ville séduisante, et vous ne partirez plus sans un déchirement cruel, comme à Rome, comme à Naples, comme partout en Italie. M. V... et moi, nous avions juré nos grands dieux de ne rester qu'un mois à Florence : le deuxième mois était commencé, et des hauteurs du jardin Boboli nous regardions les dômes et la tour du Palais-Vieux avec autant de béatitude que si nous n'eussions jamais dû nous en séparer. Il fallait cependant arriver à Venise avant le retour des pluies. Le bon Carthaginois venait de nous faire ses adieux ; il retournait en Sicile et nous offrait ses services à Noto et Girgenti. Don Asdrubal est avocat au tribunal de Caltanisetta, et je lui ai promis formellement que, si j'avais un procès avec Polyphème ou Denis le Tyran, je lui confierais ma cause. Nous l'avions embrassé la larme à l'œil, et nous regrettions sa pétulance africaine, qui animait nos entretiens ; mais Florence n'en demeurait pas moins charmante, et d'ailleurs nous y avions déjà des amis. M. V... ne voulait pas entendre parler de départ. Afin de l'arracher à ses habitudes sans trop de secousses, j'employai l'expédient de Bougainville, qui entraîna son meilleur ami au bout du monde en lui proposant d'abord une simple promenade à Versailles. Nous ne pouvions pas quitter la Toscane sans voir Pise, où les voiturins vous mènent en sept heures. Une excursion de quatre jours n'effraya pas mon compagnon, et un matin je le déterminai à monter dans un carrosse de louage.

En arrivant à Pise, on s'aperçoit tout de suite que les Français y viennent souvent, car le meilleur hôtel a pour enseigne un hussard de l'empire, avec cette inscription qui révèle le grand usage qu'on a de notre langue : *A l'Hussard*. Pise est la ville la plus complètement morte de toute l'Italie. L'herbe pousse sur la grand'place, et sans les jeunes gens de l'université, on y entendrait voler les mouches. Du haut de la tour penchée, Galilée a découvert le secret qui l'a mené au chevalet de l'inquisition. Urbain VIII récompensait le génie en lui octroyant des hernies inguinales. Depuis le xive siècle jusqu'à nos jours, la tour de Pise a fourni une énigme sur laquelle une foule de savants se sont exercés. Soufflot est le dernier qui ait attribué l'inclinaison à l'abaissement du terrain ; mais on montre actuellement au baptistère le travail d'un architecte anglais qui prouve clairement que la tour a été bâtie exprès telle qu'on la voit. Les fondations ont leur aplomb ; seulement les colonnes du sud sont de quatorze pouces moins longues que celles du nord à chaque rangée, ce qui produit sur la hauteur totale une inclinaison de quinze pieds. La même différence se retrouve dans la coupe des pierres à l'intérieur, et elle est sensible jusque dans les marches de l'escalier tournant. Wilhem, l'architecte de la tour, a voulu qu'elle fût penchée, et sans doute il s'est appliqué à la rendre plus solide et plus durable que les tours les plus droites ; c'est une facétie gigantesque dont on peut nier le mérite et qui choque tout à fait le goût. Il devrait être défendu à un habile homme de faire de l'esprit avec des pierres de taille. Quant au Campo-Santo, on a écrit à son sujet les plus belles choses du monde ; je confesse qu'il m'a laissé dans une indifférence absolue, dont je suis prêt à dire mon *meâ culpâ*, si on l'exige.

Les habitants de Pise sont hospitaliers, très polis pour les étrangers, mais de cette bonne politesse italienne qui entre franchement en conversation et passe par-dessus les façons et l'étiquette. Un soir, nous prenions des glaces en plein air devant un petit café situé près du pont de marbre. Des étudiants parlaient entre eux d'une jeune fille qui devait prendre le voile dans peu de temps par suite d'un grand chagrin.

— Je voudrais bien, disais-je à M. V..., connaître ces messieurs, et leur faire conter l'histoire de cette jeune fille malheureuse.

Aussitôt un des étudiants nous aborda d'un air tout à fait ouvert et cordial ; après quelques mots de civilité, il nous apprit qu'il était d'Arezzo, et qu'il suivait à Pise le cours du célèbre professeur Pilla.

Nous demandâmes de la limonade à la neige, et le jeune Arétin s'empressa de nous contenter en nous faisant dans sa langue le récit que nous désirions entendre, et auquel je tâcherai de ne rien changer en le traduisant.

XX

HISTOIRE DE LA BELLE FIORALISE

— Vos seigneuries, nous dit l'étudiant, ont sans doute observé qu'il existe encore dans ces contrées quelques descendants de la race guerrière qui résista aux armes de Sylla lui-même. Si la conquête de l'Étrurie était à refaire, les Romains d'aujourd'hui n'en viendraient pas à bout. Arezzo devrait être la capitale de l'Italie, à cause de sa position au centre du pays, et de la supériorité incontestable de ses habitants en mérite et en courage. Pise, quoique étrusque aussi, ne saurait avoir la même prétention.

— Ce que je vois de plus clair, répondis-je, c'est que chacun, en Italie, élève sa ville natale bien au-dessus des autres. Mais poursuivez, je vous en prie.

— L'an passé, reprit l'étudiant, il y avait ici deux jeunes gens qui suivaient les cours de l'Université ; l'un était Arétin, et l'autre des environs de Pise. C'étaient de véritables Étrusques de corps et d'esprit ; tous deux de stature colossale, doués d'une force physique presque fabuleuse, et beaux comme des gladiateurs, si ce n'est que l'un avait les jambes un peu longues et l'autre les épaules trop carrées. Andronic le Pisan soulevait un banc de pierre sur son dos, et l'emportait, comme Samson la porte de sa prison ; Matteo l'Arétin brisait un écu pisis entre ses doigts comme une coquille de noix. Vos seigneuries me croiront si elles veulent : voici mon ami Giuseppe Bimbo qui leur dira si je suis un menteur. Il a vu aussi bien que moi le terrible Andronic renverser un buffle en le prenant par les cornes, et le redoutable Matteo arrêter par derrière une charrette attelée d'un fort cheval, qui était à la vérité très chargé ; je suis trop sincère pour vouloir dissimuler la chose.

Andronic et Matteo étaient les meilleurs garçons du monde, et cependant très hardis ; car ils allaient à la cave sans chandelle, et se promenaient la nuit au milieu des bois comme dans leur chambre. Ils ne buvaient de vin que le dimanche, et n'avaient de querelles avec personne. Comme ils tiraient vanité de leurs forces, et qu'ils n'auraient pas aimé à compromettre leur réputation, ils évitaient les occasions de se rencontrer, n'allaient pas chez les mêmes professeurs, et fréquentaient des cafés différents. Le père d'Andronic, don Basile, possède une mauvaise petite ferme dans la *Pianura*, située entre Pise et le bord de la mer. C'est un terrain d'où la Méditerranée s'est retirée peu à peu. On voit dans cette Pianura des troupeaux sauvages trop nombreux pour être domptés, et auxquels on se borne à enlever leur progéniture. Andronic se fit remarquer par son adresse dans ces expéditions dangereuses. Le père de Matteo n'est pas plus riche que celui d'Andronic, et possède un clos de vignes dans les environs d'Arezzo. Malgré le soin que les deux jeunes gens mettaient à s'éviter, il existait au fond une espèce de rivalité entre eux, et on s'attendait à les voir quelque jour aux prises ensemble. Il ne leur manquait qu'une occasion et un sujet de se passionner. L'occasion vint bientôt, et la passion fut la plus funeste de toutes, celle qui changerait les moutons en serpents ou en lions, la jalousie en un mot.

Si vos seigneuries sont à Pise depuis seulement un jour,

elles ont dû certainement admirer la jolie petite église de Santa-Maria della Spina, cette miniature gothique dont les flèches s'élèvent à peine jusqu'aux toits des maisons qui bordent l'Arno. Nous appelons cette église le *Tempietto*, et les Pisans ont une grande vénération pour elle, à cause de l'épine provenant de la sainte couronne du Christ qu'on y a conservée pendant plusieurs siècles. Le curé avait une sœur, veuve d'un tapissier de Florence, et cette sœur avait une belle fille de seize ans, mais belle comme les astres, une Vénus enfin. Cela est si vrai qu'aussitôt arrivée ici, elle reçut le surnon de *Venere del Tempietto*, et pourtant elle n'a passé que deux mois à Pise, chez son oncle le curé. Lorsqu'elle se promenait sur le quai, coiffée d'un voile à l'ancienne mode, les bras nus, maniant l'éventail avec grâce, les gens du peuple s'arrêtaient en extase pour la regarder; on entendait pleuvoir sur elle ces bénédictions que la beauté provoque toujours dans ce pays où l'on a pour elle une antique adoration. Malheureusement Fioralise était encore plus coquette que belle. Sa mère l'avait envoyée ici pour l'arracher à une demi-douzaine d'amoureux qui commençaient à la poursuivre de trop près. Elle vivait dans la maison du curé, ne voyait que son oncle et une servante de soixante ans, et n'avait d'autre divertissement que de tirer des horoscopes avec un jeu de cartes, de raccommoder des surplis, et de préparer des vases de fleurs la veille des grandes fêtes. Un dimanche, tandis que son oncle officiait, elle aperçut Andronic appuyé contre le mur, et qui la regardait avec tant de plaisir qu'elle se sentit toute joyeuse; d'un autre côté se trouvait Matteo qui la contemplait avec tant de ravissement qu'elle en fut tout à fait flattée. Elle comprit qu'elle avait deux amoureux de plus, et les deux jeunes gens virent bien qu'ils étaient rivaux.

Dans ce temps-là, il y avait hors des murs une pauvre famille dont la maison venait de brûler. On fit des souscriptions en faveur des incendiés, et le curé de Santa-Maria delle Spina voulut que sa nièce quêtât dans son église. Fioralise mit sa plus belle robe et se para de fleurs. On accourut en foule au *Tempietto* pour lui apporter de l'argent. Pas un étudiant ne donna moins d'un paolo, c'est-à-dire douze sous de France ; et moi qui vous parle, j'offris bel et bien un demi-écu. Andronic glissa quelques mots à l'oreille de Fioralise, qui lui répondit par un sourire charmant, et Matteo reçut en échange de ses compliments une révérence gracieuse qui signifiait que l'amour ne faisait pas peur à la quêteuse. Une heure après, on ferma l'Église : la foule se dispersa, et sur le quai de l'Arno il ne resta plus qu'Andronic et Matteo à dix pas l'un de l'autre. Le curé arriva bientôt ; les deux jeunes gens le suivirent chez lui, non sans être remarqués de la belle nièce, qui partageait ses œillades entre les deux galants avec une justice scrupuleuse. Andronic et Matteo se rencontrèrent devant la porte du curé, et se parlèrent pour la première fois.

— Il paraît, dit Matteo, que le même motif nous amène. Si nous entrons ensemble, nous nous ferons tort réciproquement : jouons à qui passera le premier.

— J'y consens, répondit Andronic ; le sort en décidera.

Ils jouèrent à la *murra*, et Matteo, ayant gagné la partie, entra dans la maison, tandis que l'autre attendait dans la rue. Le curé était au jardin et travaillait à bêcher une plate-bande.

— Monsieur le curé, lui dit Matteo, je ne suis pas riche, mais je vous apporte un paolo de plus en faveur des incendiés.

— C'est bien, mon ami, répondit le bonhomme ; voici ma nièce qui va joindre cet argent au produit de sa quête.

— Il me semble que vous m'avez déjà donné tout à l'heure à l'église, dit la jeune fille d'un air malin.

— En effet, reprit l'étudiant ; mais j'ai oublié cette pièce au fond de ma poche, et je ne veux pas qu'elle soit perdue pour la charité. C'est aussi une occasion de voir une jolie *giovinetta* qui a des yeux admirables, et de causer avec monsieur le curé, s'il veut bien le permettre.

— Causons, mon ami, cela ne fait de mal à personne.

Souffrez seulement que je continue à bêcher ma plate-bande, et asseyez-vous sur ce banc.

Matteo, enchanté de ce bon accueil, s'assit sur le banc de bois, mais si lourdement qu'il le brisa par le milieu et tomba sur le dos. Fioralise éclata de rire, et le curé se mit dans une colère épouvantable.

— Ne vous fâchez pas, mon oncle, dit la jeune fille; il est fort heureux que cette planche se soit rompue aujourd'hui, car demain vous auriez pu la rompre vous-même et vous blesser en tombant.

La servante apporta des chaises; Matteo, tout confus de sa maladresse, ne savait plus que dire. Il s'embrouillait dans ses phrases et regardait Fioralise avec des yeux suppliants. Pendant ce temps-là, le curé, toujours grondant, s'évertuait à déraciner un petit oranger mort; il creusait la terre et secouait l'arbre sans pouvoir seulement le faire pencher. Matteo arracha l'oranger comme si c'eût été une asperge, et le bon vieillard, content d'épargner une demi-journée de travail, oublia sa planche brisée. On parla de choses indifférentes; mais le curé, occupé à son jardinage, ne voyait pas la pantomime de Matteo, qui exprimait tout ce que sa bouche n'osait dire. Fioralise riait et se moquait tantôt de l'amoureux et tantôt de son oncle. On causa ainsi pendant une heure, sans que le bonhomme se doutât de rien. L'étudiant se retira ensuite, et comme la belle nièce le reconduisait jusqu'à la porte, il ôta de sa cravate une superbe épingle en argent doré, qui valait un écu.

— Adorable Fioralise, dit-il, je voudrais que mon cœur fût de l'or pur pour vous rendre riche en vous le donnant. Voici toujours une épingle que je serais fier de vous faire accepter, en échange de cette rose que vous avez dans vos cheveux.

— Une épingle vaut plus qu'une rose, répondit Fioralise rouge de plaisir. Je serais bien sotte de refuser une fleur à un signor aussi généreux que vous.

Matteo sortit en bondissant de joie, et passa devant Andronic en lui montrant d'un air railleur la rose que la quéteuse portait à l'église. Andronic furieux tira aussitôt le cordon de la sonnette, mais avec tant de brusquerie qu'il le brisa, et que le manche de fer lui resta dans la main. La servante, en lui ouvrant, ne manqua pas de crier comme un aigle après ce signor qui venait de rompre la *campanella*. Sans écouter les excuses et les supplications d'Andronic, elle annonça au curé qu'un étranger qui avait rompu la campanella demandait à lui parler, et le bonhomme reçut de fort mauvaise humeur ce diable d'homme qui lui avait rompu sa campanella. L'amoureux décontenancé balbutia quelques mots inintelligibles et devint muet comme un poisson. Heureusement Fioralise vint à son secours. Elle assura que le dégât n'était pas grand, et réussit à calmer un peu son oncle. Le bonhomme tirait de l'eau d'une citerne, et se fatiguait à emplir un tonneau; Andronic prit la corde et puisa quinze seaux d'eau en un moment, ce qui répara la faute de la sonnette rompue.

— A présent, mon ami, lui dit le curé, voyons le sujet qui vous amène, si toutefois votre mère n'a pas oublié de vous faire une langue.

— Je vous apporte un paolo pour votre quête, répondit Andronic, et en même temps je suis bien aise de regarder votre aimable nièce, qui est la plus belle personne de Pise et à laquelle nous avons donné le surnom de Vénus du *Tempietto*. Mais si vous me trouvez indiscret, je vais me retirer, monsieur le curé.

— Sainte Marie! s'écria Fioralise en éclatant de rire, c'est absolument ce que nous a dit l'autre signor qui était ici tout à l'heure.

— Mon ami, reprit le curé, regardez ma jolie nièce, je vous le permets, et puisque vous êtes si robuste, aidez-moi un peu en emplissant mes arrosoirs, tandis que je donnerai à boire à mes œillets.

Andronic fit compliment au curé sur le bel état de son jardin, et se mit à causer comme Matteo, adressant ses paroles à l'oncle et ses signes à la nièce, qui riait de tout son cœur de ce manège. Il glissa dans la main de la jeune fille un petit billet où sa passion était exprimée par une douzaine de vers très fleuris, et puis il prit congé en saluant poliment le curé. Fioralise le reconduisit jusqu'à la rue, et avant d'ouvrir la porte, Andronic tira de sa poche une bague ornée d'un morceau d'agate.

— Si la belle Fioralise, dit-il, voulait porter cette bague en souvenir d'un pauvret qui se meurt d'amour pour elle, je lui demanderais en échange ce morceau de ruban noir qu'elle a sur l'oreille.

— Jésus! s'écria la jeune fille, que les garçons de Pise sont galants! L'autre signor m'a donné une épingle, et vous m'offrez un anneau! Je n'ai garde de vous refuser ce bout de ruban; je vous le dois, puisque j'ai accordé à l'autre une rose.

Matteo avait attendu son rival dans la rue. Il vit passer Andronic léger comme un oiseau et tenant à sa main le ruban noir que la quêteuse avait sur l'oreille à l'église. Le soir, vers dix heures, Matteo amena trois violons et une flûte sous les fenêtres de sa belle et lui donna une sérénade. A minuit, Andronic vint aussi, accompagné de deux guitares et d'un chanteur. Le lendemain, il y avait une *feria* sur la place du Dôme; des marchands forains étalaient leurs boutiques volantes. Fioralise y passa avec son oncle, et les deux galants abordèrent le curé l'un après l'autre. Comme la jeune fille admirait beaucoup les tasses de porcelaine, les jouets d'enfants et les fleurs artificielles, Matteo aurait bien voulu lui offrir un cadeau ; mais en fouillant toutes ses poches, il n'y trouva pas un denier, en sorte qu'il fut obligé de mettre un frein à sa générosité. Andronic brûlait d'envie de présenter à sa belle une boîte en carton qu'elle avait paru souhaiter ; mais il eut beau retourner sa bourse dans tous les sens, il n'y découvrit pas un baïoc, c'est pourquoi il renonça par nécessité à faire le magnifique.

Nos deux amoureux continuèrent ainsi pendant un mois à suivre partout leur maîtresse et à se présenter chez elle avec la discrétion nécessaire pour ne point donner d'ombrage au curé, qui était la simplicité même. Ils avançaient tous deux insensiblement dans les bonnes grâces de la belle Fioralise, l'un d'eux n'obtenant pas une faveur sans que l'autre reçût un équivalent, si bien qu'un licencié ès sciences n'aurait pas su dire lequel avait la préférence. Cependant les voisines jasaient entre elles de l'imprudence du curé. Une dévote vint avertir le bonhomme des propos qui se tenaient sur sa nièce, et un matin les deux amoureux se trouvèrent la porte fermée et la servante inflexible comme un cerbère. Sans s'en douter, le vieil oncle employait le plus sûr moyen d'exaspérer la passion des deux jeunes gens, car vos seigneuries n'ignorent pas que l'amour ressemble à ces torrents dont les écluses ni les murailles ne peuvent arrêter le cours. Andronic et Matteo ne songèrent plus qu'à faire ouvrir cette porte close, et le même expédient leur vint à l'esprit à tous deux en même temps. Le dimanche suivant, Matteo entra dans la sacristie au moment où le curé mettait son surplis, et lui demanda la main de sa nièce.

— Avez-vous l'approbation de votre famille ? lui dit l'oncle.

— Pas encore, répondit Matteo.

— Eh bien ! mon garçon, votre démarche n'a pas le sens commun. Commencez par écrire à vos parents. — Fioralise, qui écoutait à la porte, parut aussitôt dans la sacristie.

— Mon oncle, dit-elle, il me semble, au contraire, que le signor Matteo agit en homme de sens. Il vient d'abord s'assurer que vous l'accepterez volontiers pour votre neveu : est-ce qu'il ne faut pas aussi qu'il me demande si je veux de lui pour mon mari ?

— Tu as raison, reprit le curé. Dis donc tout de suite ce que tu penses de don Matteo.

— Je pense, dit Fioralise, qu'il est d'une condition supérieure à la mienne, qu'il me fait beaucoup d'honneur en jetant les yeux sur moi, et que je sais accommoder la polenta comme le doit une fille bonne à marier.

— C'est la vérité, dit l'oncle ; tu fais la polenta comme une archiduchesse ; ainsi, mes enfants, je vous marierai dès que le courrier d'Arezzo m'en apportera la permission.

Après la messe, Andronic vint à son tour chercher le curé dans la sacristie, et lui adressa la même demande que Matteo.

— Vous arrivez trop tard, lui dit le bonhomme ; ma nièce est accordée...

— *Un momentino !* interrompit la jeune fille, nous ne tenons pas encore l'autre signor. Don Matteo m'a honorée, mais don Andronico me fait plaisir. Le premier est un aimable cavalier ; le second serait un excellent mari. Sans lui dire non, il suffit de l'avertir que je suis accordée. Si la permission que nous attendons est refusée, comme j'ai tout lieu de le craindre, je serai trop heureuse de recevoir les consolations du signor Andronic. On a des amoureux tant qu'on en veut, mais un mari cela est rare, et bien sotte est la fille qui lâche d'une main sans être sûre de tenir ferme de l'autre.

— *Cristo !* s'écria le curé, quelle petite commère ! voilà ce qui s'appelle entendre ses intérêts ! Si tu ne te maries point, ce ne sera pas faute d'esprit et de malice. Mon cher Andronic, puisque cette fillette en sait plus long que nous, rapportons-nous-en à sa sagesse. Parlez à votre père, et attendez paisiblement que don Matteo reçoive des nouvelles de son pays.

Au lieu de suivre ce conseil raisonnable, Andronic sortit furieux d'avoir été prévenu ; il trembla que son rival ne réussît le premier, et à force de se monter la tête il conçut le projet de forcer Matteo à lui céder la place. De son côté, l'Arétin fut transporté de colère en apprenant qu'Andronic voulait le supplanter. Il jura devant témoins qu'il saurait bien se débarrasser de son concurrent. Le bruit se répandit aussitôt dans la ville que ces deux ennemis se cherchaient, et on s'attendit à une catastrophe. En effet, ils se rencontrèrent dans ce café même, à l'heure de l'*Angelus*. Matteo s'assit à cette place où je suis, et Andronic se mit en face de lui, à cette table que vous voyez. Ils se regardèrent un moment sans parler, et je vous assure que les assistants étaient pâles d'effroi.

Ici le narrateur s'interrompit et fixa sur nous ses yeux d'une vivacité singulière pour recueillir sur les visages de l'auditoire quelques signes d'émotion. Mon compagnon, M. V..., n'avait compris le récit qu'à moitié ; quand je l'eus mis au fait de la situation, il se tourna vers l'homme aux yeux perçants et lui dit avec sang-froid :

— Eh bien ! après ?

— Si vos seigneuries, reprit le narrateur, ont séjourné à Arezzo, elles ont pu remarquer qu'on n'y ment jamais, tandis que le reste de l'Italie est plein d'imposteurs. Mon ami Joseph Bimbo vous dira que j'aime trop passionnément la vérité pour ajouter à cette histoire un seul mot de mon invention. Les gens que le hasard ou la curiosité avaient amenés dans le café devinèrent tout de suite, aux regards des deux rivaux, que la querelle irait loin, et les plus braves auraient bien donné quelques paoli pour être transportés subitement chez eux. Ils restèrent immobiles, attendant l'événement. Matteo rompit bientôt cet horrible silence.

— Don Andronico, dit-il, je vous ai laissé jusqu'à présent faire la cour à ma maîtresse sans vous gêner, et vous avez dû me trouver de bonne composition ; mais je vous avertis que cela ne peut plus durer.

— Don Matteo, répondit l'autre, cela ne durera pas, car vous allez renoncer à celle que vous appelez votre maîtresse, et qui est la mienne.

— C'est vous qui renoncerez à Fioralise, je vous le jure par tous les saints du paradis.

— Il faut que cela finisse, reprit Matteo ; je vous donne jusqu'à demain pour réfléchir. Si à pareille heure vous ne déclarez pas que vous abandonnez vos prétentions, vous aurez affaire à moi.

— Et que ferez-vous, si je ne vous cède pas la place ?

— Pardieu ! chien de Pisan, je t'écraserai sous mes pieds comme un insecte.

— C'est-à-dire, misérable Arétin, que je t'assommerai comme un bœuf à la boucherie.

— Non, non. Je te prendrai par les jambes et je te lancerai dans le fleuve.

— *Quel fleuve* [1] *?* C'est moi qui te saisirai à la gorge et te jetterai par-dessus la tour de la *Faim*.

— Moi, je te rendrai la mort plus dure, car je prétends te briser les quatre membres l'un après l'autre.

— Dis plutôt que je t'arracherai les deux yeux, afin qu'ils ne puissent voir l'état déplorable dans lequel je te mettrai ensuite.

— Tu ne sais pas qui je suis ; je vais te le montrer. Figure-toi que cette table soit ton dos : voici comment je frapperai dessus.

Matteo donna sur la table un coup de poing qui enfonça les planches ; mais aussitôt Andronic prit une chaise et la pressa si fort entre ses bras qu'elle se rompit en plusieurs morceaux.

— Voilà, dit-il, comment je ferai craquer tes os.

Il y eut un mouvement d'horreur dans l'assemblée. L'Arétin appuyait son discours d'une foule de jurements effroyables par lesquels on voyait bien qu'il ne se connaissait plus ; le Pisan, de son côté, criait d'une voix si terrible, que le grand orgue du Dôme vous eût semblé un hautbois en comparaison. Qu'on juge donc de l'épouvante que répandaient ces paroles, accompagnées de gestes si violents ! Quand les deux rivaux se séparèrent, tout le monde se sentit soulagé comme si un tigre et un lion eussent passé par miracle dans ce café sans faire de mal à personne. Mais je m'aperçois que vos seigneuries sont elles-mêmes saisies d'effroi ; laissons-leur le temps de se remettre un peu de leur émotion.

— Continuez, dit M. V... ; nous attendons avec impatience le dénoûment.

— Je m'arrête à dessein, reprit le narrateur, pour vous rappeler que je vous avais annoncé deux personnages de

---

[1] Cette répétition interrogative équivaut en italien à une négation.

l'antique Étrurie et un exemple frappant des fureurs de la jalousie.

— De grâce, interrompis-je, achevez d'abord le récit de ce combat.

— Les héros d'Homère, dit l'étudiant, tiennent un langage que nous regardons aujourd'hui comme exagéré, et cependant...

— Par pitié, remettons les réflexions à un autre moment.

— Il ne manquait à Andronic que les armes du fils de Pélée, à Matteo que le bouclier d'Hector...

— Le combat, le combat !

— Et si, au lieu de vous dire les choses tout simplement, j'avais mis cette histoire en vers pompeux, vous auriez vu qu'Andronic aux longues jambes...

— Le combat, le combat, le combat !

— Et Matteo l'invincible ne l'eussent cédé en rien...

— De par tous les diables ! le combat. Nous ferons après des comparaisons et des parallèles.

— Que demandent vos seigneuries ? dit le narrateur d'un air étonné.

— Nous demandons le récit du combat, le dénouement de la tragédie.

— Ne vous ai-je pas raconté cette scène terrible ?

— Pas en entier. Lequel des deux héros a tué l'autre ? Comment a fini la bataille ?

— Comme je vous l'ai dit ; ils se sont séparés, laissant la foule glacée d'horreur et d'épouvante.

— Quoi ! ils ne se sont pas assommés ?

— Non, par la grâce de Dieu.

— Alors permettez-moi de trouver quelque différence entre votre histoire et celle de la guerre de Troie, car le fils de Pélée a tué celui de Priam.

M. V... partit d'un éclat de rire homérique, au grand scandale de la compagnie.

— A présent, dis-je, racontez-nous en deux mots ce qu'est devenue Fioralise.

— Le père de Matteo, qui s'appelait Lena, reprit enfin le narrateur, s'imaginait descendre du consul Popilius Lœnas, et pour cette raison il ne lui parut pas convenable de marier son fils avec une tapissière de Florence. Non-seulement il refusa son consentement en termes fort durs, mais il écrivit encore au marquis*** pour le prier de faire en sorte que Fioralise fût renvoyée dans sa famille.

Andronic n'eut pas plus de bonheur. Son père, homme faible et stupide, avait épousé en secondes noces une femme méchante qui détestait cet enfant du premier lit. Comme la marâtre eût souhaité de voir ce fils mort, à plus forte raison ne voulait-elle pas qu'il se mariât. Quand le père lui demanda son avis, elle se mit à crier, en disant que ce scélérat d'Andronic la ferait mourir de chagrin, qu'il ruinait le ménage par son appétit vorace, que la voisine Tommasina l'avait vu passer devant la madone sans ôter son chapeau, que les assiettes cassées, les chutes des enfants, les mauvaises récoltes et tous les malheurs de la famille venaient de cet être maudit. Elle termina sa harangue par un ruisseau de larmes, en assurant que si Andronic se mariait, elle en tomberait malade. Le père accabla son fils de reproches et le menaça de sa malédiction, puis il courut chez l'évêque qui le protégeait. L'évêque eut une conférence avec le marquis***, et un matin le curé reçut l'ordre de renvoyer sa nièce à Florence.

— Hélas ! disait Fioralise en pleurant, vous voyez bien que je n'avais pas tort d'accepter deux amoureux à la fois, puisqu'il ne me reste pas seulement de quoi faire un mari.

Elle retourna chez sa mère. Un jour, une vieille comtesse vint par hasard marchander un meuble chez la tapissière, et conçut de l'amitié pour ces bonnes gens. La beauté, les manières aimables de la jeune fille lui plurent, et elle la prit pour demoiselle de compagnie, en promettant de lui donner une pension. Fioralise ne savait que lire et écrire ; mais comme la comtesse n'en savait pas davantage, on pensa que c'était assez d'instruction. Le sort de cette pauvre fille paraissait assuré, lorsqu'un malheur imprévu vint encore l'accabler. Soit que les valets aient voulu perdre la demoiselle de compagnie, soit que le démon ait profité de l'éblouissement du luxe pour la séduire, elle fut menacée d'un procès criminel. La comtesse perdit des boucles d'oreilles en diamants ; on fit une perquisition dans les chambres des domestiques, et les diamants se retrouvèrent parmi les effets de Fioralise. L'intendant de la maison montrait une animosité suspecte ; la rumeur publique l'accusa d'avoir employé une ruse abominable pour écarter une favorite dont il était jaloux. Fioralise nia sa faute ; mais les Toscanes savent si bien colorer le mensonge, qu'à Florence on se défie même du cri de l'innocence. La comtesse ne voulut pas de procès ; elle chassa seulement la demoiselle de compagnie, et Fioralise déshonorée, peut-être injustement, offrit ses chagrins à Dieu. Elle s'est retirée dans un couvent, où elle prendra le voile après son année de noviciat.

Andronic continue à dompter des veaux sauvages dans la *Pianura*, et sa belle-mère espère toujours qu'un de ces matins on le rapportera sur un brancard à la maison. Quant à Matteo, son père l'a envoyé à Rome chez des protecteurs puissants. Il est secrétaire du cardinal A..., qui lui donne quatre-vingt-dix écus romains d'appointements, c'est-à-dire près de cinq cents francs de France par an ; et depuis qu'il est dans les honneurs et les richesses, il oublie et méprise ses anciens amis.

Après avoir obtenu, non sans peine, que le narrateur achevât son récit, nous prêtâmes des oreilles complaisantes à ses belles dissertations sur les enfants de l'antique Étrurie et sur l'admiration qu'on leur doit, au mépris du reste de l'Italie et du monde entier ; toutes choses aussi incontestables qu'amusantes, mais dont le lecteur ne se soucie pas et dont on peut lui faire grâce.

XXII

BOLOGNE, FERRARE, VENISE

Après avoir traversé la plus belle partie des Apennins, notre modeste voiturin arriva près des portes de Bologne au *tocco*, c'est-à-dire à une heure après midi. La division du jour, en Italie, offre tous les matins un nouveau problème à résoudre, où l'étranger perd son arithmétique. On ne compte pas par douze heures, mais par vingt-quatre ; de plus, la vingt-quatrième heure finit au coucher du soleil, et comme le soleil ne se couche pas deux jours de suite au même instant, il en résulte une confusion dont on ne triomphe que par une habitude prise dès l'enfance. Si vous oubliez de regarder à votre montre lorsque l'*Angelus* annonce le passage d'un jour à l'autre, vous perdez la clef du calcul, et vous ne savez plus quel nom donner aux heures. Pour moi, je confesse qu'au bout d'un an de séjour en Italie, je commençais à peine à me reconnaître dans cet imbroglio. Cependant minuit et midi, qui ne varient pas, forment des jalons au moyen desquels on se guide approximativement. Il faudrait du papier, une plume et cinq minutes de travail, pour trouver que neuf heures du matin font quatorze heures et demie, ou quelque chose d'aussi simple, tandis que vous vous tirez d'affaire en disant trois heures avant midi. On se sert encore avec avantage du *tocco*, ainsi appelé parce que l'horloge ne frappe qu'un coup. Deux et trois heures de France, qui seraient peut-être en Italie dix-neuf et vingt heures, plus une fraction, peuvent s'exprimer par une et deux heures après le *tocco*.

Ce bienheureux *tocco* venait donc de sonner lorsque nous vîmes au loin les grandes tours de Bologne. Notre voiture s'arrêta devant une troupe de paysans armés de mauvais fusils, et qui traversaient la route en colonne serrée pour s'enfoncer dans la campagne. Le conducteur, qui n'était pas plus que nous au fait des événements, demanda ce que faisaient ces gens armés. Une bonne femme lui répondit en bolonais que c'étaient des bandits qui voulaient donner du chagrin au Saint-Père. A ce mot, le voiturin s'arracha les cheveux en poussant des cris lamentables.

— Qu'avez-vous donc, mon brave ? lui demandai-je.

— Ah ! signor, des partisans, des insurgés ! Qu'allons-devenir ?

— Remettez-vous ; ces insurgés sont passés, ils ne songent pas à nous ; et d'ailleurs voici les portes de la ville : dépêchons-nous d'y entrer.

Je ne savais trop que penser, en voyant le voiturin faire des signes de croix et les autres voyageurs claquer des dents.

— Que risquons-nous ? disait M. V... ; de perdre quelques habits râpés, des chemises en mauvais état, nos montres et bien peu d'argent ? Ce ne serait pas payer trop cher le plaisir d'être attaqués par des brigands ou d'assister à une insurrection de la Romagne. Il faut voir comment les Bolonais s'acquittent d'une révolution.

— *Dio santo !* répétait le voiturin, qu'allons-nous trouver à Bologne ?

— Si vous ne voulez pas marcher, dit M. V... en prenant les guides, je vais conduire vos chevaux jusqu'à la ville.

— Diables de Français! reprit l'homme en remontant sur le siège ; ils n'aiment que le bruit, les querelles et les coups.

— C'est une calomnie, dit M. V... Nous ne méritons plus cette antique réputation.

Au bout d'une demi-heure nous étions parvenus, sans le moindre danger, à l'hôtel de la *Pension suisse*, où nous déjeunions de fort bon appétit. Bologne n'avait pas précisément l'air d'une ville troublée. On voyait bien sur les places des groupes de gens qui causaient à voix basse et se demandaient les nouvelles, mais on ne remarquait point de signes inquiétants de fermentation. Le musée des beaux-arts nous fut ouvert, et nous eûmes le loisir d'admirer la fameuse sainte Cécile de Raphaël, les Dominiquins et les Carraches, comme si la Romagne eût été tranquille. Bologne est la première grande ville d'Italie qui ne m'ait pas séduit. Les rues étroites, bordées de galeries sombres et basses en pierres couleur de plâtre, sont tout à fait maussades. Il semble qu'on marche sous les offices et les cuisines d'un palais, sans arriver jamais au bel endroit de la maison. On y pourrait faire deux lieues sans voir le ciel, et le regard est si borné, qu'on finit par désirer ardemment de l'air, une plaine et des horizons éloignés. Les fameuses tours peuvent être remarquables par leur élévation, mais ce sont des monuments fort disgracieux, qu'on prendrait pour les cheminées d'une pompe à feu colossale. Quant à des arbres, des promenades, une rivière, et tout ce qui donne du charme à une grande ville, je n'en ai pas vu l'apparence à Bologne. Le canal du Reno ne peut prétendre qu'à l'honneur de fournir ce qui est nécessaire pour que les têtes chaudes de la Romagne mettent de l'eau dans leur vin à l'approche des baïonnettes autrichiennes.

De Bologne à Ferrare la campagne est fort riche, dit-on ; je l'ai mal vue, à cause d'une poussière épaisse qui fermait hermétiquement les yeux des voyageurs. On ne se dispense jamais, en passant à Ferrare, de considérer attentivement l'encrier de l'Arioste, qui n'est absolument qu'un encrier devant lequel dix personnes réunies font la plus sotte figure du monde. Ce simple ustensile a l'air lui-même tout penaud de l'attention qu'on lui accorde. Il faudrait ranger l'écritoire de l'Arioste à côté de la plume vraiment immortelle de Voltaire, cette plume tant de fois vendue aux Anglais, toujours renouvelée, et qui apparemment sortait de l'aile d'un phénix. La prison du Tasse a du moins quelque chose à dire à l'imagination. Les douleurs et la misère du poète ne s'effaceront jamais de ces murailles humides. Le gardien vous explique, dans l'intérêt du duc Alphonse d'Este, qu'on a bouché une fenêtre d'où le prisonnier jouissait de la vue d'un jardin, et ce brave homme ne comprend pas qu'on plaigne beaucoup celui qui habita ce réduit pendant sept ans.

— Le Tasse, dit-il, avait un bon lit et mangeait de la viande à tous ses repas. Si vos seigneuries voyaient les prisons de la ville, et comment on y vit, elles trouveraient une fière différence.

Probablement le gardien ne songe pas que l'auteur de la *Jérusalem délivrée* ne se serait pas même estimé heureux d'être, comme lui, concierge d'un hôpital avec cent écus d'appointement. Si on veut emporter de la prison du Tasse l'impression que ce lieu doit laisser, il ne faut pas se mettre à lire les milliers de noms gravés sur la pierre, car on retomberait bien vite de l'état du voyageur enthousiaste à celui de l'abonné qui trouve dans son journal la liste de souscription en faveur d'une ville incendiée. Quand la trompette du jugement dernier aura réuni tous les hommes, le Tasse aura fort à faire pour rendre ses devoirs et remettre des cartes à ceux qui se sont inscrits à son dernier domicile.

A peu de distance de Ferrare, nous traversâmes le Pô dans un bac, pour entrer dans l'Italie autrichienne, et nous allâmes coucher le soir à Rovigo, dont M. Savary a été fait duc sous l'empire. M. Savary n'a peut-être jamais su qu'il était duc d'une petite ville où les insectes rancuniers se vengent encore de l'invasion des Français. L'église principale de Rovigo contient deux tableaux de peu de mérite, mais dont le coloris annonce le voisinage des maîtres vénitiens ; le lendemain, nous étions de bonne heure à Padoue, tant de fois ravagée, que l'histoire ne sait pas au juste le compte de ses malheurs. Padoue n'en est que mieux portante à présent. De tous ses monuments, celui dont elle s'enorgueillit le plus est le café *Pedrocchi*, vaste et royal établissement où l'on prend des glaces pour la somme de cinq sous. Ce café, babylonien pour la grandeur, grec pour l'élégance, et britannique pour la perfection du service, est dédié aux récréations de la jeunesse intelligente et laborieuse de l'Université de Padoue. Celui qui l'a fait construire, M. Pedrocchi, passe pour avoir trouvé dans les caves de sa maison un trésor enfoui du temps d'Alaric, si ce n'est même une lampe merveilleuse comme celle des *Mille et une Nuits*. Chaque siècle produit ses grands hommes. Padoue compta jadis Pétrarque parmi les chanoines de son église, Galilée parmi ses professeurs ; elle a aujourd'hui M. Pedrocchi, le César des limonadiers.

Les voiturins, et généralement tous les individus avec qui on fait un marché quelconque en Italie, n'ont qu'une idée, celle de vous tromper. Quarante mensonges et deux heures de démarches diplomatiques ne leur coûtent rien pour vous arracher ce qui ne leur est pas dû. Nous avions remarqué, depuis Rovigo, que notre conducteur avait changé de figure. D'un homme de taille moyenne qu'il était à Ferrare, il se trouvait transformé en un colosse de six pieds avec un visage couvert de dartres. Le Ferrarais nous avait vendus sans permission à son confrère, personnage retors dans l'art d'exploiter l'étranger. Le Padouan ne manqua pas de nous demander à chacun une piastre de plus que le prix convenu avec son camarade. Après toutes les protestations imaginables, les prières, les serments les plus saints, il arriva par la progression usitée jusqu'à la menace de nous citer devant la police ; mais, à sa grande surprise, la piastre désirée ne sortit point de nos poches. Notre refus étant formel, le voiturin fit semblant d'aller à la police. Il descendit l'escalier d'un air furieux et remonta aussitôt :

— Je ferai observer à vos seigneuries, nous dit-il, que si je les cite au bureau de la *polizia*, elles manqueront le départ du chemin de fer de Venise : elles perdront un jour à Padoue ; la dépense à l'auberge leur coûtera au moins deux piastres ; par conséquent elles auraient un bénéfice tout clair à me donner ce que je réclame.

— Il est fort aimable à vous, répondis-je, de vous inquiéter de nos véritables intérêts. Nous vous en remercions ; mais nous ne profiterons pas de l'avis, et vous n'aurez jamais votre piastre.

Cette mauvaise volonté révolta le voiturin. Il descendit de nouveau l'escalier, puis il reparut une seconde fois :

— Signori, dit-il avec douceur, je n'aime pas les querelles, et je serais fâché de vous empêcher de partir. Pour vous accommoder, je consens à perdre la moitié de la somme ; je me contenterai d'une demi-piastre par tête.

— Ce désintéressement est sublime, répondis-je ; il y aurait conscience d'en abuser. Vous n'aurez point de demi-piastre, et si vous nous menez à la police, nous vous ferons assurément retirer votre brevet de voiturin.

— Eh bien, signori, reprit l'homme d'un ton piteux, j'abandonne mes droits. Donnez-moi ce que vous voudrez pour boire une *bottiglia*.

— Pas seulement un baïoc ; vous êtes un coquin.

— Ma voiture est bien propre : bons chevaux, beaux harnais, brave cocher ; je vous demande la préférence pour vous conduire à Vicence, Vérone, Udine.

— Jamais vous ne nous conduirez nulle part.

— Le voiturin allait insister, si M, V.., dont l'indignation était à son comble, n'eût saisi une carafe pour la lui jeter à la tête. Notre homme s'esquiva et nous ne l'avons plus revu.

Arrivés à Mestre par le chemin de fer, nous quittâmes la terre ferme, et après une heure de voyage en gondole, Venise parut au milieu de l'eau comme une ville flottante. Le soleil était couché quand nous entrâmes dans cet étrange labyrinthe. Nos rameurs nous conduisaient à travers des détours infinis, par de petits canaux où l'obscurité, le silence, les profils sombres des palais, et l'apparence fantastique de tous les objets, nous jetaient dans un monde de sensations entièrement inconnues. Je croyais aller aux enfers comme le pieux Énéas, et M. V... me demandait, plus sérieusement qu'il ne le croyait lui-même, si je n'avais pas entendu tomber un cadavre dans la lagune, du haut d'une fenêtre. Des lumières brillèrent bientôt à peu de distance ; d'autres gondoles glissèrent comme des fantômes autour de la nôtre ; les rameurs abordèrent, et nous nous trouvâmes sur la *Piazzetta*, au milieu d'une foule de dames et de promeneurs qui écoutaient la musique du régiment de la marine. Mon trajet achérontique aboutissait à un concert en plein air, et le sinistre chapitre de roman que M. V... construisait dans sa tête eut pour dénouement une glace à la vanille qu'il se mit incontinent dans l'estomac.

Voulez-vous avoir une idée exacte de Venise, lecteur enthousiaste ? Rien de plus simple. Allez à Venise, c'est le seul moyen. J'avais vu, comme vous, les tableaux de Canaletti, j'avais lu le quatrième chant de *Childe-Harold*, les *Lettres d'un voyageur*, le *Roméo* de Shakspeare et toute sorte de romans vénitiens ; cependant ni livres, ni poèmes, ni tableaux ne m'en avaient donné une idée juste. L'imagination la plus ingénieuse peut être mise au défi, jamais elle ne saura se figurer une Venise. Allez-y donc et regardez ce pays des merveilles avec vos propres yeux, circulez en gondole dans ces canaux, promenez-vous à pied sur ces quatre cents ponts qui réunissent plus de soixante îles, égarez-vous au milieu de ce bal masqué perpétuel des habitants, cherchez à suivre quelque rusée Vénitienne qui vous échappera comme une ombre au bout de trente pas ; ayez des aventures romanesques, cela vaudra mieux que d'en lire. On ne peut raisonnablement parler de Venise qu'à ceux qui l'ont vue, qui soupirent en y songeant, et qui en aiment jusqu'aux plus légers souvenirs.

Le gouvernement autrichien fait de louables efforts pour ranimer et embellir Venise. Les palais tombent en ruines, mais on les éclaire au gaz, et un pont gigantesque amènera bientôt les machines à vapeur jusque dans la ville en passant par-dessus la lagune. On travaille à l'élargissement du port, et les digues immenses de Malamocco ont été réparées et augmentées à grands frais. Tous les soirs il y a musique sur la place Saint-Marc, et deux fois par semaine le régiment hongrois et celui de la marine donnent des *freschi* sur le grand canal. Le *fresco* est une charmante partie de plaisir. Au coucher du soleil, les deux orchestres militaires, placés chacun dans un large bateau, parcourent lentement le grand canal depuis la Piazzetta jusqu'au pont du Rialto, en jouant des marches ou des fragments d'opéra. Les gondoles voltigent alentour et forment une flottille évaporée qui va d'un orchestre à l'autre. Le genre fashionable consiste à glisser le plus vite possible, à dépasser la gondole du voisin et à faire mille évolutions bizarres. La *Regata* est un autre divertissement plus rare, qui ressemble un peu à nos courses de chevaux, car l'art du gondolier remplace à Venise celui de l'équitation. Outre le bénéfice du prix, le vainqueur de la course a les honneurs d'un triomphe.

Les gondoliers vénitiens sont divisés en deux armées rivales. Il y a le camp des *castellani* et celui des *nicolotti*. Les premiers tirent leur nom du Castello où stationnent leurs barques ; ils portent le bonnet et la ceinture rouge ; les autres, habitants du quartier de San-Nicolo, sont voués au noir. Celui des deux camps qui gagne le prix passe deux jours en fêtes ; le camp opposé a l'oreille basse. Non seulement le peuple met une passion extrême à cette grande question, mais la bonne compagnie elle-même se partage en deux coteries qui se querellent et dépensent beaucoup en gageures pour les rouges ou les noirs. Souvent le gagnant devient insolent dans l'ivresse du triomphe, et il en résulte des batailles où les couteaux sont mis au vent. On m'a montré une fort belle dame qui s'était brouillée avec son amoureux un jour de *Regata*, parce qu'il était partisan des *castellani* et qu'elle était de cœur pour les *nicolotti*. Voilà une véritable Vénitienne du bon temps de la magnifique seigneurie. Le peuple chante plusieurs chansons dont cette guerre civile des gondoliers est le sujet.

On m'avait tant annoncé une ville morte que j'ai été fort surpris de voir Venise encore animée ; cependant beaucoup de monde était à la campagne, et l'Opéra ne donnait pas de représentations. Quoique nous fussions au mois de septembre, la chaleur était extrême. On se promenait pendant toute la nuit. Les cafés de la place Saint-Marc avaient enlevé leurs portes et ne se fermaient jamais. Il m'est arrivé plusieurs fois de sortir du lit à trois heures du matin pour aller prendre des glaces, et de trouver une réunion nombreuse de consommateurs qui jouaient aux cartes pour tuer le temps comme s'il eût été midi.

Les Italiens ont conservé le goût de tous les arts ; mais le besoin d'admiration qui les tourmente ne laisse pas à leur jugement assez de liberté. Lorsqu'on tombe dans une exposition de peinture, on est effrayé de la disette des bons ouvrages. Ce qui afflige encore plus que l'absence des talents, c'est de voir des louanges exagérées dont le public encense des tableaux tout à fait mauvais. On se demande ce que sont devenus ces connaisseurs sévères qui donnèrent la préférence à Michel-Ange débutant sur Léonard de Vinci à l'apogée de sa gloire. Il faut admirer à tout prix, s'extasier, décerner des couronnes. S'il n'y a rien de bon, n'importe ; on s'extasie néanmoins, on couronne quand même. On s'arrête devant une drogue, et on commence par vanter le bleu d'une robe ; la tête s'échauffe, on admire un bras, une pose, un visage, et puis tout le tableau ; on s'écrie : « Voyez quelle variété de couleurs ! » On porte aux nues le *bravo pittore*, et quelquefois même on s'embrasse devant la toile par un transport de plaisir.

Pendant notre séjour à Venise, il y eut une exposition à l'académie des beaux-arts. On y voyait de tout, depuis le nez au crayon noir de l'écolier en bas âge jusqu'au tableau d'église, et ces morceaux variés s'étalaient au-dessous d'une armée terrible de Titiens, de Paul Véronèses, de Bonifaces et de Tintorets. Les éloges pleuvent à tort et à travers. Le seul tableau qu'on ait traité avec réserve est celui de M. Aurèle Robert, et à mon sens c'était précisément le seul ouvrage de mérite qui se trouvât dans toute l'exposition. L'artiste étranger arrive difficilement au titre de *pittore* aussi *bravo* que celui du crû. La peinture a chez nous le privilège de faire dire à la critique plus de bévues en deux mois que dans le reste de l'année. En Italie, elle inonde les journaux d'une cascade permanente de fades compliments. Cependant croiriez-vous qu'il y a dix ans, ces mêmes critiques si prodigues d'encens ont eu le courage d'attaquer outrageusement dans leurs petits feuilletons Léopold Robert? Le tableau des *Pêcheurs*, que nous mettons au premier rang des ouvrages modernes, n'a pas eu le bonheur de plaire à un écrivain qu'on m'a montré un soir au café Partenope, et dont j'ai refusé net de faire la connaissance pour cette raison. Ce monsieur n'a pas trouvé que Robert possédât la *varietà de'colori* qui distingue le premier venu. Un article injurieux publié dans la *Gondoliere* fut, à ce qu'on m'a assuré, très sensible à ce maître, que nous regrettons encore. Peu de jours après, Léopold Robert se tua. Je me plais à penser que d'autres motifs inconnus et plus graves l'ont déterminé. Les ouvrages de M. Aurèle Robert n'ont pas le cachet de grandeur et de tristesse de ceux de son frère ; mais la grâce et le sentiment du pittoresque ne lui manquent pas, et ces qualités ont aussi leur prix. Je n'ai causé qu'une fois avec M. Aurèle Robert, et j'ai cru remarquer en lui un défaut que ses amis feraient bien de s'appliquer à combattre : c'est une modestie extrême, presque farouche, et à coup sûr nuisible, dont son esprit et son talent auraient dû le corriger. L'injustice est une chose si odieuse qu'on ne doit pas plus s'en rendre coupable envers soi-même qu'envers les autres.

Comme nous n'étions pas venus dans le dessein d'admirer la variété de couleurs des ouvrages de l'année courante, nous laissâmes l'exposition pour passer en revue l'innombrable quantité de monuments, de palais et de galeries de tableaux dont Venise est remplie. En voyant toujours et partout les trois mêmes noms, Titien, Tintoret, Paul Véronèse, au palais ducal, au musée, dans les établissements publics, les églises, les maisons particulières, nous nous demandions où ces trois hommes avaient trouvé le temps de produire tant de chefs-d'œuvre. Si on calculait sur le nombre de leurs ouvrages les heures qu'ils ont données à chaque morceau, on arriverait à des chiffres impossibles ; et ce ne sont pas des toiles portatives comme les faibles échantillons que nous avons à Paris ; ce sont des pages de soixante pieds de largeur, des sujets de quatre cents personnages, des murailles immenses couvertes de peintures, des plafonds sous lesquels mille personnes tiendraient à l'aise, des séries de batailles, de cérémonies et de fastes historiques où chaque figure devait être un portrait ressemblant. Cela confond l'imagination. Ces grands artistes étaient comme les vieux politiques de leur pays, à qui le ciel avait donné par faveur plusieurs jeunesses, et qui, à l'âge de la caducité, gouvernaient l'État, prenaient des villes d'assaut, se mariaient avec des filles de vingt ans, et cachaient encore sous la neige de leur barbe tous les feux de l'amour et de la jalousie. Si on n'eût pas abrégé la vie de Dandolo en lui crevant les yeux, si la peste ne fût venue frapper le Titien à quatre-vingt-dix-neuf ans, et si Marino Faliero n'eût point porté sa tête sur l'échafaud par imprudence, je crois, en vérité, qu'ils vivraient encore ; mais ce qui étonne plus que leur grand âge, c'est de voir ces vieillards conserver jusqu'au dernier instant leurs forces, leurs passions et leur talent. Apparemment l'existence même de Venise étant un prodige, la nature désorientée y manque à ses lois ordinaires.

XXIII

HISTOIRE D'ANZELINA ET DE SES CENT TRENTE-
DEUX AMOUREUX

Mon compagnon de voyage, M. V..., garçon jeune et actif, doué de cette organisation privilégiée à laquelle on donne le nom de *viveur*, savait bien apprécier le charme de la vie vénitienne, où tout est surprises et incidents. Au bout d'une semaine, il me laissa courir seul après les souvenirs historiques et les peintures, descendre dans ces prisons souterraines brisées par la crosse du fusil français, visiter le sublime tombeau de Canova, et m'enfoncer dans ces églises si remplies de détours et de cachettes, que le romanesque s'y introduit à côté de la dévotion. M. V... devint tout à coup mystérieux comme un membre de l'ancien sénat ; il m'abandonnait la jouissance de notre gondole, cet équivalent peu dispendieux du carrosse de louage ; il me prenait pour secrétaire, afin d'écrire en italien de petits billets d'un laconisme tout à fait boréal ; il dormait le jour et marchait la nuit, au risque de passer sur le pont sans parapet où l'avocat Sarpi fut assassiné. Il ne m'accordait plus l'honneur de sa compagnie que le soir, à l'heure du *fresco*, et pour aller au Lido ou chez les bons moines arméniens, qui nous régalaient de raisins et de confitures en nous parlant de leur ancien ami lord Byron. Je devinai que M. V.... se lançait dans quelque aventure qui eût peut-être été vulgaire en terre ferme, mais dont la lagune, les escaliers dérobés qui descendent dans l'eau, l'architecture byzantine, et les vieux lambris des siècles passés, faisaient une page poétique dans son voyage en Italie. Comme je ne craignais pas l'isolement, je laissais M. V... à ses affaires et j'allais aux miennes.

Un jour que je revenais de Saint-Roch par le canal étroit qu'on appelle le Rio Saint-Moïse, je me tenais debout dans la gondole, afin de mieux jouir de la procession de sujets d'aquarelles qui défilait devant moi à chaque coup de rame. C'était le moment du *riposo* ; on n'entendait que le cri monotone par lequel les barcarols s'avertissent aux détours des canaux. Mon conducteur était un fort beau garçon de dix-huit ans, coiffé du bonnet noir des *nicolotti*, et habillé d'une veste jaune à ramages, taillée dans quelque vieux rideau.

— *Sior*, me dit-il avec la prononciation efféminée de Venise, *la conosse la storia di Zanze ?*

— Qu'est-ce l'histoire de Zanze ? répondis-je.

— Zanze ! reprit le garçon en soupirant, *bella storia ; la domandi al dottor B...*

— Qui est ce docteur B... ?

— *Xe un dottor inzegnoso. Farà piasere a lei.*

— Et où pourrai-je trouver ce docteur ingénieux qui me fera plaisir ?

— *Al caffé Florian.*

— Je veux aller tout de suite au café Florian.

— *Si, sior, ed io vad'al mio disnaretto.*

— C'est cela ; tu iras pendant ce temps-là manger ton diminutif de dîner.

En arrivant à la Piazetta, je donnai congé à mon gentil barcarol, et je me rendis sous les galeries des *procuratie* au café Florian. Le *bottega* du café, à qui je demandais le docteur B..., me montra un vieux commissaire en manches de chemise qui fumait à l'ombre d'un pilier. Je priai cet homme de me faire le récit vanté par mon gondolier.

— *Ma*, signor, me dit-il d'un air soupçonneux, tout le monde ici peut vous raconter cela aussi bien que moi. La Zanze est une pauvre dame qui vit encore, quoique très malade, et je n'ose me mêler de parler d'elle.

— Bah ! répondis-je, raconte toujours ; je suis étranger, je ne te dénoncerai pas.

L'illustre docteur m'emmena dans un coin des galeries ; nous nous assîmes sur un banc de pierre, et il commença ainsi cette histoire devenue populaire à Venise :

— Votre seigneurie doit savoir que la plupart de nos filles du peuple s'appellent Zanze, c'est-à-dire Anzelina. Celle dont il s'agit était la plus belle de toutes. On peut voir son portrait, au grand salon du palais ducal, dans la figure qui représente Venise personnifiée, avec des cheveux d'un blond de feu et une robe de soie magnifique. Nous autres barcarols, nous ne savons pas si elle eut père et mère ; nous nous amusons à dire qu'elle est enfant de l'Adriatique. Les étrangers de tous pays s'accordent à l'appeler une enchanteresse. Autrefois elle était enjouée, rieuse, folle des plaisirs, des cérémonies, des fêtes et des *régates*. Moi, qui suis vieux, je l'ai vue ainsi ; mais à présent elle est si changée qu'on ne la reconnaît plus. Ce qui a perdu la pauvre Zanze, c'est d'avoir été capricieuse, infidèle, trop avide d'argent ; d'avoir prodigué ses faveurs et manqué de foi à ses amis.

Zanze a eu cent trente-deux amoureux ; cela est connu. Les premiers étaient gens du peuple, mais braves, honnêtes et dignes d'elle ; ceux-là ont été souvent malheureux et maltraités en dépit de leur dévouement, car la jeune vierge était d'un caractère bizarre comme toutes les Vénitiennes. Les suivants, grands seigneurs puissants, fameux politiques ou bons militaires, étaient des amants en titre et des maîtres despotes qui l'ont domptée en lui faisant un sort brillant aux dépens de sa vertu. Les derniers sortaient d'une coterie de gens riches et nobles qui se la passaient de main en main, et qui employaient toutes sortes de ruses pour lui faire croire que leurs volontés étaient les siennes. Enfin le mariage est arrivé, mais un mariage forcé qui la rend si triste que ce n'est plus la même personne:

Quoique les gondoliers m'aient donné le nom de docteur, il y a dans Venise bien d'autres docteurs plus savants que moi, qui pourraient vous dire, sans rien oublier, l'histoire complète des amours et du mariage de cette belle fille. Je n'ai vu toutes ces choses que de loin dans mon humble condition ; voici toujours le peu que j'en ai appris. Parmi les cinquante amoureux d'Anzelina, on assure qu'il y en eut neuf qu'elle chassa impitoyablement après les avoir d'abord écoutés avec faveur, cinq qui moururent du chagrin de lui avoir déplu, et cinq qui renoncèrent volontairement à leurs prétentions sur un cœur aussi fier. Dans le nombre étaient des hommes de mérite, et surtout un nommé Dominique, qui se fit soldat pour lui plaire, et qui devint la terreur des Grecs. Le premier amant heureux a été un certain Sébastien, dont les richesses et le crédit éblouirent cette tête folle. Il lui donna des présents, distribua de l'argent aux amis et aux serviteurs, si bien que Zanze, circonvenue de tous côtés, perdit cette fleur de sagesse qui la rendait si glorieuse. Après Sébastien, elle eut pour amant un certain Maître Pierre, homme du commun devenu grand seigneur ; et puis elle laissa celui-ci pour don Henrico, vieillard d'une énergie extraordinaire. Ce don Henrico était aveugle et âgé de quatre-vingt-seize ans lorsqu'il fit la conquête de la plus belle fille du monde. Il lui créa un patrimoine, prit le soin de ses affaires, et mourut à cent ans, la laissant riche et honorée.

Les belles femmes, et les Vénitiennes en particulier, se croient tout permis. Anzelina devint arrogante. Un certain Jacomo, qu'elle paraissait aimer, eut beaucoup à souffrir pour elle. Il la protégea en plusieurs circonstances difficiles, et il aurait remué le ciel et la terre pour obtenir un sourire de sa souveraine. Un beau jour il se lassa de n'être pas payé de retour comme il le souhaitait, et il abandonna cette maîtresse fantasque, qui ne s'en affligea point et lui donna aussitôt un successeur. Un conseil d'amis et de parents se servit de ces caprices, comme d'un prétexte spécieux, pour enfermer Anzelina dans un cercle de gens de qualité qui s'entendirent entre eux pour la diriger à leur guise. On lui persuada qu'elle ne savait pas se conduire elle-même, et qu'elle devait s'en rapporter à ses supérieurs. Des cabales organisées régulièrement lui donnèrent un amant. Don Pietro a été le premier de ces séducteurs imposés, et depuis ce moment la pauvre Anzelina ne recouvra jamais sa liberté entière. Elle pleura, se révolta, demanda du secours à ses voisins et à ses serviteurs; il y eut deux tentatives pour la délivrer; mais son amant eut la lâcheté de se joindre contre elle aux oppresseurs. Don Pietro laissa cette affaire entre les mains d'un conseil de dix personnes, auxquelles il abandonnait une influence et une autorité qu'il devait naturellement garder. Ses successeurs en furent punis; car, lorsque ce conseil de dix personnes eut bien veillé sur cette belle pupille et qu'il l'eut préservée de plusieurs enlèvements, il ne voulut plus se dissoudre et demeura en permanence, comme un tribunal secret et jaloux, menaçant toujours la pauvre Zanze, écoutant les dénonciations les plus obscures, recueillant les lettres anonymes, chassant de la maison ceux qu'elle aimait, et empoisonnant ses meilleurs plaisirs par une tyrannie insupportable.

Les tuteurs favorisaient volontiers des vieillards dont la carrière paraissait déterminée, afin d'avoir à les remplacer plus tôt et dans l'idée que leur pupille ne se prendrait pas d'un amour bien vif pour des octogénaires. Cependant on s'étonna de voir qu'un certain Marino, quoique vieux et marié, avait su inspirer un attachement durable, fondé sur l'estime et l'admiration que méritaient ses grandes qualités. Zanze poussa la générosité jusqu'à aimer la jeune Annunziata, femme de Marino. Un membre du conseil de tutelle insulta cette jeune femme publiquement. Le vieillard furieux, voulut égorger toute cette coterie, ce qui eût rendu à

Zanze une liberté dont elle avait perdu l'habitude. Le projet fut éventé ; Marino fut tué dans son palais, et Anzelina, entendant un grand tumulte, accourut pour recevoir la tête de son ami qu'on lui jeta du haut d'un escalier.

A la suite de cette aventure tragique, il y eut d'autres malheurs accablants : des maladies, des incendies, des querelles terribles. Zanze faillit mourir de la peste ; une partie de son habitation s'écroula par un mouvement de terrain. Une voisine rivale vint la menacer jusque dans son palais avec le dessein de lui arracher les yeux. Cette méchante voisine lui suscita des procès et les gagna par la corruption et les menaces. Pour surcroît d'ennui, les tuteurs gouvernaient fort mal les affaires d'Anzelina, et l'eussent ruinée, si on ne lui eût choisi un maître habile et puissant. Le seigneur Francesco releva sa fortune en peu de temps ; mais lorsqu'il eut rétabli les affaires et mis de l'ordre dans la maison, le conseil le prit en aversion et ne songea plus qu'à se défaire de lui. Francesco avait un fils imprudent qui manqua de respect à l'amie de son père. Anzelina eût bien volontiers pardonné une légère faute ; les tuteurs feignirent une colère épouvantable, afin de persécuter le maître dans la personne de son fils. On chassa le jeune homme avec ignominie. Il revint au logis en secret pour voir sa famille ; on le surprit, et on l'enferma dans une cave où il mourut. Enfin, voyant que don Francesco ne voulait pas se laisser dégoûter de sa position, les tuteurs poussèrent l'audace jusqu'à le destituer et le mettre à la porte. Zanze eut la faiblesse de ne pas s'opposer à une résolution aussi insolente, et Francesco sortit de la maison sans témoigner un regret ; mais lorsqu'il entendit les bruits qui annonçaient l'installation de son successeur, il se coucha sur les marches du palais et mourut de douleur, ce qui a fourni, dit-on, à un grand poète anglais le sujet d'une tragédie.

Pendant plusieurs années, Anzelina eut des démêlés avec ses voisins, qui se terminèrent par des accommodements, et dont nous autres pauvres gens nous n'avons pas su l'importance. Le bruit courut que la belle Vénitienne avait été à deux doigts de sa perte, par suite d'un complot entre des étrangers qui voulaient la dépouiller de toutes ses richesses. En cette occasion, ses tuteurs et son favori montrèrent du courage et de l'habileté ; elle échappa au danger, et il ne parut pas à son visage qu'elle eût seulement éprouvé de l'inquiétude. Bientôt après elle se brouilla tout à fait avec son confesseur, qui voulut l'excommunier. Un avocat qui prit sa défense contre le confesseur fut assassiné un soir en rentrant chez lui et jeté dans la lagune ; un seigneur français devint l'arbitre de ces différends et rétablit la concorde.

Anzelina rencontrait souvent sur son chemin un diable de Turc qui l'insultait, la volait ou lui jouait une foule de mauvais tours. Il y avait aussi à Venise un brave militaire appelé *Tardif*, quoiqu'il fût, au contraire, l'homme le plus prompt et le plus expéditif du monde. Le soldat battit trois ou quatre fois le Turc, et il fut mal récompensé de sa galanterie et de son dévouement. L'ingrate fille tourmenta son défenseur jusqu'au jour où elle eut encore besoin de ses secours. A la fin, elle l'aima, par une fantaisie de Vénitienne, au moment où il était perclus d'infirmités et de blessures. Lorsque le brave *Tardif* eut rendu l'âme, Anzelina tomba dans les mains de gens paresseux, sans courage et sans dignité, qui l'habituèrent à une vie molle et indolente. Elle ne s'occupait que de bagatelles, fréquentait le théâtre des Arlequins, se livrait à la gourmandise, et perdait dans les excès et les veilles sa fraîcheur, sa grâce et sa noblesse d'âme. Elle acheva de s'avilir en se conduisant d'une manière maladroite et perfide envers plusieurs personne à la fois.

Un petit capitaine français, qui ne faisait pas encore grande figure, eut une altercation terrible avec des Anglais, des Russes, des Italiens et des Allemands. Anzelina, lui voyant tant d'ennemis à la fois, pensa qu'il serait obligé de déguerpir, et se moqua de lui outrageusement. Cependant le petit capitaine déploya tant de vigueur, qu'il chassa tous ces importuns et resta maître du terrain. Alors Anzelina lui fit des avances qu'il reçut avec une froideur dédaigneuse. Les rivaux revinrent à la charge, et la rusée Vénitienne s'imagina cette fois que le jeune Français allait être au moins assommé. Elle le sacrifia, l'insulta ouvertement, et se prononça pour ses ennemis. Le petit·capitaine chassa de nouveau ses concurrents, et cette fois il traita Anzelina avec le dernier mépris, en la menaçant de la faire disparaître de la surface du globe. Les tuteurs furent jetés à la porte ; le conseil se dispersa ; l'amoureux en titre, le bon Luigi, prit la fuite, et la pauvre Zanze, éperdue et abandonnée, se serait précipitée dans la lagune pour se noyer, si elle eût conservé quelques restes de son ancien orgueil. Elle se serait volontiers offerte, corps et biens, au petit capitaine ; mais, pour comble de dégradation, ce jeune homme lui tourna le dos, en disant qu'on ne devait rien attendre de bon d'une fille ingrate et menteuse, et qu'il la laissait à qui voudrait s'emparer d'elle. Zanze en était à ce dernier degré du malheur, lorsqu'un fort grand seigneur allemand lui tendit la main et voulut bien l'épouser.

Aujourd'hui le grand seigneur allemand traite sa femme avec une bonté toute paternelle ; mais son calme et sa raison, son caractère froid et sérieux, s'accordent mal avec l'humeur capricieuse et passionnée d'une Vénitienne. Il n'y a jamais de querelle dans le ménage, point de tracasseries ni de paroles aigres ou sévères ; seulement Anzelina est dévorée de chagrin. Le mari, craignant qu'elle ne meure, essaye de l'arracher à sa mélancolie en lui donnant des fêtes, en ne lui refusant aucun des plaisirs qui amusent une femme. Tous les soirs il lui fait entendre des concerts, organise pour elle des parties d'eau, des joûtes ou des sérénades ; rien ne peut la dérider. Les douceurs du luxe ne la touchent point, quoiqu'elles les ait aimées autrefois jusqu'à l'extravagance. Son palais est éclairé au gaz, entretenu avec autant de soin que possible ; un pont magnifique, construit à grands frais pour faciliter l'abord de cette résidence, va être achevé bientôt ; d'autres travaux considérables sont commencés. Zanze regarde tout cela d'un œil distrait. On la trouve encore belle, et les étrangers qui la voient ne cessent de répéter qu'il n'y a pas de plus charmante personne sur la terre. Cependant il est certain qu'elle s'en va mourant. Souvent, dans les bals, au milieu des lumières, de la musique et des rires, elle se met dans un coin de son appartement à regarder par la fenêtre le Rio sombre ou les quais déserts. Elle suit des yeux ces pauvres pêcheurs qui se promènent comme des ombres sur la *Riva* des Esclavons, trop fiers pour demander l'aumône et accablés par la misère. Elle voudrait leur jeter ses diamants, mais elle songe que ses colliers ne lui appartiennent plus, et que les folies de fille capricieuse ne conviennent plus à une femme mariée ; alors elle prend sa tête dans ses mains, et chante d'une voix lamentable quelque vieille chanson de barcarol.

Une seule chose la réveille encore de son assoupissement; c'est la *Régate*. Quand nos gondoles minces fendent l'eau de la *Giudecca* comme des poissons, se poursuivant et se dépassent les unes les autres ; quand le *Nicolotto* jette des regards furieux au *Castellano* qui veut l'atteindre et le serre de près ; quand les fanfares célèbrent la victoire, et que les mariniers portent le vainqueur sur leurs épaules, alors les yeux d'Anzelina brillent comme des étoiles ; elle agite son mouchoir en l'air, et suit la joyeuse procession en poussant des cris de plaisir ; mais en abordant à la colonne du *lion ailé*, lorsqu'elle aperçoit les fenêtres fermées du palais ducal et les canons braqués sur la Piazetta, elle détourne la tête, elle verse des larmes amères, et, en rentrant le soir à son palais, elle retombe dans un silence désespérant.

— Telle est l'histoire de la belle Vénitienne, ajouta le vieux facchino. Le mal est sans remède. Ni la bonté ni les soins d'un mari indulgent ne peuvent sauver celle que Dieu a marquée d'un signe fatal. L'Adriatique a perdu sa fille, et nous autres, pauvres gens, qui nous rappelons le temps passé, nous répétons tristement : *Zanze é estinta !* Anzela est morte !

XXIV

MILAN. — L'ACTEUR MODENA. — UN DILEMME

Bien m'en prit d'avoir terminé par Venise, car, si j'avais débuté par là, le voyage en Italie aurait pu se borner à cette seule ville, tant il est difficile de s'en arracher. Nous y restâmes aussi longtemps que possible, et nous y serions encore si la plus impérieuse des nécessités, la question d'argent, ne nous eût forcés à passer les monts. Le simple examen de nos lettres de crédit et la progression décroissante des fonds nous ayant avertis que la patrie nous réclamait, nous partîmes, M. V... et moi, par le courrier de Milan, nous promettant, par un serment solennel, de nous retrouver un jour sur la place Saint-Marc, ce que nous n'exécuterons probablement jamais. Annibal lui-même, qui avait de la volonté, ne revit plus l'Italie une fois qu'il eut touché les côtes d'Afrique.

En sortant de cette ville si originale, les choses perdaient leurs couleurs à mesure que nous avancions vers l'ouest. Vicence et Vérone ont encore quelque physionomie. A Milan, l'Italie s'éteint. Sauf un petit nombre de palais, on ne voit plus que des maisons modernes. Les mœurs paraissent moitié allemandes, moitié françaises, et on reconnaît dans tous les usages cette civilisation à la fourchette qui satisfait également l'Anglais et le commis voyageur. Sous les arbres de la promenade, au milieu des équipages, on peut se croire aux Champs-Élysées ; le soir, la tasse de thé septentrionale vous transporte à Londres ; vous rencontrez dans le peuple une foule de bossus et de nains, comme dans nos villes manufacturières, où les bienfaits de l'industrie ramènent l'homme à l'état de singe. Plus de paresse, et partant plus de beauté musculaire. Le ciel est plus pâle que celui de la Provence ; l'air devient froid, et la poésie, naturellement frileuse, grelotte et se cache. Les têtes blanches des Alpes vous avertissent que le nord et l'hiver habitent à deux pas de là. Malgré le luxe, la bonne compagnie et les ressources de cette grande ville, mieux vaut le véritable Paris, quand on l'a sous la main, qu'un Paris en abrégé.

Après avoir été reçu à bras ouverts à Naples, Florence et Venise (je ne dis pas à Rome, parce qu'on m'a assuré que la société romaine était fermée comme le Capitole antique, si bien gardé par ses oies), vous vous imaginez que vous allez entrer partout à Milan. L'erreur ne dure pas longtemps. Il y a deux ou trois salons hospitaliers, pas davantage ; le reste est inabordable et fortifié. Quand vous avez tenté deux fois le passage, une lettre d'introduction à la main, vous comprenez que la consigne du suisse est de n'ouvrir à aucun visage inconnu. Vous laissez votre lettre appuyée d'une carte de visite au bas de laquelle est votre adresse. Au bout de trois jours, un domestique vous apporte une autre carte de visite pour toute réponse. Cependant, si la personne qui vous recommande est de poids, on vous fait dire qu'on vous recevra tel jour, à telle heure. Vous arrivez tout franchement pour causer. Les visages sont contraints ; il semble qu'on soit au désespoir de n'avoir pu vous éviter. Vous prétextez bien vite une affaire, et vous ne revenez jamais ; c'est le parti le plus sage et le plus honnête. Comme les motifs de cette exclusion tiennent à la politique et à la fausse position de la noblesse vis-à-vis de son gouvernement, il n'y a pas moyen d'en garder rancune aux Milanais.

Nous avions pris nos mesures pour consacrer une quinzaine au séjour de Milan ; mais, au bout d'une semaine, comme nous connaissions à fond la cathédrale, le musée, qui est médiocrement riche, les débris effacés de la fameuse Cène et quelques rares ouvrages de Luini, nous nous regardions en nous demandant ce que nous pouvions faire encore en Lombardie. L'automne marchait à grands pas ; le retour des pluies devenait menaçant, et les sites des Alpes nous invitaient à partir. M. V... poussait des soupirs à fendre le Simplon, en recueillant ses souvenirs tout frais de Venise. En causant de notre séparation prochaine, dans la cour de notre auberge, nous vîmes une affiche qui annonçait pour le soir la traduction du *Louis XI* de Casimir Delavigne, jouée par le célèbre Modena, le Talma de l'Italie. Depuis le plaisir extrême que m'avaient fait les petits théâtres napolitains, je n'avais pas trouvé un spectacle satisfaisant, excepté un soir à Florence, où un acteur appelé Domenicone avait joué d'une manière remarquable le Saül d'Alfieri. J'avais déploré la mort des théâtres vénitiens, dont la gaieté eut jadis un succès européen. Les Pantalons, les *Tartaglia*, les Trufaldins s'étaient envolés : il ne restait plus qu'un pauvre Arlequin pour soutenir le théâtre Malibran, que la bonne compagnie ne daignait pas fréquenter. Naples seule a conservé ses spectacles nationaux. On jouait partout la tragédie, le drame français traduit, et le vaudeville arrangé sans couplets. *Le Gamin de Paris*, représenté par une jolie actrice, pouvait offrir quelque amusement, et le général de l'empire accommodé à l'italienne eût déridé un cholérique ; mais cela était bon à voir une fois. Les grands acteurs tragiques sont rares en tous pays ; la réputation de Modena méritait un examen sérieux. Nous allâmes donc au théâtre Re, nous mêler à un public intelligent et choisi.

Modena paraît avoir quarante ans et ressemble beaucoup au portrait de Jean-Jacques Rousseau. Son visage jouit de cette mobilité expressive particulière aux hommes du Midi. Tout en réglant ses gestes, il cède encore malgré lui à la pétulance causée par la chaleur du sang, et cette organisation que nous appelons *en dehors* lui rend plus difficiles qu'il ne le pense ces rôles concentrés qui reviennent si souvent dans les ouvrages français. Modena pourrait s'élever très haut dans les personnages du Cid, d'Othello, de Tancrède, de don Juan d'Autriche, et dans tous les rôles qui demandent plus de passion ou de brillant que de profondeur. Malheureusement la mode des traductions du français l'oblige à se renfermer sans cesse en lui-même, contrairement à son naturel. A force d'étude et d'intelligence, il réussit à se dominer assez pour étonner le public italien, qui n'est pas aussi accoutumé que nous à ces rôles concentrés. Les ultramontains dissimulent volontiers, mais fort mal ; on voit sur le bout de leur nez la pensée qu'ils s'imaginent cacher. Il y a une grande différence entre le mensonge maladroit et indiscret et cette dissimulation froide qui contient son idée, la suit avec constance, et va quelquefois jusqu'à la mort sans se trahir. Peut-être si Modena était de Venise ou de Palerme, qui fournissent encore des caractères *en dedans*, aurait-il pu donner au rôle de Louis XI une couleur originale sans s'attacher à l'exactitude historique ; mais il est certain qu'une tragédie sur Charles le Téméraire lui eût mieux convenu.

Cependant Modena fit peu de contre-sens dans le rôle de Louis XI. Les terreurs, les superstitions, les prières aux vieux moine pour obtenir du ciel quelques années de répit, les angoisses de la mort, furent rendues avec beaucoup de bonheur et de talent. Le reste fut manqué, empreint d'une exagération opposée au caractère du personnage. Toutes les fois que se présentait le sentier épineux qui traverse entre le tragique et le comique, l'acteur chancelait et tombait d'un côté ou de l'autre sans pouvoir reprendre le milieu du chemin. On riait le plus souvent où il aurait fallu frémir. Quant aux grimaces et tics nerveux destinés à montrer les progrès de la maladie, c'étaient des contorsions dont le public du Nord se serait irrité. Le costume laissait aussi à désirer. Un Français reconnaît difficilement Louis XI en robe vert pomme bordée d'hermine, avec un bonnet de soie vert et blanc ; sans imposer aux acteurs l'obligation puérile de porter sur leurs habits les *couleurs* qui sont dans l'âme du personnage, on se figurerait avec peine un Louis XI bigarré, un Philippe II chatoyant, ou un Richard III de satin rose. En somme, Modena est un artiste distingué, que le ciel a fait pour le *ribombo* sonore de la poésie italienne, et non pas pour une poésie sobre et concise comme la nôtre. Chacun a ses qualités ; l'hyperbole sied à l'Italien et l'ellipse au Français.

M. V... devait retourner en Bourgogne par le Simplon, et moi je devais rentrer par le Saint-Gothard. Le lendemain de la représentation de Modena, je conduisis mon fidèle compagnon aux messageries de Genève. Après quatre mois passés dans une intimité fraternelle, nous étions fort émus en nous séparant ; mais, selon l'habitude des gens du Nord, nous ne faisions point de phrases. L'émotion, qui délie si bien des langues du Midi, nous fermait la bouche. Quand nous parlions, c'était de choses étrangères à tout ce que nous pensions ; mais nous ne laissions pas pour cela de nous entendre parfaitement.

— J'habite une jolie maison à Beaune, me dit M. V...

Après un moment de silence, il ajouta :

— Il y a une chambre d'ami d'où l'on voit les montagnes du Jura.

Au bout de cinq minutes, il reprit :

— Le vin de notre pays est bon, la campagne belle, et on trouve encore des moyens d'y passer le temps agréablement.

— De peur d'être Italiens, lui dis-je, ne nous jetons pas dans le flegme anglais. Expliquons-nous. M'invitez-vous à aller à Beaune ?

— Assurément, de tout mon cœur ; et si j'hésite, c'est que je n'ose vous le proposer.

— Eh bien ! j'irai vous voir.

Et j'irai en effet, si le bon Dieu le permet. Une fois seul dans les rues de Milan, je songeai à mes amis, aux causeries du coin du feu, à tout ce que j'avais laissé en France de cher et d'aimable, et je courus immédiatement à mes bagages. Le moment du retour est une si douce chose, qu'il faudrait voyager, ne fût-ce que pour retrouver ceux qu'on aime. Je m'arrêtai deux jours au lac de Côme pour visiter la villa Sommariva, et saluer du bord du bateau à vapeur la Pliniana, séjour charmant qui fait envie et inspire le goût des équipées amoureuses, et puis je partis, ayant contracté une dette de cinq sous envers Gustave Planche, à qui je rendrai cette somme lorsque nous nous rencontrerons en Chine. Trois jours après, j'avais traversé le Saint-Gothard, le lac des Quatre-Cantons, Lucerne, Bâle et Strasbourg. En regardant l'horloge de la cathédrale et les belles sculptures de Pigalle au tombeau du maréchal de Saxe, il me semblait n'être jamais sorti de France et avoir entrevu l'Italie dans un rêve. Pour la première fois depuis un an, je retrouvais la sensation de bien-être de l'homme appuyé sur son terrain, environné d'êtres faits comme lui, et qui parlent sa langue. J'étais dans le pays de la vraie indépendance, où l'on peut penser et dire librement. Quoique les polices de l'Italie ne vous tourmentent pas, elles savent tout de suite à qui elles ont affaire, et s'assurent que votre intention n'est bien que de voir le pays et de vous divertir. Les journaux, soumis à une censure rigoureuse, ne parlent que de bagatelles d'une fadeur insupportable. Arrivé dans la terre classique de l'esprit et du bon goût, je me jetai comme un affamé sur les larges feuilles volantes qui couvraient les tables d'un café, mélange bizarre et curieux de politique, de critique, de littérature, d'anecdotes, de nouvelles diverses et d'annonces payantes, où un simple filet sépare la discussion des intérêts les plus graves d'un morceau de poésie ou d'un caprice d'imagination. « Enfin, me disais-je, je vais donc lire quelque chose de très spirituel, écrit sans contrainte et sans préoccupation. » Je tombai sur cette phrase que je transcris littéralement : « La partition sublime de

Robert Simnel reçoit tous les jours plus *d'extension*. » C'était mal débuter après un an d'absence ; mais la réclame de théâtre est dispensée de savoir sa langue. Le feuilleton m'offrait une revanche ; je le saisis et m'enfonçai jusqu'à la dernière colonne dans un galimatias double, dans un abus de mots si étrange et si fou, que ma soif en fut du coup étanchée pour quinze jours.

En terminant le récit d'un voyage en Italie, la politesse demanderait que mon dernier mot fût une flatterie ; malheureusement je ne trouve au bout de ma plume, dans ce moment, qu'un petit reproche à adresser aux Italiens. Les brillantes qualités de leur esprit et de leur caractère sont gâtées par un défaut, qui est leur susceptibilité extrême, indigne d'un peuple parfaitement civilisé. Leur amour-propre est si chatouilleux, que cent éloges ne sont rien pour eux auprès de la plus légère critique. Pour leur plaire, il ne faudrait jamais sortir d'un enthousiasme aveugle, même en matière de cuisine. Les touristes français les ont, Dieu merci, assez régalés de pathos admiratif. Étant persuadé d'avance que ceux d'entre eux qui parcourront ces pages ne tiendront pas compte de tous mes compliments et ne verront que cette dernière attaque, je veux du moins les placer sous le tranchant d'un dilemme : « Ou tu n'oseras te fâcher de mon reproche, de peur de paraître susceptible, ou tu te fâcheras, et tu prouveras par là que j'ai raison de te reprocher ta susceptibilité. » Nous ne sommes point ici-bas pour nous flatter réciproquement. L'encensoir est un instrument sacré réservé à l'autel et au service de Dieu. Ajoutons que la franchise est un des devoirs de l'amitié, et que j'aime trop sincèrement les Italiens pour leur taire ce que je pense. Cela dit, je soutiendrai partout que ce sont les gens les plus aimables du monde.

FIN

TABLE

		Pages.
I.	— Gênes	1
II.	— Légendes génoises.	11
III.	— La Villetta. — Pellegrino Piola.	23
IV.	— Les poètes. — Le ballet italien.	30
V.	— Naples. — Le caractère napolitain	39
VI.	— La bonne compagnie de Naples et le carnaval.	51
VII.	— Les aubergistes et les facchini. — Les mauvais jours.	58
VIII.	— Les rues de Naples. — Les vers et les chansons.	71
IX.	— La loterie et les mendiants.	83
X.	— San-Carlino. — Altavilla. — Don Pancrace.	93
XI.	— Les mariages de l'Annonciade.	111
XII.	— La Sicile. — Messine. — Catane. — Syracuse. — Une jeune miss.	130
XIII.	— Histoire d'une toppatelle.	161
XIV.	— Palerme.	186
XV.	— La fête de la madone dell' Arco.	210
XVI.	— Capoue. — Terracine. — Velletri.	219
XVII.	— Rome.	231
XVIII.	— La grande chaleur. — Histoire du pifferaro.	230

XIX. — Terni. — Perugia. — Trasimène. — Arezzo.	. . .	512
XX. — Florence. — Pise.	. . . .	263
XXI. — Histoire de la belle Floralise.	. . . .	272
XXII. — Bologne. — Ferrare. — Venise.	. . . .	286
XXIII. — Histoire d'Anzela et de ses cent trente deux amoureux .	. . . .	297
XXIV. — Milan. — L'acteur Modena. — Un dilemme	. . .	306

Saint-Amand (Cher), Imprimerie de DESTENAY.